Die Entwicklung des Verantwortungseigentums anhand der Carl-Zeiss-Stiftung unter Ernst Abbe

Europäische Hochschulschriften Recht

European University Studies in Law

Publications Universitaires Européennes de Droit

Band/Volume 6798

Vanessa Franke

Die Entwicklung des Verantwortungseigentums anhand der Carl-Zeiss-Stiftung unter Ernst Abbe

PETER LANG

Berlin - Bruxelles - Chennai - Lausanne - New York - Oxford

Bibliografische Information der Deutschen Nationalbibliothek
Die Deutsche Nationalbibliothek verzeichnet diese Publikation in der Deutschen Nationalbibliografie; detaillierte bibliografische Daten sind im Internet über http://dnb.d-nb.de abrufbar.

Zugl.: Potsdam, Univ., Diss., 2023

517
ISSN 0531-7312
ISBN 978-3-631-92255-2
E-BOOK 978-3-631-92268-2
E-PUB 978-3-631-92269-9
DOI 10.3726/b22044

Internationaler Verlag der Wissenschaften

Berlin 2019

Diese Publikation wurde begutachtet.

Vorwort

Die vorliegende Arbeit wurde im Jahr 2024 als Dissertation durch die Universität Potsdam angenommen. Die mündliche Prüfung fand am 03.04.2024 statt. Die Literatur befindet sich auf dem Stand 05/2024.

Ich bedanke mich herzlich bei meiner Doktormutter Prof. Dr. Susanne Hähnchen für die Begleitung meines akademischen Weges, der in dieses Buch mündete. Ihre Anregungen und konstruktive Art haben zur Fertigstellung dieser Arbeit beigetragen.

Außerdem möchte ich Herrn Prof. Dr. Jens Petersen danken, der als Zweitgutachter mit dieser Arbeit befasst war und dessen Worte im Rahmen der Disputation, ich weiterhin positiv in Erinnerung halte.

Bedanken möchte ich mich auch bei meinen lieben (ehemaligen) Kolleg:innen des Lehrstuhls für Bürgerliches Recht und Rechtsgeschichte, an dem ich neben der Fertigung der Dissertation arbeiten durfte und die mich im wissenschaftlichen und nicht-wissenschaftlichen Bereich begleiteten.

Großer Dank gebührt auch Herrn Prof. Dr. Saar, durch den ich im Jahr 2018 an den Lehrstuhl für Bürgerliches Recht und Rechtsgeschichte der Universität Potsdam gelangte und dessen Rat und Hinweise mich bis heute begleiten.

Nicht unerwähnt lassen möchte ich das ‚Forschungskolleg' zum Verantwortungseigentum, durch das ich nicht nur gleichgesinnte Promovierende, sondern tolle Menschen kennenlernen durfte, die mir zeigten, wie gewinnbringend wissenschaftlicher Austausch ist.

Mein herzlichster Dank gilt außerdem meinen Freunden. Dank eurer Freundschaft, Neugier und Kritik konnte diese Werk entstehen und reifen. Meinem Partner Felix danke ich für seine Liebe und den unaufhörlichen Glaube an mich in jedem Moment. Sich von derart wunderbaren Menschen umgeben zu wissen, ist großes Glück.

Mein letzter Dank gebührt meiner Familie und meinen Eltern. Für eure uneingeschränkte, vorbehaltlose Unterstützung und Liebe in meinem bisherigen Leben möchte ich mich bedanken.

Diese Arbeit widme ich zum Schluss meinen Großeltern und insbesondere meiner Großmutter, deren Aufmerksamkeit, Wohlwollen und Liebe mich und meinen Ausbildungsweg wesentlich mitgeprägt haben.

Vanessa Franke, Juni 2024

Inhaltsverzeichnis

Abkürzungsverzeichnis

Abs.	Absatz
AG	Amtsgericht
AGB	Allgemeine Geschäftsbedingungen
AktG	Aktiengesellschaft
Aut.	Autor:in
Begr.	Begründer
BMJ	Bundesministerium der Justiz
BMJV	Bundesministerium der Justiz und für Verbraucherschutz
BSG	Bundessozialgericht
Bsp.	Beispiel
bzw.	beziehungsweise
ca.	circa
CIC	Corpus Iuris Civilis
CZS	Carl-Zeiss-Stiftung
d.h.	das heißt
ders.	Derselbe
entspr.	entsprechend
Erg.	Ergebnis
evtl.	Eventuell
gem.	gemäß
GmbH-gebV	Gesellschaft mit beschränkter Haftung mit gebundenem Vermögen
GmbH-VE	Gesellschaft mit beschränkter Haftung in Verantwortungseigentum
h.A.	herrschende Ansicht
i.d.F.	in der Fassung
i.d.R.	in der Regel
i.d.S.	in diesem Sinne
i.E.	im Einzelnen
i.e.S.	im engeren Sinne
i.R.d.	im Rahmen der/des
i.R.v.	im Rahmen von

i.Ü.	im Übrigen
i.V.m.	in Verbindung mit
i.W.	im Weiteren
KMU	kleine und mittlere Unternehmen
krit.	kritisch
lt.	laut
m.E.	meines Erachtens
mdl.	mündlich
n.F.	neue Fassung
s.o.	siehe oben
sog.	sogenannte
str.	strittig
teilw.	teilweise
u.a.	unter anderem
u.ä.	und ähnliche
umstr.	umstritten
Vorb.	Vorbemerkungen
z.B.	zum Beispiel

A. Einleitung

> „Jene erste Erwägung geht aus von der Tatsache: daß der Besitz, über den ich gegenwärtig verfüge, und der Erwerb, den ich aufgrund bestehender Verträge in Zukunft erwarten kann, ganz wesentlich nur dadurch zustande gekommen sind, daß es mir und meinen Genossen möglich war, die Tätigkeit vieler anderer Personen dauernd in unseren Dienst zu stellen und den Ertrag ihrer Arbeit uneingeschränkt uns zunutze zu machen."[1]

Ernst Abbe, im Jahr 1840 geboren, war im 19. Jahrhundert Reformer, Unternehmer, Wissenschaftler und Philanthrop. Mit der Gründung der Carl-Zeiss-Stiftung im Jahr 1889 und Umwandlung dieser zur ‚Unternehmensträgerin' der Betriebe Zeiss und Schott im Jahr 1896 reformierte er die Unternehmen, die Regelungen für die Angestellten und übte maßgeblichen Einfluss auf die Umgebung Jenas aus. Heute gilt er deswegen auch als Pionier des Verantwortungseigentums.[2]

Sein Einstieg in die Firma Zeiss[3], die bis dahin als kleiner Handwerksbetrieb zur Fertigung von Mikroskopen tätig gewesen ist, führte zur rasanten Entwicklung auf dem Gebiet der Optik. Die Gründung der Carl-Zeiss-Stiftung im Jahr 1889 und die Einführung des Stiftungsstatuts 1896 verankerten viele seiner fortschrittlichen und progressiven Gedanken. Dadurch wurde die Stadt zum Forschungs- und Industriestandort für den Mikroskopbau und die optische Industrie.

Noch vor Beginn des 20. Jahrhunderts wurde die Carl-Zeiss-Stiftung so zur Unternehmensträgerin und ‚Eigentümerin' der Betriebe Zeiss und Schott[4] in Jena. Durch die umfangreichen Regelungen des Stiftungsstatuts von 1896 manifestierten die Betriebe Zeiss und Schott eine Kreislaufwirtschaft, die neben der Beständigkeit und dem Wachstum der Betriebe auch die Belegschaft der Unternehmen sowie die Förderung von Technik und Wissenschaft in den Vordergrund rückte. Gewinnausschüttungen der Betriebe durften durch diese Regelungen ausschließlich der Stiftung zugutekommen und nicht durch Nachfolgegenerationen verändert oder ‚versilbert' werden.[5]

---

1 *Abbe*, Denkschrift 1887, S. 32.

2 *Purpose*, Verantwortungseigentum, S. 35 ff.; *Sanders u.a.*, Gesellschaft mit beschränkter Haftung in Verantwortungseigentum, S. 18.

3 Und später in die Firma Schott.

4 Der Betrieb „Schott & Gen." ging erst im Jahr 1919 vollständig an die Carl-Zeiss-Stiftung über. Dazu ausführlicher ab Seite 123.

5 Zu den Regelungen des Stiftungsstauts ab Seite 125.

Mit dem Stiftungsstatut führte *Abbe* auch neue arbeitsrechtliche Regelungen in die Betriebe ein, wie beispielsweise den 8-Stunden-Tag[6] oder ein Maximaleinkommen für alle Angestellten. Zusätzlich verankerte er die Förderung von Wissenschaft, Forschung und Gesellschaft durch die Carl-Zeiss-Stiftung im Stiftungsstatut. Das hatte nicht nur auf die Stiftungsbetriebe und die Belegschaft, sondern auch die Bevölkerung Jenas positive Auswirkungen.[7]

Heute haben die Carl Zeiss AG und die Schott AG gemeinsam mehr als 51.000 Mitarbeiter:innen in über 50 Ländern.[8] Der Stiftungsbetrieb Zeiss und seine Tochterunternehmen erreichten in den Jahren 2020/2021 im Vergleich zum Vorjahr und trotz der globalen Pandemie eine Umsatzsteigerung von 20 %. Davon profitieren heute neben den Unternehmen und den Mitarbeiter:innen weiterhin die Stiftung und ihre Destinatäre.[9] Das zeigt sich auch daran, dass die Carl-Zeiss-Stiftung in den Geschäftsjahren 2019/2020 rund 57.222.000 Euro und trotz der Pandemiejahre 2020/2021 weiterhin 40.005.000 Euro für Satzungszwecke ausgeschüttet hat.[10]

Diese bemerkenswerte Entwicklung hängt maßgeblich mit den Gründungs- und Reformgedanken *Abbes* zusammen, die heute als Vorbild auf dem Gebiet des Verantwortungseigentums gelten.[11] Während *Ernst Abbe* bereits im späten 19. Jahrhundert versuchte, seine Vorstellungen umzusetzen, sind die Forderungen nach Verantwortungseigentum und einer Rechtsform für eine Gesellschaft mit gebundenem Vermögen neuere Entwicklungen.[12]

Verantwortungseigentum bezeichnet eine Form des Unternehmertums, die sich durch das Halten und Betreiben von Wirtschaftsunternehmen ohne persönliche Gewinnansprüche auszeichnet. Gesellschafter:innen behalten (wie üblich) die Leitungsmacht über das Unternehmen, ohne dabei auf die Unternehmensgewinne zugreifen zu können. Umsätze und Gewinne der Unternehmen in Verantwortungseigentum stellen Mittel zum Zweck dar und dürfen nicht einzelnen Gesellschafter:innen zugutekommen.[13]

---

6 Seite 149.

7 Genauer dazu auf Seite 99.

8 *Zeiss*, Über Uns; *Schott*, Das Unternehmen.

9 Heute geregelt im Stiftungsstatut von 2009.

10 *Carl-Zeiss-Stiftung*, Transparenz.

11 Fn. 2.

12 Auf Seite 47.

13 *Purpose*, Verantwortungseigentum, S. 12; *Sanders u.a.*, GmbH-gebV Gesetzesentwurf, S. 9; *Stiftung Verantwortungseigentum*, Eine Eigentumsform, S. 12. Dazu ausführlich ab Seite 59.

Dazu kommt, dass Verantwortungseigentümer:innen ihre Nachfolge selbst gestalten wollen, sodass die automatische Vererbung von Gesellschaftsanteilen durch eine Entscheidung des Gesellschafterkreises ersetzt wird.[14] Die Nachfolge im Unternehmen soll damit nicht von der Erbfolge kraft genetischer Verwandtschaft, sondern der Entscheidung der Gesellschafter:innen abhängen.[15]

Diese zwei unveränderlichen Prinzipien werden von der Stiftung Verantwortungseigentum[16], mittels zweier Prinzipien dargestellt: die Vermögensbindung durch das Sinnprinzip und die sogenannte Werte- und Fähigkeitenfamilie als Selbstbestimmungsprinzip.[17]

Das Ziel der Verantwortungseigentümer:innen ist es, den Geist und die Leitung von Unternehmen permanent in die Hände motivierter Unternehmer:innen zu legen, die die Unternehmen leiten, gestalten und weiterentwickeln – jenseits persönlicher Vermögensmehrungsinteressen.[18] Dennoch sind Unternehmen in Verantwortungseigentum Teil des Wettbewerbs und erzielen Gewinne, die reinvestiert oder gespendet werden. Während die Unternehmen zweckoffen gestaltet werden können, sollen ‚nur' die Vermögensbindung und die Nachfolgeregelung als unveränderliche Merkmale des Verantwortungseigentums bestehen bleiben.[19]

Mittlerweile gibt es in Deutschland über 200 solcher Unternehmen in Verantwortungseigentum, die zusammen mehr als 1,2 Millionen Mitarbeiter:innen beschäftigen und 270 Millionen Euro Umsatz erwirtschaften.[20] Bereits heute können Unternehmer:innen ihre Unternehmen in Verantwortungseigentum umwandeln oder ein solches direkt gründen. Das ist allerdings nur unter den Einschränkungen *de lege lata*[21] möglich.

Die Vertreter:innen des Verantwortungseigentums fordern den Gesetzgeber deswegen dazu auf, den *Numerus Clausus* der Gesellschaftsformen durch die Einführung einer neuen Gesellschaftsform für Verantwortungseigentum zu

---

14 *Purpose,* Verantwortungseigentum, S. 12; *Sanders u.a.*, Gesellschaft mit beschränkter Haftung in Verantwortungseigentum, S. 9; *Stiftung Verantwortungseigentum*, Eine Eigentumsform, S. 11; Seite 59.

15 *Sanders,* ZRP 2020, S. 141. Dazu ausführlicher ab Seite 63.

16 Eine Erklärung über die Stiftung Verantwortungseigentum in Fn. 57.

17 Seite 59 f.

18 *Sanders,* NZG 2021, S. 1574 f.; dazu Seite 59.

19 Im Einzelnen ab Seite 59 ff.

20 *Stiftung Verantwortungseigentum*, Verantwortungseigentum-Pressekit, S. 21.

21 Die Möglichkeiten zur gegenwärtigen Umsetzung im deutschen Gesellschafts- und Körperschaftsrecht werden auf Seite 63 ff. beleuchtet.

erweitern. Sie meinen, dass die Rechtslage an ihre Grenzen stößt. Stiftungen, GmbHs, Genossenschaften und ausländische Rechtsmodelle würden dem Konzept des Verantwortungseigentums heute nicht mehr entsprechen.[22]

Unterstützer:innen der neuen Rechtsform haben aus diesem Grund in den Jahren 2020 und 2021 Gesetzesentwürfe veröffentlicht, zuletzt zur Einführung einer GmbH mit gebundenem Vermögen, der GmbH-gebV.[23]

Die Debatten zum Verantwortungseigentum gehen mittlerweile sogar über die Rechtswissenschaft hinaus: Auf politischer Bühne wird der Begriff immer häufiger besprochen und seit dem Jahr 2021 Inhalt des Koalitionsvertrages von SPD, BÜNDNIS 90/DIE GRÜNEN und FDP.[24]

Auch Unternehmer:innen sprechen sich immer wieder öffentlich für die Einführung einer neuen Rechtsform für Verantwortungseigentum aus, jüngst im Juni 2023.[25] Das Institut für Demoskopie Allensbach befragte im Jahr 2021 mehr als 400 Familienunternehmen zum Verantwortungseigentum. Die Studie ergab, dass bereits die Hälfte aller befragten Familienunternehmen mit dem Konzept des Verantwortungseigentums vertraut war und eine Umsetzung sogar in Betracht ziehen würde.[26] Das zeigt, dass das Verantwortungseigentum nicht nur ein Konzept für junge Unternehmen und Start-ups ist, sondern auch für Familienunternehmen, wie die im Jahr 1846 gegründete Firma Zeiss, Alternativen bietet.

Obwohl das Verantwortungseigentum die Unterstützung prominenter Politiker:innen aus fast allen Parteien erhalten hat[27], entsteht immer wieder der Eindruck, dass Kritiker:innen versuchen, eine Umsetzung zu verhindern, indem sie das Konzept politisieren.

Neben durchaus nachvollziehbaren Kritikpunkten[28], wie Bedenken hinsichtlich verdeckter Gewinnausschüttungen, steuerlichen Fragen und Vermögen-

---

22 Eine Auseinandersetzung dazu folgt ab Seite 63.

23 Der erste Gesetzesentwurf aus dem Jahr 2020: *Sanders u.a.*, Gesellschaft mit beschränkter Haftung in Verantwortungseigentum; sowie der zweite Gesetzesentwurf auf dem Jahr 2021: *Sanders u.a.*, GmbH-gebV Gesetzesentwurf; ausführlicher auch ab Seite 76.

24 *SPD/Bündnis 90/Die Grünen/FDP*, Koalitionsvertrag, S. 24 f.

25 Aufrufbar unter: https://www.neue-rechtsform.de/verbände-allianz/; zuvor bereits unter https://stiftung-verantwortungseigentum.de/unternehmen-netzwerk;

26 *Institut für Demoskopie Allensbach*, Verantwortungseigentum, S. 17 ff. und Seite 52.

27 Fn. 211; Seite 49.

28 Zustimmende, nicht minder kritische, Beiträge sind beispielsweise: *Fleischer*, ZIP 2022; *Frey/Feld*, WELT 2021; *Grundmann*, FAZ Einspruch 2024; *Kempny/Sanders*, NWB 2021; *Reiff*, NJOZ 2021; *Reiff*, Verantwortungseigentum; *Reiff*, ZIP 2020; *Sanders*, NZG 2021; *Teichmann*, Audit Committee Quarterly 2020; *Veil*, notar 2021; *Homeyer/Reiff*,

sbindungsproblematiken, finden auch Scheindebatten statt[29]: Kritiker:innen negieren den Bedarf einer solchen Rechtsform für Verantwortungseigentum, da sie das Konzept als rein „zeitgenössisch“ und „en vogue“ betrachten.[30] Solche Argumente hindern zielführende Debatten und missachten, dass das Verantwortungseigentum nicht nur ein zeitgenössischer Gedanke sein muss, sondern möglicherweise historische Vorläufer wie *Ernst Abbe* hat.

Ob *Abbe* bereits vor mehr als 130 Jahren Verantwortungseigentum implementierte, soll im Rahmen der Untersuchung beantwortet werden. Die Gründung der Carl-Zeiss-Stiftung könnte ein früher Beleg dafür sein, dass das rechtliche Konzept des Verantwortungseigentums bereits im 19. Jahrhundert eingeführt wurde.[31]

Bereits auf den ersten Blick tritt deutlich hervor, dass trotz der unterschiedlichen institutionellen Gestaltungen und Rahmenbedingungen sowohl die Carl-Zeiss-Stiftung unter *Ernst Abbe* als auch das Verantwortungseigentum heute ähnliche Ziele verfolg(t)en: Beide Ansätze streb(t)en nach langfristiger Unternehmensführung und dem Schutz vor externen Interessen. Die Transformation der vormals kleinen Werkstatt in Jena zum Weltmarktführer könnte dabei eng mit ihrer Umwandlung in die erste Unternehmensträgerstiftung[32] und möglicherweise in Verantwortungseigentum zusammenhängen.

Die Stiftung und ihre Stiftungsbetriebe Zeiss und Schott sind nicht nur ein Zeugnis für weitreichende Regelungen in einer Zeit, in der die Kapitalisierung und Industrialisierung immer weiter voranschritt. Bis heute nehmen sie eine

---

npoR 2020; eher kritische Beiträge: *BDI*, Verbändepapier; *BVMW*, Positionspapier; *Engel/Haubner*, DStR 2022; *Fischer*, BB 2021; *Karst/Müller-Gschlößl*, NJOZ 2021; *Kay/Schlömer-Laufen/Reiff*, Denkpapier 2023; *Loritz/Weinmann*, DStR 2021; *Servatius*, NZG 2021; *Watrin/Riegler*, FR 2021; Beiträge mit einer erkennbar ablehnenden Haltung: *Arnold/Burgard/Roth*, NZG 2020; *Burgard*, npoR 2021; *Burgard*, ZStV 2021; *Grunewald/Hennrichs*, NZG 2020; *Hüttemann/Rawert*, FAZ Einspruch 2022; *Plöger/Weitemeyer*, BB 2021; *Sharaf*, NZG 2024.

29 Eine inhaltliche Betrachtung der kritischen Argumente ab Seite 53 f.

30 Zum Beispiel in *Plöger/Weitemeyer*, BB 2021, I; *Weitemeyer/Weißenberger/Wiese*, GmbHR 2021, S. 1069.

31 Erwähnungen sind zu finden in *Burgard*, ZStV 2021, S. 3; *Institut für Demoskopie Allensbach*, Verantwortungseigentum, S. 36; *Karst/Müller-Gschlößl*, NJOZ 2021, S. 963; *Sanders*, ZRP 2020, S. 141; *Stiftung Verantwortungseigentum*, Eine Eigentumsform, S. 11, 13, 38 ff.; auch *Purpose*, Verantwortungseigentum, S. 35 ff.; *Sanders u.a.*, Gesellschaft mit beschränkter Haftung in Verantwortungseigentum, S. 18.

32 Seite 93 ff.; Seite 120 ff.

singuläre Rolle im Recht und in der Wirtschaft ein. Die Feststellung, ob und in welchem Umfang das Verantwortungseigentum durch *Abbe* rechtlich implementiert wurde, kann auch einen Beitrag zu der gegenwärtigen Diskussion über die Einführung einer solchen Gesellschaftsform leisten.

Inwiefern die Regelungen des Verantwortungseigentums und die der Carl-Zeiss-Stiftung miteinander vergleichbar sind und Parallelen aufweisen, muss die Überprüfung der rechtlichen Konzepte beider zeigen. Fragen zur Vergleichbarkeit möglicher Vermögensbindungen, der Nachfolgeregelungen und des Unternehmenszwecks sind aus einer rechtlichen Perspektive zu beleuchten und im Anschluss miteinander zu vergleichen.[33]

Abbes Idee vom Unternehmen als eine ‚öffentliche Einrichtung' und die Motive, die ihn dann zur rechtlichen Umwandlung bewegten[34], könnten darüber hinaus ein Vorbild für das Konzept des Verantwortungseigentums sein.

Trotzdem hier die Entwicklung des Verantwortungseigentums anhand der Carl-Zeiss-Stiftung im Fokus der Untersuchung steht, soll nicht unberücksichtigt bleiben, dass bereits im Mittelalter Formen nachhaltiger Wirtschaft existierten, die nicht ausschließlich den privaten Vermögensinteressen und der Gewinnmaximierung folgten.

Diese frühen Formen unternehmerischer Tätigkeiten standen im Einklang mit der Gemeinschaft und der Natur.[35] Auch die gewerblichen Genossenschaften und Zünfte dieser Zeit spielten eine Rolle bei der Organisation der Wirtschaft und der Wahrung sozialpolitischer Interessen.[36]

Diese Genossenschaften, die Zünfte, das sogenannte Gotteskonto und sogar die Familienfideikommisse weisen möglicherweise Parallelen zum Verantwortungseigentum auf. Die Gemeinsamkeiten mit dem Verantwortungseigentum sollen im Folgenden kurz überprüft werden.

Die Entwicklung des Verantwortungseigentums könnte dadurch in einem größeren historischen Kontext betrachtet werden. Sollten solche Übereinstimmungen und Gemeinsamkeiten nicht festzustellen sein, ist die Rolle der Carl-Zeiss-Stiftung unter *Ernst Abbe,* als vermeintlicher erster Verantwortungseigentümer, zu unterstreichen.

---

33 Seite 177 ff.

34 Abbe, Denkschrift 1887, S. 32 ff.; Seite 108.

35 Ein kurzer Überblick früher Entwicklungstendenzen ab Seite 28.

36 Seite 28.

Der historische Kontext und die Untersuchung zur Entwicklung könnten neue Erkenntnisse liefern und zur aktuellen Debatte über das Verantwortungseigentum beitragen.

I. Gang der Arbeit

Ziel der Arbeit ist es, die Entwicklung des Verantwortungseigentums anhand der Carl-Zeiss-Stiftung unter *Ernst Abbe* zu untersuchen. Dafür muss vorab herausgestellt werden, ob und inwieweit *Ernst Abbe* und die Carl-Zeiss-Stiftung ‚Pioniere‘[37] des Verantwortungseigentums waren.

Die Arbeit beginnt mit einer kurzen Untersuchung der historischen Entwicklung des Verantwortungseigentums bis zur gegenwärtigen Einbindung in die Rechtspolitik. Im Anschluss wird das rechtliche Konzept des Verantwortungseigentums beleuchtet. Danach folgt die Untersuchung der Entwicklung, der Vorgeschichte und der Gründung der Carl-Zeiss-Stiftung. Die Erkenntnisse aus diesen Kapiteln werden für den Vergleich und zur Überprüfung der Forschungsfrage im Anschluss zusammengeführt.

Im ersten Teil unter **B. ‚Die Entwicklung des Verantwortungseigentums‘**[38] wird eine Untersuchung weiterer rechtsgeschichtlicher Entwicklungen, die Gemeinsamkeiten und Unterschiede zum Verantwortungseigentum aufweisen könnten, überblicksartig vorangestellt. Dadurch soll herausgestellt werden, ob es neben *Abbe* und der Carl-Zeiss-Stiftung weitere Entwicklungen des Verantwortungseigentums in der Rechtsgeschichte gab.

Vereinzelte Institute, die möglicherweise Parallelen und Entwicklungstendenzen des Verantwortungseigentums aufweisen, werden hier kurz beleuchtet. Ziel ist es, die mögliche Singularität der Carl-Zeiss-Stiftung zu unterstreichen oder das Verantwortungseigentum als eine längere Entwicklung zu verstehen.

Da die Diskussionen zum Thema Verantwortungseigentum besonders in den letzten Jahren zugenommen haben, werden im Anschluss die rechtspolitischen Einbindungen und Kritiken kurz beleuchtet. Am Ende des Kapitels folgt die Überleitung zur Rechtslage des Verantwortungseigentums heute.

Im zweiten Teil unter **C. ‚Das Verantwortungseigentum‘**[39] wird das rechtliche Konzept des Verantwortungseigentums erläutert. Dazu findet zuerst die

37 So bezeichnet von *Purpose*, Verantwortungseigentum, S. 35 ff.; *Sanders u.a.*, Gesellschaft mit beschränkter Haftung in Verantwortungseigentum, S. 18.

38 Seite 27.

39 Seite 59.

Überprüfung des Verantwortungseigentum auf seine rechtlichen Umsetzungsmöglichkeiten *de lege lata* anhand der bestehenden Gesellschaftsformen statt.[40] Hierbei werden die Schwierigkeiten in der Umsetzung, mit denen Verantwortungseigentümer:innen gegenwärtig konfrontiert sind, dargestellt.

Um das Verständnis weiter zu vertiefen, wird im Anschluss der aktuelle Gesetzesentwurf zur sogenannten GmbH mit gebundenem Vermögen, dem Gesetzesvorschlag für eine Gesellschaftsform in Verantwortungseigentum, erläutert und als Umsetzungsbeispiel *de lege ferenda* beleuchtet.[41]

Daran schließt sich unter **D. ‚Die Carl-Zeiss-Stiftung'**[42] die Untersuchung der Stiftung und ihres Gründers *Ernst Abbe* an. Die Entwicklung der Carl-Zeiss-Stiftung wird von der Zeit vor ihrer Gründung im Jahr 1886 bis zur Weiterentwicklung nach *Abbes* Tod im Jahr 1903 dargestellt. Auch *Abbes* Motive und Gedanken zur Gründung der Stiftung werden hier betrachtet.[43]

Im Mittelpunkt der Betrachtung steht das Stiftungsstatut der Carl-Zeiss-Stiftung von 1896[44], das aufgrund seines außergewöhnlichen Charakters und seiner Vorbildwirkung für das Verantwortungseigentum untersucht wird.

Neben dem Stiftungsstatut der Carl-Zeiss-Stiftung werden auch der Entstehungsprozess und die rechtliche Ausgangslage im Großherzogtum Sachsen-Weimar-Eisenach zur Zeit der Stiftungsgründung beleuchtet. Anschließend folgt ein Überblick über die aktuelle Situation der Carl-Zeiss-Stiftung und ihrer Stiftungsbetriebe. Des Weiteren wird die Reform der Carl-Zeiss-Stiftung im Jahr 2004 untersucht.

Unter E. **‚Der Vergleich: Ernst Abbe – Verantwortungseigentümer erster Stunde?'**[45] werden die Erkenntnisse zum Verantwortungseigentum und zur Carl-Zeiss-Stiftung zusammengeführt und die rechtlichen Konzepte beider miteinander verglichen.

Als Grundlage des Vergleichs dienen primär das Stiftungsstatut der Carl-Zeiss-Stiftung von 1896 sowie die Ideen und Gesetzesvorschläge zum Verantwortungseigentum. Die Forschungsfrage, ob und inwieweit *Ernst Abbe* mit der Einführung der Carl-Zeiss-Stiftung ‚Verantwortungseigentümer' war, soll in diesem Kapitel beantwortet werden.

---

40 Seite 63.
41 Seite 76.
42 Seite 93.
43 Seite 147.
44 Seite 125.
45 Seite 177.

Ferner wurden drei Experteninterviews geführt, durch die eine weitere Beurteilung der Thematik erlangt wird. Dazu sind *Felix Streiter*, derzeitiger Geschäftsführer der Carl-Zeiss-Stiftung, *Klaus Herberger*, ehemaliger Geschäftsführer der Carl-Zeiss-Stiftung und *Till Wagner*, Vorstandsmitglied der Stiftung Verantwortungseigentum, befragt worden.

Das Ziel der Befragungen bestand darin, durch die Einschätzungen der Interviewpartner, die eigenen Forschungsergebnisse möglicherweise zu unterstreichen, neue Erkenntnisse zu gewinnen und die Diskussion zum Thema anzuregen. Die Ergebnisse der Interviews werden dazu kontinuierlich als Quellen in die Untersuchung einbezogen. Eine abschließende Darstellung der Interviews findet sich unter ‚**F. Experteninterviews**'[46].

Zuletzt folgt unter ‚**G. Zusammenfassung und Schlussbetrachtung**'[47] die Darstellung der Untersuchungsergebnisse in Thesen sowie eine abschließende Betrachtung.

II. Stand der Forschung

Die Arbeit untersucht zwei zentrale Themenkomplexe: die Carl-Zeiss-Stiftung unter *Ernst Abbe*, insbesondere unter Berücksichtigung des Stiftungsstatuts von 1896 sowie das rechtliche Konzept des Verantwortungseigentums.

Der Forschungsstand des Verantwortungseigentums und der Carl-Zeiss-Stiftung unterscheiden sich stark voneinander. Viele Abhandlungen, die die Carl-Zeiss-Stiftung und *Ernst Abbe* thematisieren, wurden im 19. und im 20. Jahrhundert veröffentlicht. Der überwiegende Teil der Veröffentlichungen zum Thema Verantwortungseigentum ist dagegen relativ jung. Die Zahl der Publikationen stieg insbesondere seit dem Jahr 2020 an.

Abbes Interesse an der Wissenschaft, der Forschung und der Sozialpolitik bot dagegen bereits häufiger die Grundlage für diverse Untersuchungen. Viele davon behandeln *Abbe* als Person oder seine naturwissenschaftlichen, mathematischen und technischen Erkenntnisse. Auf diese Werke sei verwiesen.[48]

Für die vorliegende Untersuchung sind vor allem die Werke *Schomerus*', der sich zeitlebens ausführlich mit der Carl-Zeiss-Stiftung auseinandergesetzt hat, relevant. Seine Ausarbeitung *Werden und Wesen der Carl-Zeiss-Stiftung* enthält

46 Seite 191.

47 Seite 201.

48 Damit beschäftigten sich beispielsweise: *Auerbach*, Abbe; *Demel*, Auf dem Weg zur Verantwortungsgesellschaft; *Stolz/Wittig*, Carl Zeiss und Ernst Abbe; *Wittig*, Ernst Abbe.

eine Sammlung gedruckter Quellen in Form von Briefen und Dokumenten *Abbes*.[49]

Ein großer Teil der rechtlichen Quellen zur Carl-Zeiss-Stiftung ist, neben den historischen Werken *Schomerus'*, in den *Gesammelten Abhandlungen Abbes*'[50] veröffentlicht worden. Diese wurden vom ZEISS Archiv zur Verfügung gestellt. Neben dem für die vorliegende Arbeit zentralen Stiftungsstatut der Carl-Zeiss-Stiftung von 1896 sind darin außerdem Reden, Vorträge und Schriften enthalten.

Im Zusammenhang mit der rechtsgeschichtlichen Bearbeitung der Carl-Zeiss-Stiftung fand zu Beginn der Forschungsarbeit ein mehrtätiger Aufenthalt im ZEISS Archiv in Jena statt. Das Archiv verfügt über eine umfangreiche Sammlung von Quellen zur Carl-Zeiss-Stiftung und zu *Ernst Abbe*.

Weitere Forschungsarbeiten zur Carl-Zeiss-Stiftung, die in den letzten Jahren veröffentlicht worden, sind beispielsweise ‚Auf dem Weg zur Verantwortungsgesellschaft'[51] von *Demel* und jüngst *Steinfelds* historische Dissertation mit dem Titel ‚Unternehmen ohne Eigentümer'[52].

Steinfeld untersucht in ihrer Forschungsarbeit primär die Zusammenhänge zwischen den Bedingungen innerhalb der Stiftungsbetriebe und der Praxis der Unternehmensführung der Optischen Werke (der Firma Zeiss) zwischen 1889 und 1933. Sie behandelt dabei den Einfluss der Unternehmensführung der Zeiss-Werkstätte hinsichtlich Personal-, Lohn-, Investitions- und Stiftungspolitik. Des Weiteren betrachtet sie die Entwicklung der Zeiss-Werkstatt und untersucht den Einfluss der späteren Stiftung.[53] Die Regelungen des Stiftungsstatuts von 1896 spielen in der Untersuchung vor allem hinsichtlich des Einflusses auf die Unternehmensführung eine Rolle.

Demel befasst sich in seiner historischen Forschungsarbeit mit der Entstehungsgeschichte der Carl-Zeiss-Stiftung von 1886 bis 1907. Dabei beleuchtet er insbesondere das wissenschaftliche Vorgehen *Zeiss'* und *Abbes* sowie die spätere Entwicklung der Stiftung und ihrer Projekte. Er untersucht auch die Beweggründe und die Person *Abbe* sowie die Stiftungsurkunde der Carl-Zeiss-Stiftung als „Quintessenz [von] Abbes Stiftungsgedanken."[54]

---

49 *Abbe*, Gesammelte Abhandlungen II, III in *Schomerus*, Werden und Wesen der Carl-Zeiss-Stiftung.

50 *Abbe*, Gesammelte Abhandlungen II, III.

51 *Demel*, Auf dem Weg zur Verantwortungsgesellschaft.

52 *Steinfeld*, Unternehmen ohne Eigentümer.

53 *Steinfeld*, Unternehmen ohne Eigentümer, S. 4 f.

54 *Demel*, Auf dem Weg zur Verantwortungsgesellschaft, S. 42 ff.

Beide Arbeiten behandeln zwangsläufig auch die Stiftungsstatute der Carl-Zeiss-Stiftung im Rahmen ihrer Forschungsarbeit. Die Untersuchung wird dabei gründlich vorgenommen, geschieht jedoch nicht aus einer juristischen Perspektive und stets mit Hinblick auf das zentrale Thema der jeweiligen Arbeit.

Die Autor:innen betrachten die Carl-Zeiss-Stiftung damit aus recht unterschiedlichen Perspektiven und mit eigenem Forschungsschwerpunkt: *Demel* nahm eine historische Aufarbeitung der Entwicklung der Betriebe und der Carl-Zeiss-Stiftung vor, während *Steinfeld* insbesondere die ‚Governance' der Betriebe aus philosophisch- und wirtschaftswissenschaftlicher Sicht betrachtete. Eine Darstellung der Carl-Zeiss-Stiftung unter *Abbe* aus juristischer Perspektive und mit Blick auf die Entwicklung des Verantwortungseigentums nahmen die Autor:innen nicht vor.

Im Vergleich zum umfangreichen Literaturbestand der Carl-Zeiss-Stiftung und *Ernst Abbes* haben Diskussionen und Publikationen zum Thema Verantwortungseigentum erst in den letzten Jahren zugenommen.[55] Das liegt auch an den Veröffentlichungen des ersten Gesetzesentwurfes zum Verantwortungseigentum im Jahr 2020 und des zweiten Gesetzesentwurfes aus dem Jahr 2021.[56] Die Entwürfe der Professor:innen stellten erstmals eine zusammenhängende juristische Ausarbeitung zum Rechtskonzept des Verantwortungseigentums dar.

Seit der Gründung der Stiftung Verantwortungseigentum[57] im Jahr 2019, ihrer zunehmenden Öffentlichkeitsarbeit und der Publikation der Gesetzesentwürfe nahm auch der öffentliche Diskurs zu. Neben einer wachsenden Menge an Fach- und Tageszeitungsartikeln fanden öffentliche Debatten und Veranstaltungen statt, die ebenfalls Grundlage dieser Untersuchung sind.[58]

---

55 Auf Seite 47 ff. ausführlicher.

56 *Sanders u.a.*, Gesellschaft mit beschränkter Haftung in Verantwortungseigentum; *Sanders u.a.*, GmbH-gebV Gesetzesentwurf.

57 „Die Stiftung Verantwortungseigentum wird von UnternehmerInnen und Unternehmen gegründet und getragen – um Unternehmen in Verantwortungseigentum eine Stimme zu geben", beschreibt sich die Stiftung selbst. Bestehend aus Vorstand, Geschäftsleitung und Team, veranstaltet sie Events, dient zur Vernetzung und informiert. Gegründet wurde sie im November 2019. Neben der Stiftung Verantwortungseigentum unterstützt „purpose-economy" (im Folgenden als ‚Purpose' bezeichnet) Unternehmer:innen jetzt schon bei der Umsetzung von Verantwortungseigentum und die Idee; *Purpose,* Verantwortungseigentum*; Stiftung Verantwortungseigentum*, Verantwortungseigentum-Pressekit.

58 Seite 47 ff.; Zu Erkenntnissen über das Verantwortungseigentum verhalf aus diesem Grund auch der regelmäßige Austausch im Rahmen eines Doktorandenkollegs zum Verantwortungseigentum seit Beginn der Forschungsarbeit im Januar 2021. Auch

Die Veröffentlichungen sind dabei häufig, nicht immer (!), eher heranführende Auseinandersetzungen zu der recht jungen Thematik des Verantwortungseigentums. Forschungsarbeiten, Dissertationen oder ausführliche Werke zum Verantwortungseigentum gab es zu Beginn der Forschungsarbeit, jenseits der benannten Gesetzesvorschläge, kaum.[59]

Obwohl das Thema zunehmend Beachtung findet und zu anhaltenden Diskussionen führt, blieben umfassende wissenschaftliche Auseinandersetzungen bislang selten.[60] Gleiches gilt für die Entwicklung des Verantwortungseigentums. Obwohl *Ernst Abbe* in den Kreisen der Stiftung Verantwortungseigentum bereits als ‚Pionier' des Verantwortungseigentums gilt, gibt es keine wissenschaftliche Untersuchung zur Entwicklung des Verantwortungseigentums und den Ursprüngen der Carl-Zeiss-Stiftung.

Dies soll nun im Rahmen der Arbeit erfolgen.

---

die Teilnahme an Workshops und Veranstaltungen erwiesen sich als hilfreich für die Bearbeitung der Thematik.

59 Jüngst (und damit bedauerlicherweise nicht mehr inhaltlicher Bestandteil dieser Untersuchung) wurden die Dissertationen von *Clara Kattein* und *Marvin Reiff* veröffentlicht. Beide Jurist:innen beschäftigten sich mit dem Verantwortungseigentum im engeren Sinne. *Kattein,* Die GmbH mit gebundenem Vermögen – geboten oder überflüssig?; *Reiff,* Verantwortungseigentum.

60 Hiervon ausgenommen sind die Fachartikel von Professor:innen und weiteren Publizierenden. Allerdings handelt es sich auch bei diesen um oftmals eher ‚kurze' Publikationen. Dieser Umstand wird sich (voraussichtlich) in den kommenden Jahren durch die Veröffentlichungen verschiedener Forschungsarbeiten zum Verantwortungseigentum ändern.

B. Die Entwicklung des Verantwortungseigentums

I. Vorgehensweise und Ziel

Bevor das Verantwortungseigentum und die Carl-Zeiss-Stiftung näher untersucht werden, erfolgt einführend eine Betrachtung möglicher weiterer Entwicklungen in der Rechtsgeschichte. Diese Darstellung zielt darauf ab, zu ermitteln, ob es in der Vergangenheit bereits Entwicklungen und Tendenzen in Richtung des Verantwortungseigentums gab, die über die Carl-Zeiss-Stiftung hinausgingen. Dadurch soll eine ganzheitliche, rechtliche und historische Betrachtung Verantwortungseigentum ermöglicht werden.

Dazu werden Rechtsinstitute, Kodifizierungen und Entwicklungen untersucht, welche Parallelen zum heutigen Konzept des Verantwortungseigentums aufweisen könnten.

Es ist denkbar, dass auch *Ernst Abbe* bei Gründung der Carl-Zeiss-Stiftung im ausgehenden 19. Jahrhundert auf solche zurückgriff. Andernfalls könnte die Gründung der Carl-Zeiss-Stiftung eine beispiellose Entwicklung des Verantwortungseigentums darstellen.

Da die vorliegende Arbeit jedoch primär die Vergleichbarkeit des Verantwortungseigentums und der Carl-Zeiss-Stiftung unter *Abbe* zum Gegenstand hat, werden Beispiele nur überblicksartig untersucht. Die Betrachtung endet im 21. Jahrhundert und berücksichtigt auch die neusten Entwicklungen des Verantwortungseigentums, bevor im folgenden Kapitel die Rechtslage erörtert wird.

II. Einführung

Die Entwicklung des Gesellschaftsrechts begann bereits im 3. Jahrhundert v. Chr. Es entstanden erste private Verbände, die nach dem Vorbild des Gemeinwesens agierten.[61] Parallel dazu entwickelte sich eine Praxis des Stiftungswesens, die darauf abzielte, den Bedürftigen und Armen Unterstützung zukommen zu lassen.[62]

Lange Zeit war es jedoch allein dem Staat vorbehalten, solche Körperschaften mit juristischer Persönlichkeit zu gründen.[63] Gedanken, wie die der Bindung

---

61 Untersucht wird das auch von *Groten*, corpus und universitas, S. 357 ff., 363.

62 *Pennitz*, HKK I, §§ 80 – 89, Rn. 7.

63 *Gierke*, Das deutsche Genossenschaftsrecht, Dritter Band, S. 134.

von Vermögen oder der Vererbung jenseits der genetischen Familie waren noch fernliegend. Lediglich in Stiftungen und später in den Familienfideikommissen[64] wurden Vermögensbindungen zu ganz unterschiedlichen Zwecken genutzt.

Das Gesellschaftsrecht und das Wirtschaftsrecht sind heute von bedeutender Relevanz und haben sich trotz ihrer vergleichsweise jungen Existenz fest in der Gesellschaft etabliert. In den vergangenen Jahrzehnten wurde der *Numerus Clausus* der Gesellschaftsformen allerdings kaum erweitert. Die Forderungen nach einer neuen Rechtsform für das Verantwortungseigentum sorgen auch deswegen seit einigen Jahren für intensive Diskussionen.[65]

Das Verantwortungseigentum hat dabei vor allem seit Beginn der 2000er-Jahre an Bedeutung erlangt. Akteure wie der Jurist *Paul Kirchhof*[66], der Wirtschaftswissenschaftlicher *Folkert Wilken*[67], die Gesellschaft für treuhänderische Eigentumsformen (GTREU) und zuletzt politische Parteien[68] haben die Debatte, neben der Stiftung Verantwortungseigentum, in den letzten Jahren vorangetrieben. Ob es allerdings auch frühe Entwicklungen gab, wird nun untersucht.

1. Frühe Entwicklungstendenzen

Schon im römischen Recht waren Frühformen der Körperschaften, wie die *societas*[69] und die sogenannte *communio*, die das Eigentum zu Bruchteilen hielt, bekannt. Allerdings lag der Zweck dieser Gesellschaften darin, durch gemeinschaftliches Handeln Gewinne zu generieren. Gesellschafter konnten die *societas*, sofern sie gemeinschaftliches Eigentum bilden wollten, durch eine *communio* ergänzen.[70] Diese diente dann zum Beispiel der Verwaltung des Vermögens.[71]

---

64 Seite 31 f.
65 Ausführlicher dazu ab Seite 49.
66 Seite 47 f.
67 Seite 42 f.
68 Zur Gesellschaft für treuhänderische Eigentumsformen sowie der Rezeption durch die politischen Akeure siehe ab Seite 47 ff.
69 *Hausmaninger/Selb,* Römisches Privatrecht, S. 319 ff.
70 Die *communio* wurde auch zugunsten einer Erbengemeinschaft eingesetzt; *Kaser/Knütel/Lohsse,* Römisches Privatrecht, § 54, Rn. 14.
71 *Hausmaninger/Selb,* Römisches Privatrecht, S. 320; *Meissel,* Zur Geschichte des Gesellschaftsrechts in Europa, S. 14 f.

Kaiser *Justinian* trug zur Weiterentwicklung des Verständnisses der Gesellschaften bei.[72] Aber auch hier stand das Streben nach Gewinnerwirtschaftung durch die Gesellschaft mittels eines zu betreibenden Geschäfts im Vordergrund.[73]

Erste rudimentäre Gemeinsamkeiten mit dem Verantwortungseigentum sind erst während des Mittelalters erkennbar: Eine der ältesten Formen der gemeinsamen Wirtschaft und zur Bildung von Vermögen stellen die Sippen, die Geschlechtsverbände des germanischen Rechts[74], die Familienverbände[75] und die Hausgenossenschaften dar. Diese Familienverbände und Hausgenossenschaften zeichneten sich durch die gemeinschaftliche Verwaltung und Verteilung des Vermögens, auch jenseits der genetischen Verwandtschaft, aus:

> „Es hat vielmehr auch außerhalb der Familie derartige Gemeinschaftsverhältnisse gegeben und diese [sind] völlig gleichartig behandelt worden."[76]

Auf dem Land entstanden parallel dazu die Markgenossenschaften, die der Nutzbarmachung der Natur durch die Menschen mittels Anbaus und Bewirtschaftung von Wald und Feld dienten.[77]

Die Mark konnte auf dem Dorf, in einem Bezirk oder in der Nachbarschaft entstehen und war durch die gemeinschaftliche Arbeit der Menschen zu gleichen Rechten sowie gemeinsamer Teilhabe geprägt.[78] Die Mitglieder waren zur gegenseitigen Rücksichtnahme und zum Schutz der Natur verpflichtet.[79] Insbesondere Wald und Feld sollten nicht nur den menschlichen Bedürfnissen dienen, sondern auch langfristig erhalten bleiben und geschützt werden.[80] Deswegen waren

---

72 Erkennbar in den Institutionen des Corpus Iuris Civilis (CIC) aus dem Jahr 533 n. Chr., unter anderem; I. 3.25; *Behrends/Knütel/Kupisch*, Corpus Iuris Civilis I, Institution 3. 25.

73 Zu den Einsatzmöglichkeiten der *societas* auch *Meissel*, Zur Geschichte des Gesellschaftsrechts in Europa, S. 17 ff.

74 *Schmidt*, Handelsgesellschaften in den dt. Stadtquellen, S. 1.

75 *Weber*, Handelsgesellschaften im Mittelalter, S. 44.

76 Ebd. S. 53.

77 *Heusler*, Institutionen des Deutschen Privatrechts, S. 262 f.; *Amira*, Grundriss des Germanischen Rechts, S. 193 f.

78 *Schildt*, HRG Band 2, S. 107; *Amira*, Grundriss des Germanischen Rechts, S. 193.

79 *Heusler*, Institutionen des Deutschen Privatrechts, S. 263 f.

80 Hier tritt das Merkmal des Gemeinnutzes unter Rücksichtnahme auf die Natur besonders hervor: Der Wald nahm eine lebenswichtige Bedeutung für die Bevölkerung ein. Die Winter konnten nur durch die Organisation der Waldgemeinschaft überlebt werden. Die Mitglieder wurden mit Holz versorgt, im Gegenzug war die Gemeinschaft zur Wiederanpflanzung verpflichtet; *Faust*, Geschichte der Genossenschaftsbewegung, S. 18.

die Genossen mit der Bestandserhaltung und dem Schutz der Flächen betraut.[81] Durch die nachhaltige Zweckbindungen sowie die allgemeine Rücksichtnahme entstanden Objekte des Gemeinschaftswillens und der Kreislaufwirtschaft.[82]

> „Das Genoßenrecht war somit seinem Inhalt nach ein Inbegrif von Befugnißen und Pflichten mannigfacher Art. Er umfaßte nach heutiger Auffaßung gleichzeitig die Theilnahme an einem politischen Gemeindeverband, an einem gewißermaßen einer erweiterten Familie vergleichbaren Personenverein, und an einer auf Vermögensgemeinschaft gebauten Wirtschaftsgesellschaft."[83]

Gleichzeitig wurden gewerbliche Genossenschaften eingeführt, die den Zweck verfolgten, die Ausübung eines Berufes unter Rücksichtnahme auf das Gesamtinteresse weiterer Berufstätiger zu regeln[84]:

Die Mitglieder der Zünfte waren angehalten, ihre individuellen Interessen der Gemeinschaft unterzuordnen und stets den gemeinsamen Zweck, im Sinne eines Familienverbandes, zu verfolgen.[85]

Seit dem 11./12. Jahrhundert trugen die Zünfte ganz entscheidend zur Wirtschaftsorganisation und Wahrnehmung sozialpolitischer Aufgaben, primär der Interessen des Handwerks, bei.[86] Die Gesinnung der Zunftmitglieder war dabei stark vom Ordnungsgedanken der Kirche beeinflusst: Die Bedarfsdeckung stand im Vordergrund, nicht das Erwerbsstreben und die Gewinnorientierung.[87]

Während diese Gedanken an die Prinzipien des Verantwortungseigentums[88] erinnern, entstand im 15. und 16. Jahrhundert durch die mittelalterlichen

81 Ebd. S. 263 f.

82 Ebd. S. 267; 298 f.; *Amira,* Grundriss des Germanischen Rechts, S. 196.

83 *Gierke,* Ebd. S. 300 f.

84 Dies konnte so weit gehen, dass Genossen bei Feuer die Pflicht hatten „zuzulaufen, zu löschen und zu retten, bei Waßer- und Erdbrüchen Hülfe zu leisten, und überhaupt in jeder Noth selbst mit eigner Aufopferung dem Genoßen beizustehen." *Gierke,* Geschichte des deutschen Körperschaftsbegriffs, S. 295 f.

85 *Gierke,* Geschichte des deutschen Körperschaftsbegriffs, S. 300 f.; *Schmidt,* Handelsgesellschaften in den dt. Stadtquellen, S. 44 f.

86 Zünfte sind die Zusammenschlüsse und Übereinkommen von Handwerkern und stellten eine handwerkliche Vereinigung dar; *Eberstadt,* Der Ursprung des Zunftwesen, S. 138; *Heusler,* Institutionen des Deutschen Privatrechts, S. 299; *Schmoeckel/ Maetschke*, Rechtsgeschichte der Wirtschaft, S. 31; *Wriedt*, Lexikon des Mittelalters IX, S. 686 ff.

87 *Kluge,* Die Zünfte, S. 278 ff.; über die Rolle des Vermögens der Zünfte auch *Heusler,* Institutionen des Deutschen Privatrechts, S. 300.

88 Seite 59 ff.

Handelsgesellschaften eine Wirtschaftsethik, die auch den persönlichen Gewinn und den Reichtum als Antrieb für die Gesellschafter in den Vordergrund rückte.[89]

Diejenigen Gesellschafter, die dem christlichen Glauben folgten, schufen deswegen und zur Verfolgung des Gewinnstrebens ein Konstrukt, welches sie mit ihrem Glauben in Einklang setzen sollte: das sogenannte Gotteskonto. Dadurch wurde Gott Teil des Gesellschafterkreises.

In einem Gesellschaftsvertrag aus dem Jahr 1524 heißt es:

> „Darumb so haben mir unns diese nachbenannten personen zu dem ersten unnser lieber herrgott, mer Ambrosius Höchstetter der elter, [...] samentlich unnd unverschaydenlich veraint unnd verpunden wie nach."[90]

Durch diese Gesellschafterposition entfiel auch ein Teil des Gewinnes auf Gott. Das Führen eines Gotteskontos mit tatsächlichen Einzahlungen wurde zu einer Methode, das Vermögen zu binden und auszuschütten.[91] Die Gewinne, die auf den Gesellschaftsanteil ‚Gottes' entfielen, wurden an Arme und Hilfsbedürftige verteilt oder an Stiftungen gespendet.[92]

Dadurch wurden gemeinnützige und soziale Aspekte in die Wirtschaftsgesellschaften miteinbezogen; die monetäre Motivation rückte aufgrund des Gewinnstrebens nun jedoch weiter in den Vordergrund. Merkmale des Verantwortungseigentums sind, jenseits von der Idee der Bedarfsdeckung, kaum zu finden.

2. Die Familienfideikommisse

In der aktuellen Diskussion zum Verantwortungseigentum wird der Begriff „Familienfideikommiss" regelmäßig als Begründung gegen das Verantwortungseigentum aufgeführt.[93] Aus diesem Grund bedarf es hier einer Überprüfung.

---

89 *Lutz,* Die rechtliche Struktur süddeutscher Handelsgesellschaften I, S. 52; ausführlicher dazu *Mollwo*, Das rote Buch der Stadt Ulm, Art. 8, S. 2; zum Teil auch in *Lutz,* Die rechtliche Struktur süddeutscher Handelsgesellschaften I, S. 64 f.

90 Gesellschaftsvertrag zwischen *Ambrosius* und *Hans Höchstetter, Gebrüder, Hans Ungelter, Franz Bongartner, Ambrosius jr., Joseph und Hohann Höchstetter* auf 8 Jahre vom 1. Januar 1524 in *Lutz,* Die rechtliche Struktur süddeutscher Handelsgesellschaften II, 39 ff.

91 *Le Goff,* Kaufleute und Bankiers im Mittelalter, S. 86; *Lutz,* Die rechtliche Struktur süddeutscher Handelsgesellschaften I, S. 182 ff.

92 *Lutz,* Die rechtliche Struktur süddeutscher Handelsgesellschaften I, S. 185 f.

93 So z.B. *Arnold/Burgard/Roth*, NZG 2020, Rn. 1322 ff.; *Grunewald/Hennrichs*, NZG 2020, 1202; *Hüttemann/Rawert/Weitemeyer*, npoR 2020, 297; zur Kritik auch Seite 53 ff.

Familienfideikommisse haben sowohl römisch-rechtliche sowie deutschrechtliche Ursprünge[94] und wurden im Jahr 1918 durch Artikel 155 der Weimarer Reichsverfassung (WRV) abgeschafft.[95] *Fidei commissum* bedeutet übersetzt, „die formlose Bitte des Erblassers, deren Erfüllung er ‚der Treue' des anderen Teils ‚anvertraut."[96] Unter dem Begriff Familienfideikommiss versteht man:

> „Ein zu einer rechtlichen Einheit verbundenes Sondervermögen, das aufgrund gesetzlicher Ermächtigung durch eine private Willenserklärung des Stifters für unveräußerlich erklärt wurde, um in einer Familie zur Erhaltung ihres Namens und Ansehens dauernd erhalten und in einer von vornherein bestimmten Folgeordnung vererbt *[wird].*"[97]

Bereits in den Digesten des *CIC* waren zahlreiche Passagen enthalten, die Regelungen zum Fideikommiss beinhalteten[98]:

> „Ist einer Familie ein Fideikommiß hinterlassen worden, so können zu seiner Geltendmachung diejenigen zugelassen werden, die namentlich benannt wurden, oder, wenn sie alle verstorben sind, diejenigen, die den Namen des Verstorbenen zu dem Zeitpunkt trugen, als der Erblasser starb, und die von ihnen im ersten Grad abstammen, außer wenn der Verstorbene seinen Willen ausdrücklich nicht auf die Entfernteren ausgedehnt hat."[99]

Der Auszug zeigt aber auch, dass die Fideikommisse des römischen Rechts noch nicht primär auf Familien angelegt waren. Auch *Hörtner* stellt fest, dass die Fideikommisse beinahe beschränkungslos waren, „jeder" Fiduziar, die Person, die mit der entsprechenden Aufgabe oder Sache des Fideikommisses betraut wurde, sein konnte.[100]

In Deutschland entwickelten sich die Familienfideikommisse als Stammgutstiftung zum Zwecke der Vermögensbindung innerhalb der Familie[101] mit dem Ziel der sozialen Sicherung.[102] Die Familienfideikommisse traten auch im

---

94 *Ebert,* HRG Band 1, S. 1503; *Eckert,* Der Kampf um die Familienfideikommisse in Deutschland, S. 27; *Hörtner,* Die Bedeutung und Entwicklung des Instituts der Fideikommisse im Römischen Erbrecht.

95 *Hübner,* Grundzüge des deutschen Privatrechts, § 44, S. 344.

96 *Kaser,* Das Römische Privatrecht I, S. 757.

97 *Eckert,* Der Kampf um die Familienfideikommisse in Deutschland, S. 23.

98 D. 30 - 33.

99 D. 31, 6; *Hörtner,* Die Bedeutung und Entwicklung des Instituts der Fideikomisse im Römischen Erbrecht, S. 76, 89.

100 *Hörtner,* Die Bedeutung und Entwicklung des Instituts der Fideikomisse im Römischen Erbrecht, S. 76, 89.

101 *Hübner,* Grundzüge des deutschen Privatrechts, § 44, S. 337.

102 *Coing,* Europäisches Privatrecht I, § 77, S. 386.

unternehmerischen Bereich der Familie auf, um den Fortbestand einer (Handels)Gesellschaft abzusichern.[103] Insbesondere der Adel nutzte die Fideikommisse, um seine eigene Stellung zu sichern.[104]

Durch die Gründung eines Fideikommisses konnte ein Grundstück, ein Haus oder andere Gegenstände für unveräußerlich erklärt werden.[105] Die Begünstigten und Anwärter eines Fideikommisses wurden durch diese Zweckregelungen gebunden.[106] Sie konnten weder veräußern, noch eine Verfügung von Todes wegen darüber treffen[107] und unterlagen damit einer ‚Ewigkeitsklausel'. Ein Gut oder ein Landstrich konnte aufgrund dieser Regelungen nicht mehr von Nachfolgegenerationen veräußert werden.

Die Voraussetzung für die Erbschaft im Rahmen des Familienfideikommiss war in der Regel die eheliche oder leibliche Abstammung vom ersten, männlichen Erwerber und die „Zugehörigkeit zum Mannesstamme", obwohl auch Ausnahmen und andere Gestaltungen möglich waren. Beendet wurde ein Familienfideikommiss nur durch Untergang der Sache oder der Familie.[108]

Kritische Stimmen setzen das Verantwortungseigentum und die Familienfideikommisse gleich.[109] Diese Gleichsetzung ist allerdings aus verschiedenen Aspekten falsch: In Familienfideikommissen agierten überwiegend, wenn auch nicht immer, genetisch-verwandte Familienmitglieder[110], denen es auf die Sicherung ihrer sozialen Stellung ankam.[111] Das Vermögen und der Gewinn von Unternehmen in Verantwortungseigentum dient dagegen nicht einer Familie, sondern wird in das Unternehmen reinvestiert oder kommt gemeinnützigen Zwecken zugute.

---

103 *Hübner*, Grundzüge des deutschen Privatrechts, § 44, S. 338.

104 *Hübner*, Grundzüge des deutschen Privatrechts, § 44, 337 ff.

105 Grundsätzlich konnten die bedachten Dinge oder Kapitalien vor oder nach Versterben des Inhabers an die Bedachten übergehen; *Coing*, Europäisches Privatrecht I, § 77, S. 386; *Ebert*, HRG Band 1, S. 1503; *Hübner*, Grundzüge des deutschen Privatrechts, § 44, S. 342 f.

106 *Hübner*, Grundzüge des deutschen Privatrechts, § 44, S. 342.

107 *Coing*, Europäisches Privatrecht I, § 77, S. 387.

108 *Hübner*, Grundzüge des deutschen Privatrechts, § 44, S. 343 f.

109 Zu der Kritik am Verantwortungseigentum ab Seite 53.

110 Dazu: „Voraussetzung der folgefähigkeit war im Zweifel eheliche und leibliche Abstammung vom ersten Erwerber (…)"; zu *Hübner*, Grundzüge des deutschen Privatrechts, § 44, S. 337, 343 f.

111 *Coing*, Europäisches Privatrecht I, § 77, S. 386.

Die Subjekte stimmen zwar darin überein, dass in beiden Institutionen eine langfristige, generationsübergreifende und unveränderliche Bindung von Vermögen sichergestellt werden soll. In den jeweiligen Zielen und Zwecken unterscheiden sie sich maßgeblich: Während durch die Gründung eines Familienfideikommiss eine Familie und ihr Vermögen zu sichern war, soll im Verantwortungseigentum eine verantwortungsvolle Unternehmensführung im Einklang mit sozialen und ökologischen Zielen garantiert werden. Eine Gleichsetzung beider ist schlichtweg falsch.[112]

3. Der Ehrbare Kaufmann

Auch der Begriff des Ehrbaren Kaufmanns findet heute im Zusammenhang mit Diskussionen über Corporate social responsibility (CSR) und Unternehmensverantwortung, in denen auch der Begriff des Verantwortungseigentums gelegentlich auftaucht, Erwähnung. Unter CSR wird im Unternehmenskontext die Beachtung verschiedener ökologischer oder sozialer Aspekte eines Unternehmens verstanden, welche zumeist durch eine Abteilung geleitet wird.[113]

Der Begriff des Ehrbaren Kaufmannes geht zurück bis in das Mittelalter[114] und wurde durch Beschreibungen und Tugenden[115] wie Freigebigkeit, Ablehnung von Habgier, Allgemeinnutzen, Verantwortungsbewusstsein, Höflichkeit, Kommunikationsfähigkeit, Aufrichtigkeit, Zuverlässigkeit, Sparsamkeit und Ehrlichkeit geprägt.[116] Sofern ein Kaufmann diese Verhaltensnormen und Werte erfüllte, war er sich der Ehre und Anerkennung sicher.[117] Verstieß man dagegen, musste mit gesellschaftlicher Missbilligung bis hin zum Ruin gerechnet werden.[118]

---

112 Zum gleichen Ergebnis kommt *Sanders,* NZG 2021, S. 1578. Eine ausführliche, v.a. rechtshistorische Problemdarstellung der Familienfideikommisse ist in *Junius-Morawe*, Zur Legitimität der Familienstiftung, S. 30 ff. zu finden.

113 *Neitzel* fasste dies zusammen, als „[…] allgemein die Verantwortung von Unternehmen für die sozialen und ökologischen Folgen ihres Handelns.“; *Neitzel,* KJ 2022, S. 487; *Bruce/Jeromin,* Corporate Purpose, S. 27.

114 Eine ausführliche Auseinandersetzung mit dem Ehrbaren Kaufmann, insbesondere der Entwicklung des Begriffs, ist zu finden in: *Lütge/Strosetzki,* Zwischen Bescheidenheit und Risiko.

115 *Postel,* Versammlung eines ehrbaren Kaufmanns; Satzung Versammlung Eines Ehrbaren Kaufmanns zu Hamburg e.V.

116 *Beschorner/Hajduk,* forum wirtschaftsethik 2012, S. 2; *IHK Nürnberg,* Der Ehrbare Kaufmann, S. 11 f.; *Lütge/Strosetzki,* Zwischen Bescheidenheit und Risiko, S. 12 ff.

117 *IHK Nürnberg,* Der Ehrbare Kaufmann, S. 11.

118 *IHK Nürnberg,* Der Ehrbare Kaufmann, S. 11 f.

Dabei kann sich insbesondere die Hansestadt Hamburg auf eine lange Geschichte der Kaufleute berufen: Seit dem Jahr 1517 und bis heute verpflichtet sich der Verein „Versammlung eines Ehrbaren Kaufmanns zu Hamburg“ den Grundsätzen dieser jahrhundertelangen Entwicklung.[119]

Die ehrbaren Kaufleute waren stets zur Einhaltung des Leitbildes aufgerufen, ohne dass sie institutionellen Kontrollen oder Regeln unterlagen.[120] Auch der individuelle Gewinn der Kaufleute soll(te) stets im Einklang mit der Gesellschaft und dem Unternehmen stehen.[121]

Noch heute berufen sich Institutionen wie die Industrie- und Handelskammer auf das Leitbild der Ehrbahren Kaufleute.[122] Dabei gilt der Begriff des Kaufmanns mittlerweile wenig als Regel und überwiegend als loses Leitbild.[123]

Es tritt hier weniger die konkretisierte juristische Ausgestaltung der Ehrbarkeit, sondern die Berufung auf Traditionen, Leitbilder und Verhaltensweisen der Kaufleute hervor. Parallelen zum Verantwortungseigentum sind aber auch hier kaum festzustellen.

III. Das 19. Jahrhundert

Mit dem Beginn der industriellen Revolution im 19. Jahrhundert in Deutschland begann ein Jahrhundert tiefgreifender Entwicklungen, Veränderungen und Erfindungen. Vor allem die Wirtschaft florierte[124], wodurch sich auch das Recht rasant weiterentwickelte. Bis dahin war das Wirtschaftsrecht ein eher unvollständiges und unterkodifiziertes Rechtsgebiet, dass durch die Industrialisierung und Reichseinheit mehr Bedeutung erlangte.[125] In dieser Zeit entstanden auch die bedeutenden Zeiss-Werke und eine Vielzahl neuer Rechtsordnungen und Gesetze.[126]

Bereits vor Gründung der Carl-Zeiss-Stiftung, wurde im Jahr 1827 die Hamburger Sparkasse als eine Körperschaft alten Hamburgischen Rechts gegründet.

---

119 *Postel*, Versammlung eines ehrbaren Kaufmanns; Satzung Versammlung Eines Ehrbaren Kaufmanns zu Hamburg e.V.

120 Ähnlich *Beschorner/Hajduk*, forum wirtschaftsethik 2012, S. 5 f.

121 *VEEK*, Leitbild des Ehrbaren Kaufmannes.

122 Laut § 1 IHKG setzen diese sich ein: „Für die Wahrung von Anstand und Sitte der ehrbaren Kaufleute, einschließlich deren sozialer und gesellschaftlicher Verantwortung.“

123 So auch *Beschorner/Hajduk*, forum wirtschaftsethik 2012, S. 4 ff.

124 *Schmoeckel/Maetschke*, Rechtsgeschichte der Wirtschaft, S. 59 ff.

125 *Schmoeckel/Maetschke*, Rechtsgeschichte der Wirtschaft, S. 31.

126 Die Rechts- und Ausgangslage wird auf Seite 94 beleuchtet.

Der historische Auftrag der Hamburger Sparkasse lag zum Zeitpunkt ihrer Gründung in der Förderung des Gemeinwohls sowie der Ermöglichung des Sparens kleinster Beträge, auch zugunsten ärmerer Menschen.[127]

Die Hamburger Sparkasse verfügte weder über Gesellschafter noch über Anteilsinhaber.[128] Trotz der Umwandlung in eine Aktiengesellschaft im Jahr 2003[129] blieb die Gesellschaft alleinige ‚Eigentümerin'. Niemand konnte Gewinn- oder Dividendenansprüche geltend machen.[130] Bis heute fällt keine Erbschaft an, da die Sparkasse weiterhin allein über die Anteile verfügt.

Das Innehaben aller Gesellschaftsanteile bleibt bis heute eine rechtliche Gemeinsamkeit der Sparkasse und der Carl-Zeiss-Stiftung. Ob *Abbe* knapp 60 Jahre später von der Gründung der Sparkasse wusste, kann jedoch nicht beantwortet werden und ergibt sich aus den Quellen zur Carl-Zeiss-Stiftung nicht.

1. Kodifizierungsbestrebungen

Von Ende des 18. Jahrhunderts und bis hinein in das 20. Jahrhundert fanden zahlreiche Kodifikationen statt, unter anderem die Einführung des Allgemeinen Preußischen Landrechts (ALR)[131] oder des Allgemeinen Deutschen Handelsgesetzbuches (ADHGB)[132]. Eine Ausdifferenzierung und Weiterentwicklung der Rechtsformen fand jedoch erst mit der Ausgliederung des Handels- und Gesellschaftsrechts aus dem Zivilgesetzbuch statt.[133] Ansatzpunkte von Verantwortungseigentum sind hierbei noch nicht zu finden.

Die Kodifikationen des Gesetzes betreffend die Gesellschaften mit beschränkter Haftung (GmbHG), des Genossenschaftsgesetzes (GenG) und des Stiftungsrechts sollen hinsichtlich möglicher Parallelen zum Verantwortungseigentum im Folgenden überprüft werden. Sie stellen gegenwärtig Alternativen zur Umsetzung des Konzept ‚Verantwortungseigentum' dar[134], weswegen hier eine kurze Überprüfung erfolgen soll.

---

127 *Haspa*, Geschichte; *Piper*, SZ 2018.

128 So auch *Piper*, SZ 2018.

129 *Mester*, Hamburger Abendblatt 2002; *Feld/Frey*, WELT 2021.

130 *Haspa*, Gruppenstruktur; *Haspa*, Unternehmen; *Mester*, Hamburger Abendblatt 2002.

131 Die Gesellschaften, die das ALR regelte, verfolgten gemeinsame Zwecke und waren auf Gewinnerzielung gerichtet; ALR, II 8, §§ 653 ff.; *Hattenhauer/Bernert*, Allgemeines Landrecht für die Preußischen Staaten von 1794, S. 479 f.

132 Auch das ADHGB von 1861 setzte beim Betrieb eines Handelsgewerbes die Gewinnerzielungsabsicht der Gesellschafter voraus.

133 So *Wagner*, Handbuch der Quellen III, S. 2980 f.

134 Dazu ab Seite 63.

2. Die Einführung der Gesellschaft mit beschränkter Haftung

Im Jahr 1892 wurde das Gesetz betreffend die Gesellschaften mit beschränkter Haftung (GmbHG) eingeführt. Insbesondere der Imperialismus und das Vorbild der englischen *Limited* verstärkten die Forderungen nach einer zu den kolonialen Unternehmen passenden Gesellschaftsform.[135]

Die Einführung der neuen Rechtsform war das Ergebnis praktischer Erwägungen. So äußerte sich der Reichstagsabgeordnete *Hammacher* am 04. Februar 1888 im Reichstag:

> „Ich kann zunächst an der Hand auf dem Gebiete kolonialer Unternehmungen gemachter Erfahrungen nur bestätigen, daß nichts die wirthschaftliche Thätigkeit in unseren kolonialen Schutzgebieten mehr lähmt und zurückhält, daß es für die Gründung geschäftlicher Unternehmungen [...] kaum ein größeres Hinderniß gibt, als die ungenügenden Formen, die uns das deutsche Recht bezüglich wirthschaftlicher Assoziationen an die Hand gibt."[136]

Dieser Mangel an wirtschaftsrechtlichen Alternativen trieb den Reformwillen der Unternehmer an. Die GmbH wurde deswegen, ähnlich dem Verantwortungseigentum heute, vor allem von Unternehmern und Industriellen gefordert. Infolgedessen war die Kritik an der Gesellschaftsform und ihrem Nutzen in der Rechtswissenschaft groß[137]; eine Kritik, die ebenfalls an die gegenwärtige Situation erinnert. Auch heute wird das Bedürfnis einer neuen Rechtsform verneint.[138]

> „Das GmbH-Gesetz erwies sich in erster Linie als Erfolg des gemeinsamen Vorgehens der damaligen deutschen Wirtschaftsinteressen. Die Gesetzgebung wurde von Vertretern der Wirtschaftskreise erdacht, in Gang gesetzt und gefördert. Juristen, d.h. Vertreter der Rechtswissenschaft, wurden an der Einführung der GmbH – merkwürdigerweise – nicht beteiligt. [...] In der 14köpfigen Reichstagskommission im Jahr 1892 [...] waren sieben Unternehmer: Die Vertreter der Wirtschaft wirkten hier zum ersten Mal direkt an der Gesetzgebung mit."[139]

---

135 *Fleischer,* MüKo/GmbHG, Einleitung, Rn. 52 f.; *Schmoeckel/Maetschke*, Rechtsgeschichte der Wirtschaft, S. 172 f.; *Wagner,* Handbuch der Quellen III, S. 2998 f.

136 *Hammacher,* Reichstag, 29. Sitzung. Sonnabend den 4. Februar 1888, Reichstagsprotokolle, 1887/88, 2, S. 710.

137 *Fastrich,* Baumbach/Hueck/GmbHG, Einleitung, Rn. 78 ff.

138 Kritik zum Verantwortungseigentum auf Seite 53 und unter Fn. 28.

139 *Hanfu,* Geschichte und Aufgabe der beschränkten Haftung im deutschen Recht, S. 12, 14; *Mosthaf,* Die Reformen des Rechts der Gesellschaften mit beschränkter Haftung, S. 16, 21.

Kritisiert wurde unter anderem die neu entstandene Freiheit der Gesellschafter und die mutmaßlich entstehende Missbrauchsgefahr der Rechtsform. Diese Bedenken wurden jedoch aufgrund der Bestandskraft und Nutzung der GmbH schnell entkräftet, insbesondere durch mittelständische Unternehmen.[140]

Die Gewinnausschüttungen waren bereits zum Zeitpunkt ihrer Einführung Bestandteil der GmbH. Das Dividendeninteresse der Gesellschafter wurde durch das gesetzliche Vollausschüttungsgebot geschützt.

Heute ist dies durch Satzungsbeschlüsse der Mitglieder zum Beispiel zu Gunsten einer Thesaurierung teilweise ausschließbar – wenn auch nicht ewig.[141]

Das GmbHG entstand damit als Ergebnis praktischer Wirtschaftsinteressen, die starken Einfluss auf die rechtliche Gestaltung nahmen.[142] Ziel der Einführung des GmbHG war dabei die Implementierung einer haftungsbeschränkten Unternehmensform mit Gewinnausschüttungen.[143]

Während die Diskussionen und Gestaltungsprozesse der GmbH an die gegenwärtige Diskussion zum Verantwortungseigentum erinnern, ist fraglich ob die GmbH aus historischer Perspektive und ihrem Zweck nach jemals die ‚richtige' Umsetzungsform für das Verantwortungseigentum darzustellen vermochte.[144]

3. Die Genossenschaften

Das Gesetz betreffend die privatrechtliche Stellung der Erwerbs- und Wirthschafts-Genossenschaften (Genossenschaftsgesetz, GenG) trat im Jahr 1889 in Kraft.[145] Da die Idee der Genossenschaften und ihre Rechtsgestaltung über die individualistische Sphäre der Einzelindividuen hinausgeht, bezeichnete bereits *Gierke* sie als soziale Zusammenschlüsse. Sozial ist in diesem Kontext weit auszulegen. Auch heute muss die Genossenschaft stets den Mitgliedern

---

140 *Fastrich*, Baumbach/Hueck/GmbHG, Einleitung, Rn. 19, 20.

141 *Kersting*, Baumbach/Hueck/GmbHG, § 29, Rn. 29.

142 *Schmidt*, Gesellschaftsrecht 2002, S. 97.

143 *Mock*, Heidinger/GmbHG, § 29, Rn. 3 f.

144 Hierzu auch Seite 63; Seite 77.

145 Im Jahr 1868 wurde bereits das Gesetz betreffend die privatrechtliche Stellung der Erwerbs- und Wirthschafts-Genossenschaften erlassen, welches im Jahr 1871 sodann für alle Länder des Deutschen Reiches verkündet wurde; *Lang/Weidmüller*, Genossenschaftsgesetz, I. Einleitung, Rn. 1.

dienen und kann nicht nur eine gemeinwohlorientierte Haupttätigkeit verfolgen (in ihrer Nebentätigkeit freilich schon).[146]

Unter § 1 GenG der Fassung vom 1. Mai 1889 hieß es, dass die:

> „Gesellschaften von nicht geschlossener Mitgliederzahl, [*die*] Förderung des Erwerbes oder der Wirthschaft ihrer Mitglieder mittelst gemeinschaftlichen Geschäftsbetriebes bezwecken (Genossenschaften)."

Heute und somit mit größerer Ähnlichkeit zur Idee des Verantwortungseigentum unterliegend, heißt es in § 1 GenG, dass der:

> „Zweck darauf gerichtet ist, den Erwerb oder die Wirtschaft ihrer Mitglieder oder deren soziale oder kulturelle Belange durch gemeinschaftlichen Geschäftsbetrieb zu fördern."

Die Gewinnerzielung und -verwaltung kann und sollte danach nie als alleiniger- oder Selbstzweck der Genossenschaften betrachtet werden.[147] Genossenschaften tragen eine Doppelfunktion, die sich auf der einen Seite in der Arbeit und Unterstützung durch die Mitglieder, auf der anderen Seite durch ihre Begünstigung, auszeichnet.[148]

Damit diente die Idee der Genossenschaften im Genossenschaftsgesetz primär der gemeinsamen Wirtschaft und der Unterstützung der Mitglieder. Trotz dieser Gemeinsamkeit zum Verantwortungseigentum war bereits damals die Gewinnbeteiligung von Mitgliedern vorgesehen, § 19 Gesetz, betreffend die Erwerbs- und Wirthschaftsgenossenschaften 1889.[149]

4. Stiftungen im BGB

Bis in das 19. Jahrhundert hinein waren die Stiftungen[150] vor allem von der religiösen Zweckbindungen geprägt und primär im Gewohnheits- und

---

146 *Fandrich*, Pöhlmann/Fandrich/GenG, § 1, Rn. 12; auch in *Gierke*, Die Genossenschaftstheorie und die deutsche Rechtsprechung; *Gierke*, Das deutsche Genossenschaftsrecht, Dritter Band; *Gierke*, Das deutsche Genossenschaftsrecht, Vierter Band.

147 *Fandrich*, Pöhlmann/Fandrich/GenG, § 1, Rn. 6; ZIP 1985, S. 680; BayObLG München, 05.12.1984.

148 *Fandrich*, Pöhlmann/Fandrich/GenG, § 1, Rn. 26; 28.

149 Auch darin hieß es: „Der bei Genehmigung der Bilanz für die Genossen sich ergebende Gewinn oder Verlust des Geschäftsjahres ist auf diese zu vertheilen." § 19 S. 1 Gesetz, betreffend die Erwerbs- und Wirthschaftsgenossenschaften.

150 Die Stiftung als Rechtsformalternative des Verantwortungseigentums wird auch in den weiteren Kapiteln hinsichtlich ihrer gegenwärtigen Umsetzungsmöglichkeiten und mit Hinblick auf die Carl-Zeiss-Stiftung beleuchtet; dazu ab Seite 64 ff.

Partikularrecht der einzelnen Länder geregelt. Bis zur Kodifikation des BGB hatte sich die Zwecksetzung insoweit ausgeweitet, dass auch weitere Zwecke, wie solche der Armenpflege oder des Schulwesens, zum Stiftungszweck werden konnten.[151]

Mit der Einführung des Bürgerlichen Gesetzesbuches (BGB) am 01.01.1900 wurde auch das Stiftungsrecht geregelt. Im Rahmen der Besprechungen zum BGB kam die beratende Kommission zu folgender Überzeugung:

> „Neben den kirchlichen Stiftungen seien weltliche entstanden und heutzutage genüge zur Begründung einer Stiftung jeder öff. Zweck, dh. jeder Zweck, den die staatliche Ordnung seiner Beschaffenheit nach für würdig erachte, mittels eines ihm gewidmeten Zweckvermögens dauernd verfolgt zu werden."[152]

Ziel und Zweck des Stiftungsgeschäftes war es, dem privaten Willen eine Tragweite einzuräumen, die „weit über Grenzen hinausgehe, die sonst [von] der Privatautonomie gezogen sind."[153] Jeder Zweck schien damit vorerst erlaubt sein.

Die Kommission hielt es nicht für notwendig oder überhaupt zweckmäßig einen Zweck bzw. den Inhalt des Stiftungsgeschäfts näher zu bestimmen.[154] Stiftungen galten im Rechtsverkehr als Wohltäterinnen, die im Ergebnis von der Genehmigung durch Staatsakt abhingen und der staatlichen Kontrolle unterworfen waren.[155] Maßgeblich für die Zulassung einer Stiftung war die staatliche Prüfung und die Rücksicht auf das Gemeinwohl.[156] Eine weitere gesetzliche Zweckbegrenzung wurde nicht gefordert.

Das Gebot der gemeinwohlkonformen Allzweckstiftung und das Verbot der Unternehmensselbstzweckstiftung[157] stellen Entwicklungen dar, die später einsetzten und nur zum Teil deckungsgleich sind mit den Gedanken der Kommission. Ob es eine wirtschaftliche Ausrichtung und Betätigung von Unternehmen in Stiftungshand geben sollte, wurde von der Kommission nicht geregelt.

---

151 *Mugdan*, Die gesamten Materialien zum Bürgerlichen Gesetzbuch, S. 657 f.

152 *Mugdan*, Die gesamten Materialien zum Bürgerlichen Gesetzbuch, S. 658.

153 Ebd., S. 658.

154 Ebd., S. 660.

155 *Mugdan* verweist als Beispiel für diese Bestätigung des Staates auf das ALR und die Familienstiftungen, die i.S.d. ALR, Zweyter Theil, 4. Titel, Zweyter Abschnitt, § 29, welche: „(...) künftig allemal vor dem ordentlichen persönlichen Richter des Stifters verlautbart, und demselben zur Bestätigung vorgelegt werden", sollen; *Mugdan*, Die gesamten Materialien zum Bürgerlichen Gesetzbuch, S. 658.

156 *Mugdan*, Die gesamten Materialien zum Bürgerlichen Gesetzbuch, S. 660.

157 Dazu auf Seite 64 ff.

Dass das Führen eines Unternehmens alleiniger Stiftungszweck sein kann, ohne dabei das Allgemeinwohl zu gefährden, wird auch die Carl-Zeiss-Stiftung zeigen.[158] Ob auch dies ein Stiftungszweck gewesen wäre, der im Sinne der Kommission gestanden hätte, lässt sich hier nicht abschließend beantworten. Führt man allerdings den obigen Gedanken zu Ende, so wäre ein solcher zumindest nicht von vornherein ausgeschlossen gewesen.

IV. Das 20. Jahrhundert

Während einige politischen Vertreter der Weimarer Republik durch programmatische Artikel versuchten, das Wirtschaftsleben der Republik ‚sozialer' zu gestalten[159], kam es während des dunklen Kapitels 1933-1945 zum Zusammenfall der meisten Errungenschaften. Es wurden Verordnungen zur Wirtschaftslenkung erlassen, die hauptsächlich der nationalsozialistischen Wirtschafts- und Kriegspolitik ab 1939 dienen sollten.[160]

Gesellschaftsformen wie die GmbH, die bis heute fortdauern, blieben zwar bestehen, waren aber Gegenstand von Diskussionen und Reformversuchen, die gegen die Liberalität der Gesellschaftsform gerichtet waren.[161] Merkmale von Verantwortungseigentum sind in dieser von Unrecht geprägten Zeit nicht zu finden.

Erst nach dem Ende des Zweiten Weltkrieges, im Jahr 1945, wurde über das Grundgesetz (GG) beraten. Ein verantwortungsvoller Umgang mit dem Eigentum zugunsten und im Hinblick auf die Allgemeinheit stand im Fokus der Debatten um Art. 14 GG. Möglicherweise war den an der Ausarbeitung des Grundgesetzes beteiligten Ausschüssen die Gefahr der Zersetzung des Eigentums durch die fortschreitende Kapitalisierung der Lebensbereiche und die Monopolbildung von Konzernen bewusst gewesen.

---

158 Ab Seite 93 ff.

159 In Art. 151 WRV hieß es: „Die Ordnung des Wirtschaftslebens muß den Grundsätzen der Gerechtigkeit mit dem Ziele der Gewährleistung eines menschenwürdigen Daseins für alle entsprechen. (…)" Art. 164 WRV ging sogar so weit, dass der Mittelstand ausdrücklich geschützt werden sollte.

160 So zum Beispiel 1936 die Verordnung zur Durchführung des Vierjahresplanes oder 1939 die Kriegswirtschaftsordnung. Auch der 4-Jahres-Plan, verkündet bereits 1933, welcher letztlich der Aufrüstung dienen sollte, führte keine Abkehr von einer kapitalistischen Wirtschaft und deren Gesellschaftsformen herbei; dazu unter anderem *Petzina,* Autarkiepolitik im Dritten Reich, S. 20 ff.

161 Ebd.

Im Ergebnis setzte sich die heutige Formulierung von Art. 14 GG durch, in der Merkmale des Verantwortungseigentum kaum zu finden sind. Grundgesetzliche Ansatzpunkte bestehen damit kaum.[162]

Im weiteren Verlauf des 20. Jahrhunderts stieg allerdings das Bewusstsein und Bedürfnis der Staaten in den Bereichen der Nachhaltigkeit, des Umganges mit Ressourcen und Wirtschaftsunternehmen tätig zu werden. Im Jahr 1987 veröffentlichten die Vereinten Nationen zum Beispiel den sogenannten Brundtland-Report, den 'Report of the World Commission on Environment and Development: Our Common Future'. Benannt nach der Vorsitzenden der Kommission *Gro Harlem Brundtland*. Vor allem zukünftigen Generationen galt dieser unverbindliche Report wegen seiner Definition von Nachhaltigkeit. Daneben wurde auch die ‚Agenda 21' der Vereinten Nationen aus dem Jahr 1992 ist „Ausdruck eines globalen Konsenses und einer auf höchster Ebene eingegangenen politischen Verpflichtung zur Zusammenarbeit im Bereich von Entwicklung und Umwelt."[163]

Mitte des 20. Jahrhunderts widmete sich auch der Wirtschaftswissenschaftler und Begriffspionier *Folkert Wilken* dem Begriff des „Verantwortungseigentum". Und auch das Rechts- und Wirtschaftssystem der Deutschen Demokratischen Republik (DDR)[164] verfolgte in Abkehr vom Kapitalismus und unter Ablehnung persönlicher Vermögensmehrungen ein System, welches Anlass gibt für die Diskussion über alternative Eigentumsformen. Dies soll im Folgenden kurz beleuchtet werden.

1. Folkert Wilken –Pionier des Verantwortungseigentums?

Im Jahr 1959 veröffentlichte der Wirtschaftswissenschaftler und Anthroposoph *Folkert Wilken* sein Buch ‚Die Entmachtung des Kapitals durch neue Eigentumsformen', worin er eine Form des Unternehmertums und des Eigentums zu benennen versucht: Das Verantwortungseigentum.

Dabei stellt er zuerst die Gegensätze zwischen dem von ihm so bezeichneten westlichen Privateigentum und dem östlichen Kollektiveigentum dar und unterstreicht das Bedürfnis beider Eigentumsformen nach einer Versöhnung.[165] Er kommt zu folgender Feststellung:

---

162 Eine nähere Auseinandersetzung mit den grundgesetzlichen Verankerungen ist hier nicht möglich.

163 *United Nations*, Our Common Future, Chapter 2: Towards Sustainable Development; *Vereinte Nationen*, Agenda 21, S. 1.

164 Dazu mehr ab Seite 44.

165 *Wilken*, Die Entmachtung des Kapitals, S. 27.

> „Eine der Wirtschaftsvernunft und den sozialen Notwendigkeiten entsprechende Ordnung des Kapitaleigentums kann nur gefunden werden, wenn die Verfügung über das Kapital in all seinen Erscheinungsformen unter das Prinzip der Verantwortung gestellt wird bei denen, die es verwenden. Wo immer einem Menschen Kapital zu Eigentum übertragen wird, muß es in einer Form geschehen, daß er es ohne Einmischung von Privatinteressen verantwortlich seiner besten Funktion zuführt. [...] Klingt an in dem oft gehörten Worte von der treuhänderischen Verwaltung des Unternehmens. [...] Aber eine rechtliche Form ist für diese Rechtslage noch nicht entwickelt worden.“[166]

Wilken betrachtete das Verantwortungseigentum auch als einen Weg hinaus aus der unverantwortlichen Führung und Kapitalgenerierung durch Investoren und Kapitalgeber[167]:

> „Der über das Gewinnkapital verfügende Kapitalgeber kann niemals Verantwortungseigentümer sein, weil er nicht selbst die Unternehmerfunktion ausübt.“[168]

Seine Kritik zielt dabei auf das fremdbestimmte Handeln durch fremde Investoren ab. Auch die Stiftung Verantwortungseigentum fordert, unter anderem deswegen, eine Werte- und Fähigkeitenfamilie zur Führung des Unternehmens.[169]

Der von *Wilken* als rechtlich unzureichend beschriebenen Lage widmet er sich nur kurz und kommt zu dem Ergebnis, dass es neue Formen des Wirtschaftens und des Umgangs mit dem Eigentum geben muss.[170] Konkrete Vorschläge liefert er dabei nicht. Allerdings meint er, dass niemand, weder Eigentümer noch Unternehmer, einen Anspruch auf den Gewinn haben sollten.[171]

Das von ihm als Übertragungseigentum bezeichnete Eigentum soll von einer Institution mit treuhänderischem Charakter gehalten werden, welche das Vermögen überträgt und objektive Entscheidungen zu treffen hat. Diese Institution bezeichnet er später als „Kapitalverwaltungsinstitution“.[172] Die Einrichtung von

---

166 *Wilken,* Die Entmachtung des Kapitals, S. 28 f.

167 Er spricht sich des Weiteren gegen eine „Entmündigung“ der Menschen durch das Kollektiveigentum aus, wie es der „Osten“ tut und sieht das Verantwortungseigentum selbst als eine „Kooperation freier Menschen, die nicht aus privaten Interessen, sondern aus wirtschaftlicher Vernunft und aus sozialem Bewusstsein“ zusammenarbeiten; *Wilken,* Die Entmachtung des Kapitals, S. 31, 33.

168 Ebd.

169 Zur Werte- und Fähigkeitenfamilie bereits Seite 59.

170 *Wilken,* Die Entmachtung des Kapitals, S. 33 f.

171 Ebd. S. 35.

172 *Wilken,* Die Entmachtung des Kapitals, S. 35 f.

Kontrollinstanzen, wie sie auch der Idee des Verantwortungseigentums immanent sind[173], soll der Einhaltung der Regelungen dienen.

Die Einrichtung, die *Wilken* beschreibt, soll treuhänderisch die Gewinne des Unternehmens verteilen, übertragen und von Menschen geleitet werden, die „sozial und ökonomisch vernünftig" sind.[174] Die Übertragung des Kapitals beschreibt *Wilken*, indem er teilweise schwer verständliche Formulierungen nutzt [175], wie:

> „Daß [*dass*] in der Unternehmung gebildete Kapital [...] bei einer Kapitalassoziation neutralisiert wird."[176]

Was genau er damit meint, bleibt unklar. Letztlich zielt er mit Übertragung des Kapitals, des Vermögens der Unternehmen, auf eine Kapitalverwaltungsstelle, darauf ab, dass der Gewinn nicht direkt an Eigentümer:innen, Unternehmer:innen oder Investor:innen ausgezahlt wird. Erst durch die „Neutralisierung" entstünde aus *Wilkens* Sicht das Verantwortungseigentum.

Im Ergebnis entsprechen die von *Wilken* formulierten Ansichten grob den Gedanken des Verantwortungseigentums und liefern Denkanstöße. *Wilken* kann trotz der Veröffentlichung nur als Begriffspionier des Verantwortungseigentums bezeichnet werden. Dern Ausführungen mangelt es an Konkretisierungen und auch seine Vorstellungen zur Rechtslage des Verantwortungseigentums blieben noch oberflächlich.

2. Wirtschaftsrecht in der DDR

Die sozialistische Planwirtschaft der DDR steht heute im Widerspruch zur Marktwirtschaft. Die Abkehr vom Privateigentum und Gewinn stellt hier

---

173 Im Gesetzesentwurf z.B. als „unabhängige Einrichtung" gem. § 77j Abs. 4 GmbHgebV oder „Prüfverband"; eingehend auf Seite 85.

174 *Wilken*, Die Entmachtung des Kapitals, S. 37.

175 Die Kapitalverwaltungsinstitution muss nach *Wilken* das Kapital dann an die „Urheber der Produktivitätsgewinne", die Gesellschafter und darüber hinaus an eine weitere Gruppe nicht produzierender Menschen, verteilen: Erzieher, Lehrer und Forscher. Deren „geistige Arbeit" soll, ohne den Staat als Akteur und Verteiler der Finanzen, honoriert werden. Solche konkreten Gedanken der Umverteilung verfolgt das Verantwortungseigentum heute nicht mehr. Auch schien *Wilken* die Ausschüttungen an die Gesellschafter:innen nicht komplett auszuschließen; *Wilken*, Die Entmachtung des Kapitals, S. 37 ff.

176 Ebd. S. 39.

wiederum einen interessanten Ansatzpunkt zur Überprüfung der Entwicklung des Verantwortungseigentums dar.

Wie aus der dritten Verfassung der DDR[177] erkennbar, war ein privatwirtschaftlicher Betrieb nur insoweit gestattet, als er sich innerhalb der Grenzen der sozialistischen Gesellschaft bewegte.[178] Zentral war bis 1990 das Volkseigentum, im Sinne des Art. 12 DDR-Verfassung; dieses sollte „höchste Ergebnisse für die Gesellschaft liefern." Ob und inwieweit die Betriebe und Industrien der DDR dabei verantwortungsbewusst und/oder nachhaltig handelten, sei hier dahingestellt, sie handelten jedenfalls, wenn auch oktroyiert, nicht primär des privaten Gewinnes wegen.[179]

Der Begriff des Treuhänders hatte in der DDR bereits vor Einführung der Treuhandgesellschaft (1990) Bedeutung erlangt: Objekte, die im Volkseigentum standen, wurden von Fondsinhabern verwaltet, die letztlich als sogenannte Treuhänder agierten.[180] Die Fondsinhaber hatten während der Zeit ihrer Verwaltung kaum Möglichkeiten für weitere Entscheidungen. Schließlich wurden Ausrichtung und Lenkung der Betriebe im Sinne der Planwirtschaft vom Staat übernommen.[181] Trotz allem galten das HGB, das AktG und das GmbHG weiter, wenn auch unter Anpassungen und ohne bemerkenswerten Einfluss im Wirtschaftsleben.[182]

Neben den volkseigenen Betrieben ‚kontrollierten' die Landwirtschaftlichen Produktionsgenossenschaften (Kurz: LPG) die Bauernhöfe, Dörfer und die Landwirtschaft. Alle Bäuerinnen und Bauern wurden zuerst freiwillig aufgefordert, später durch die Zwangskollektivierung verpflichtet, den LPGen beizutreten. Sinn und Zweck war nicht nur die Durchsetzung der sozialistischen Prinzipien, sondern auch die „Verhinderung der Ausbeutung des Menschen durch den Menschen auf dem Lande".[183]

---

177 Vorliegend die Fassung vom 07. Oktober 1974.

178 So sagt Art. 14 der DDR-Verfassung von 1974:

> „(1) Privatwirtschaftliche Vereinigungen zur Begründung wirtschaftlicher Macht sind nicht gestattet. (2) Die auf überwiegend persönlicher Arbeit beruhenden kleinen Handwerks- und anderen Gewerbebetrieben sind auf gesetzlicher Grundlage tätig. In der Wahrnehmung ihrer Verantwortung für die sozialistische Gesellschaft werden sie vom Staat gefördert."

179 Die letzte privatwirtschaftliche Industrie ging 1972 in Volkseigentum über; *Köhler/Streich,* Gesellschaftsrecht der DDR, Einführung, IX.

180 *Köhler/Streich,* Gesellschaftsrecht der DDR, Einführung, IX.

181 Ebd.

182 *Köhler/Streich,* Gesellschaftsrecht der DDR, 5. Handelsgesetzbuch, S. 134 ff.

183 *Ministerium für Landwirtschaft,* LPG-Recht, S. 23.

Zur Einhaltung und Erfüllung dieser Ziele wurden auch Böden, Wälder und Gebäude den LPGen übergeben oder diesen das Nutzungsrecht eingeräumt.[184] Private Gewinne gab es dabei kaum, Prämien für die Erreichung der sozialistischen Ziele hingegen schon.[185]

Diese Ablehnung des persönlichen Gewinns stimmt in gewisser Weise mit den Prinzipien Verantwortungseigentums[186] überein. Allerdings soll durch das Verantwortungseigentum heute niemanden etwas oktroyiert werden, sondern die Rechtsform als ein ‚Plus' neben den anderen Gesellschaftsformen verstanden und ausschließlich freiwillig umgesetzt werden. Außerdem soll für Verantwortungseigentümer:innen, neben der Vermögensbindung hinsichtlich der Gewinne im Unternehmen, der freie Wettbewerb bestehen, wodurch diese Unternehmensgewinne akquirieren können.[187]

Ein Wandel der Gesellschaften der DDR trat ab dem 09.11.1989 ein. Es entstanden zahlreiche neue Gesetze und Verordnungen, wie das Gewerbegesetz der DDR von 1990[188] und das Gesetz über die Gründung und Tätigkeit privater Unternehmen und Unternehmensbeteiligungen[189].

Bereits am 01. März 1990 wurde die Gründung der Treuhand beschlossen[190], die sodann mit dem Gesetz zur Privatisierung und Reorganisation des volkseigenen Vermögens (Treuhandgesetz) (TreuhG) vom 17. Juni 1990 tätig wurde.

---

184 Geregelt war das im Gesetz über die landwirtschaftlichen Produktionsgenossenschaften, insbesondere in §§ 1, 7 ff., 13 Gesetz über die landwirtschaftlichen Produktionsgenossenschaften.

185 *Richter/Schramm*, Arbeit und Soziales in der LPG, S. 74 ff., 79 ff.

186 Seite 59 ff.

187 Seite 59 ff.

188 Eingeführt wurde dieses am 06. März 1990; nachzulesen in *Staatsverlag DDR*, Rechtsvorschriften.

189 Dieses wurde nur einen Tag später, am 07. März 1990, eingeführt. In der Verordnung über die Gründung und Tätigkeit von Unternehmen mit ausländischer Beteiligung in der DDR vom 25. Januar 1990 hieß es, dass die Unternehmenstätigkeit den Beteiligten selbst diene und eine Gründung auch mit der Zwecksetzung erfolgen sollte. Nachzulesen in *Köhler/Streich*, Gesellschaftsrecht der DDR, 6. Verordnung über die Gründung und Tätigkeit von Unternehmen mit ausländischer Beteiligung in der DDR, S. 151.

190 Dazu der Beschluss zur Gründung der Anstalt zur treuhänderischen Verwaltung des Volkseigentums (Treuhandanstalt) vom 01. März 1990; auch in *Köhler/Streich*, Gesellschaftsrecht der DDR, 14. Beschluss zur Gründung der Anstalt zur treuhänderischen Verwaltung des Volkseigentums (Treuhandanstalt), S. 189.

Die im Volkseigentum stehenden Betriebe, das heißt der Großteil aller DDR-Betriebe, wurden dadurch privatisiert oder stillgelegt.[191]

Das dabei in der Eingangsformel formulierte Ziel, den „Grund und Boden für wirtschaftliche Zwecke bereitzustellen"[192], das Ausnutzen des Bodens für rein wirtschaftliche Zwecke, ist der Idee des Verantwortungseigentums hingegen zuwiderlaufend.

V. Das 21. Jahrhundert

Den Auftakt für die Auseinandersetzung mit dem Verantwortungseigentum machte zu Beginn der 2000er Jahre *Paul Kirchhof.* Im Jahr 2001 verwendete der ehemalige Richter am Bundesverfassungsgericht erstmals den Begriff ‚Verantwortungseigentum'. Eine nähere Definition oder Beschreibung liefert er dabei noch nicht.[193] In seinem Buch aus dem Jahr 2005 widmet er sich diesem erstmals ausführlicher und schreibt, dass die „Kernidee des Eigentums [...] das Verantwortungseigentum" sei.[194]

Danach bedeute Verantwortungseigentum das Einstehen der Menschen für die in ihrem Eigentum stehenden Dinge, zum Schutz vor einer Erosion durch das Finanzkapital, fremdsteuernde Eigentümer und anonyme Anteilsinhaber. *Kirchhof* geht auch von der Immanenz des Verantwortungseigentums in Art. 14 GG aus und fordert die Bewahrung dessen.[195] *Kirchhof* vertritt weiterhin seine

---

191 So u.a.§ 8 des TreuhG: „Aufgaben der Treuhand-Aktiengesellschaften
(1) Die Treuhand-Aktiengesellschaften haben [...] folgende Aufgaben unternehmerisch und weitestgehend dezentral gelöst werden:
- Privatisierung durch Veräußerung von Geschäftsanteilen oder Vermögensanteilen,
- Sicherung der Effizienz und Wettbewerbsfähigkeit der Unternehmen,
- Stillegung und Verwertung des Vermögens von nicht sanierungsfähigen Unternehmen oder Unternehmensteilen."

192 Gesetz zur Privatisierung und Reorganisation des volkseigenen Vermögens.

193 In einem Beitrag widmet er sich den Dimensionen und Veränderungen des Eigentums, vor allem unter dem Einfluss von Steuern; *Kirchhof,* Freiheit, Gleichheit, Effizienz, S. 18.

194 *Kirchhof* schreibt von den aktuellen Veränderungen des Eigentums, weg vom Grund und Boden, der eigenen Verantwortlichkeit und den Grundgedanken des Grundgesetzes, hin zum rein kapitalgesteuerten Eigentum; *Kirchhof,* Eigentum, Ordnungsidee, S. 19 ff., 29 f., 39.

195 Dazu unter anderem *Kirchhof,* Rhein-Neckar-Zeitung, 2019; anders hingegen *Siekmann,* der in Art. 14 Abs. 2 S. 2 GG keine hinreichende Grundlage für die Ableitung

Interpretation des Verantwortungseigentums, wie jüngst im Interview der Rhein-Neckar-Zeitung sowie im Interview der Stiftung Verantwortungseigentum, bei welchem er sich über seine Auffassung des Eigentums und dem diesen anhaftenden Verantwortungseigentum hinaus sogar für die Gesellschaftsform in Verantwortungseigentum ausspricht.[196]

Im Ergebnis spricht sich *Kirchhof* für eine (Rück-)Individualisierung des Eigentums und Rückbesinnung auf die Verantwortung, die das Eigentum mit sich bringe, aus.[197] Seine Auseinandersetzung mit dem Thema löste ebenfalls Debatten dazu aus.[198]

Führt man *Kirchhof* Ansicht und die Idee des Verantwortungseigentums zusammen, ergibt das folgendes Bild: Die Gesellschaftsformen und insbesondere das freie Eigentum sehen sich (in zunehmendem Maße) einer Erosion ihrer selbst durch Fremdbestimmtheit und Globalisierung ausgesetzt. Interpretiert und legt man das Eigentum jedoch stärker als Verantwortungseigentum aus, unabhängig der konkreten Rechtsgestaltung, so könnte diesem Zustand entgegengewirkt werden.

Weitere Auseinandersetzungen mit dem Verantwortungseigentum wurden auch durch GTREU, der Gesellschaft für treuhänderische Eigentumsformen, angestoßen. GTREU unterstützt Unternehmen dabei, treuhänderisches Eigentum zu leben. Diese Unternehmer:innen, die das Konzept vom Verantwortungseigentum bereits zu Beginn des 21. Jahrhunderts (oder früher) umsetzten, setzten ihre Ideen mittels GmbH-Rechts und durch Satzungsbeschlüsse um.[199]

---

von Pflichten von „Verantwortungseigentum" *de jure* aus Art. 14 Abs. 2 S. 2 GG sieht und meint: „Damit würde eine grundrechtlich geschützte Rechtsposition zu einem (bloßen) Anknüpfungspunkt für die Auferlegung einer Vielzahl neuer Pflichten mutieren." *Siekmann*, Kapitaleigentum, S. 11.

196 *Kirchhof*, Eigentum, Ordnungsidee, S. 29 f.

197 *Kirchhof*, Eigentum, Ordnungsidee, S. 39 ff.

198 So zitierte beispielsweise *P. Gauweiler*, *Kirchhof* und plädierte für die Stärkung des Verantwortungseigentums entgegen dem Verschwinden desselben durch Investmentbanking („Hedgefonds") und den Finanzmarkt, im Rahmen parteipolitischer Äußerung. Darüber hinaus zitiert auch *Seibert-Fohr*, *Kirchhofs* Deutung des Eigentums als Verantwortungseigentum im Sinne einer von *G. F. Schuppert* beschriebenen, dem Eigentum inhärenten Verantwortung; *Gauweiler*, SZ 2010; *Seibert-Fohr*, Entgrenzte Verantwortung, S. 10.

199 Eine Änderung der Satzung durch die Gesellschafter:innen, z.B. um die treuhänderischen Gedanken zu umgehen, sei dabei in der Praxis nie in Betracht gekommen. Die Beziehungen der partizipierenden Unternehmer:innen und Gesellschafter:innen unterlagen stets dem gegenseitigen Vertrauen, weswegen sich satzungsmäßige

Problematisch seien aber auch damals die steuerlichen Aspekte gewesen, weswegen heute alle GTREU Unternehmen mit Stiftungskonstruktionen arbeiten, erzählt *Wagner.*[200] Diese Umsetzung (und ihre Schwierigkeiten) sowie der Rechtsrahmen führten ebenfalls zu den Forderungen nach einer neuen Rechtsform.[201]

Neben der Stiftung Verantwortungseigentum, die seit 2019 als Stakeholderin und Förderin der Idee des Verantwortungseigentums und dessen rechtlicher Umsetzung auftritt, arbeitet auch Purpose Economy an der Verbreitung und Umsetzung des Verantwortungseigentums.[202] Die Öffentlichkeitsarbeit beider und die enge Zusammenarbeit mit den Verfasser:innen des Gesetzesentwurfes haben das Verantwortungseigentum immer bekannter gemacht.

1. Gegenwärtige und aktuelle politische Rezeptionen

Erstmals im Jahr 2020 wurde das Verantwortungseigentum in Plenarsitzungen des Bundestages erwähnt. Im Januar 2020 beschrieb die SPD das Verantwortungseigentum als eine Lösungsalternative für nachhaltiges Wirtschaften und sozialen Frieden.[203]

Auch im Antrag „Social Entrepreneurship – Soziale Innovation als Zwilling der technologischen Innovation" der FDP-Fraktion der vom 26. März 2020 wurde das Verantwortungseigentum erwähnt[204] und die Überprüfung und Weiterentwicklung neuer Rechtsformen, wie die der Gesellschaft in Verantwortungseigentum, gefordert.[205]

Die Wissenschaftlichen Dienste des Deutschen Bundestages veröffentlichten ihre erste Auseinandersetzung mit dem Verantwortungseigentum im Jahr 2020.[206] Nur drei Monate später, im Januar 2021, erfolgte eine weitere kurze Stellungnahme.[207] Eine abschließende Haltung des Deutschen Bundestages ist dabei

---

Regelungen angeboten hätten; *Wagner* im Interview am 09.03.2022; Seite 194 ff. Zu den Problemen der GmbH und Satzungsbeschlüssen ausführlicher ab Seite 63.

200 Das Interview auf Seite 194 ff.

201 Ebd.

202 Dazu Fn. 57.

203 *Poschmann* im Deutschen Bundestag, Plenarprotokoll 19/143.

204 *Deutscher Bundestag*, Drucksache 19/18238.

205 *Deutscher Bundestag*, Drucksache 19/18238, S. 3, 6.

206 *Wissenschaftliche Dienste des Deutschen Bundestages*, Gesellschaft mit beschränkter Haftung in „Verantwortungseigentum"; *Wissenschaftliche Dienste des Deutschen Bundestages*, Unternehmen in „Verantwortungseigentum".

207 *Meyer zu Heringdorf*, Aktueller Begriff Verantwortungseigentum.

noch nicht erkennbar. In der Stellungnahme des Wissenschaftlichen Dienstes des Deutschen Bundestages heißt es:

> „Das Konzept des Verantwortungseigentums im Gesellschaftsrecht erfreut sich regen allgemeinen und auch fachlichen Interesses. Während – auch seitens der juristischen Beratungspraxis – nicht selten grundsätzliche Offenheit für das Anliegen zu herrschen scheint [...] gesellschaftsrechtlichen Bewertungen des vorgelegten Gesetzentwurfs auch gewichtige kritische Einwände vorgebracht. Es erscheint insofern zutreffend, wenn konstatiert wird, dass der Entwurf eines Gesetzes zur Gesellschaft mit beschränkter Haftung in Verantwortungseigentum Fragen aufwirft, ‚die umfassender wissenschaftlicher Untersuchung bedürfen'. Es ist zu erwarten, dass die Thematik mittel- bis langfristig Gegenstand eines sowohl rechtswissenschaftlichen als auch rechts- und wirtschaftspolitischen Diskurses sein wird."[208]

Die Öffentlichkeitsarbeit der Stiftung Verantwortungseigentum und ihrer Förder:innen führte im Jahr 2021 zur Einbindung prominenter Politiker in die Diskussion zum Thema, wie *Robert Habeck* (BÜNDNIS 90/DIE GRÜNEN), *Friedrich Merz* (CDU), *Christian Lindner* (FDP), *Olaf Scholz* (SPD) und *Armin Laschet* (CDU).[209] Diese sprachen sich aufgeschlossen gegenüber der Einführung einer solchen Rechtsform aus.[210]

SPD und Bündnis 90/Die Grünen nahmen die Einführung einer solchen Gesellschaftsform im Jahr 2021 in ihre Wahlprogramme auf.[211] Die Einführung einer Gesellschaft mit gebundenem Vermögen steht nun aber nicht mehr nur im Parteiprogramm einzelner Parteien[212], sondern bereits im Koalitionsvertrag der Ampel-

---

208 *Wissenschaftliche Dienste des Deutschen Bundestages*, Gesellschaft mit beschränkter Haftung in „Verantwortungseigentum", S. 9.

209 Auf einer digitalen Veranstaltung im Mai 2021 wurde dies unter dem Titel „#neuerechtsform" diskutiert.

210 Das mediale Echo im Anschluss an die Veranstaltung #neuerechtsform der Stiftung Verantwortungseigentum vom 05. Mai 2021 war groß. Zum Beispiel in *Beise*, SZ 2021; *Bernau*, FAZ 2021; *Deters*, Wirtschaftswoche 2021; *FAZ*, Rechtsform für gutes Gewissen? am 05.05.2021; *Funk/Rövekamp*, Tagesspiegel 2021; *Meyer*, Welt 2021; *Müller*, Handelsblatt 2021; *Koch*, Frankfurter Rundschau 2021. Nunmehr sprach sich auch der Bundespräsident *Frank-Walter Steinmeier* im September 2023 auf der Veranstaltung der Stiftung Verantwortungseigentum VE:23 aufgeschlossen der Umsetzung einer Rechtsform gegenüber aus. Nachzulesen in *Gelinsky*, FAZ 2023.

211 Nachzulesen in *Bündnis 90/Die Grünen*, Programmentwurf, S. 39; *SPD*, Das Zukunftsprogramm, S. 19.

212 Beispielsweise im Programm von SPD und Grünen. Weiter gibt es immer wieder großen Zuspruch durch Politiker:innen: *Johannes Vogel*, Vize-Vorsitzender der FDP, sagte, dass die Idee Urliberal sei. *Sven Giegold*, Staatssekretär im Bundeswirtschaftsministerium,

Regierung.[213] Dort heißt es:

> „Zu einer modernen Unternehmenskultur gehören auch neue Formen wie Sozialunternehmen, oder Gesellschaften mit gebundenem Vermögen. [...] Für Unternehmen mit gebundenem Vermögen wollen wir eine neue geeignete Rechtsgrundlage schaffen, die Steuersparkonstruktionen ausschließt. Hemmnisse beim Zugang zu Finanzierung und Förderung bauen wir ab. Wir werden die rechtlichen Rahmenbedingungen schaffen."[214]

Die praktische Umsetzung durch das Bundesministerium der Justiz ist von großer Bedeutung.[215] Ende des Jahres 2022 hat der Wissenschaftliche Beirat beim Bundesministerium der Finanzen Stellung zum Vorschlag einer GmbH-gebV bezogen.[216] In seiner Stellungnahme brachte der Beirat deutlich zum Ausdruck, dass die Idee des Verantwortungseigentums, in der Gestaltung des Gesetzesentwurfes der GmbH-gebV, nur wenig Zustimmung erhält:

> „Der Beirat hält eine zwingende, von den Gesellschaftern später nie mehr änderbare Ausschüttungssperre aus wirtschaftspolitischer sowie rechtlicher Sicht für nicht empfehlenswert."[217]

Kritik übte der Beirat auch an der Besteuerung, der Governance sowie der Vermögensbindung und Ausschüttungssperre der Rechtsform. Im Ergebnis kommt der Beirat zu der Feststellung, dass die „bestehende Rechtsordnung bereits ausreichend Raum für verantwortungsvolles Unternehmertum" bietet.[218] Lediglich ein Mitglied des Beirates teilt eine ‚abweichende Meinung' und stellt klar, dass die vorgeschlagene GmbH-gebV in vielerlei Hinsicht einen Vorteil gegenüber

---

meint die Koalition sei nicht nur bereit, sondern auch in der Pflicht, durch die Einführung dieser neuen Rechtsform die Wahlfreiheit für Unternehmer:innen zu erhöhen und eine Grundlage für nachhaltige Unternehmen zu schaffen; *Sven Giegold* auf der Veranstaltung VE:22 am 06. September 2022. Weiter sagt er, dass es keine (juristisch) durchgreifenden Gründe gebe, warum der Gesetzgeber den Freiheitsbedürfnissen nicht entsprechen sollte.

213 *SPD/Bündnis 90/Die Grünen/FDP,* Koalitionsvertrag, S. 30.

214 *SPD/Bündnis90/DieGrünen/FDP,* Koalitionsvertrag, S. 24 f.

215 Jüngst fand hier die VE:22 Konferenz zum Verantwortungseigentum im September 2022 statt. Dabei sprachen sich weitere Politiker:innen wie *Sven Giegold* (Staatssekretär im Bundesministerium für Wirtschaft und Klimaschutz), *Verena Hubertz* (SPD), *Ricarda Lang* (Bündnis 90/die Grünen) und *Johannes Vogel* (FDP) für die Umsetzung und Schaffung einer Rechtsform aus. Das Parlament sei der Idee gegenüber aufgeschlossen und die Vertreter:innen in der Politik würden diese Einführung begrüßen.

216 *Wissenschaftlicher Beirat BMF,* Gutachten 04/22.

217 *Wissenschaftlicher Beirat BMF,* Gutachten 04/22, S. 4.

218 *Wissenschaftlicher Beirat BMF,* Gutachten 04/22, S. 12.

den Stiftungen habe und Bedenken des Beirats ins Leere laufen würden.[219] Die Umsetzung des Verantwortungseigentums hängt nun von den weiteren Schritten des Bundesministeriums der Justiz ab.

2. Studien zum Verantwortungseigentum

Im Jahr 2021 veröffentlichte das Institut für Demoskopie Allensbach, eine von der Stiftung Verantwortungseigentum in Auftrag gegebene Studie[220] „Verantwortungseigentum. Zur Resonanz von Familienunternehmen auf eine spezifische Option für die Nachfolgeregelung."[221]

Für diese Studie wurden 417 Interviews mit Geschäftsführer:innen und Inhaber:innen mittlerer und größerer Familienunternehmen geführt.[222] Inhaltlich beschäftigte sich die Studie mit den Themen der Nachfolge und langfristiger Absicherung von Unternehmen.

Dabei kristallisierte sich heraus, dass das Verantwortungseigentum bereits bei 52% der befragten Familienunternehmen bekannt ist und 42% dieser eine Umsetzung dessen in ihrem Unternehmen für „gut" befinden oder für Nachfolgeregelungen „auch noch" in Betracht ziehen würden. 75% der Befragten gaben an, eine rechtliche Umsetzung des Verantwortungseigentums grundsätzlich zu befürworten.[223]

Die Bedarfs- und Potentialeinschätzung der Stiftung Verantwortungseigentum ergab, dass bei mindestens 109.158 Unternehmen davon auszugehen ist, dass diese Verantwortungseigentum in Form einer Rechtsform umsetzen würden.[224]

Eine frühere Studie der KfW aus dem Jahr 2019 befasste sich ebenfalls mit der Unternehmensnachfolge. Dort kam man zu dem Ergebnis, dass „nur noch 44% der Inhaber/-innen mit einem aktuellen Nachfolgegedanken" den Wunsch haben,

---

219 Die abweichende Meinung ist nachzulesen in *Wissenschaftlicher Beirat BMF*, Gutachten 04/22, S. 12 ff.; auf diese Kritik bezog auch die Stiftung Verantwortungseigentum unverzüglich Stellung; *Stiftung Verantwortungseigentum*, Stellungnahme 2022.

220 Auch 2019 und 2021 wurden zwei Studien veröffentlicht, die sich im Kern mit dem Verantwortungseigentum beschäftigen. 2019 veröffentlichte die Kreditanstalt für Wiederaufbau (kurz: KfW) eine Studie mit dem Titel: „Nachfolge-Monitoring Mittelstand: Entlastung bei Nachfolgen auch dank mehr Übernahmen – Externe Investoren gesucht"; *KfW Research*, Nachfolge-Monitoring Mittelstand.

221 *Institut für Demoskopie Allensbach,* Verantwortungseigentum.

222 *Institut für Demoskopie Allensbach,* Verantwortungseigentum, S. 17.

223 *Institut für Demoskopie Allensbach,* Verantwortungseigentum, S. 36 ff.

224 *Stiftung VE*, Potential/Bedarf 2020.

ihr „Unternehmen in die Hände eines Familienangehörigen zu legen."[225] Die weiteren 56% der Unternehmer:innen müssten sich zwischenzeitlich nach Alternativen umschauen.[226] Als eine solche gilt auch das Verantwortungseigentum.[227]

3. Kritik am Verantwortungseigentum

Durch jüngere Entwicklungen des Verantwortungseigentums und die zunehmenden Debatten, mehrten sich auch die kritischen Stimmen. Kritik am Konzept des Verantwortungseigentums und dem unterbreiteten Gesetzesvorschlag haben hier zum Teil schon Eingang gefunden[228] und sollen, als Teil der Entwicklung, nun beleuchtet werden.[229]

Primär richten sich die Kritiker:innen gegen die Einführung eines eigenen Gesetzes, weil eine Umsetzung nach geltendem Recht gegen das Prinzip der Verbandssouveränität[230] verstoßen würde. Außerdem sei nicht ausreichend Schutz vor verdeckten Gewinnausschüttungen oder dem Unterlaufen der Vermögensbindung gegeben. Weiter würde das Verantwortungseigentum Steuervorteile versprechen und dadurch ein sogenanntes „Steuersparmodell" geschaffen werden.[231]

Eine Grundannahme vieler Kritiker:innen scheint auch zu sein, dass es ausreichend Rechtsformen zur Um- und Durchsetzung des Verantwortungseigentums gäbe und das Bedürfnis nach einer neuen Rechtsform deshalb nicht vorhanden sei.[232] Dem kann nun jedoch der große Zuspruch von Seiten der Unternehmer:innen sowie die neusten Studien entgegengehalten werden.[233]

---

225 *KfW Research*, Nachfolge-Monitoring Mittelstand, S. 3.

226 *KfW Research*, Nachfolge-Monitoring Mittelstand, S. 3.

227 Weitere Details zu den Studien: *Institut für Demoskopie Allensbach*, Verantwortungseigentum; *KfW Research*, Nachfolge-Monitoring Mittelstand.

228 Einleitung, Fn. 28.

229 Kritisch: *Arnold/Burgard/Roth/Weitemeyer*, NZG 2020; *Burgard*, ZStV 2021; *Feick/Schwalm*, NZG 2021; *Grunewald/Heinrichs*, NZG 2020; *Hüttemann/Rawert/Weitemeyer*, FAZ 2020; *Hüttemann/Rawert/Weitemeyer*, npoR 2020; *Plöger/Weitemeyer*, BB 2021; *Vetter/Lauterbach*, Festschrift Grunewald; *Weitemeyer/Weißenberger/Wiese*, GmbHR 2021. Eine weitere Zusammenstellung verschiedener Artikel von Vertreter:innen und Kritiker:innen unter Fn. 28.

230 Detaillierter ab Seite 87.

231 Siehe dazu die Werke in Fn. 230 und Fn. 28.

232 *Arnold/Burgard/Roth*, NZG 2020; *Grunewald/Hennrichs*, NZG 2020; *Hennrichs*, Audit Committee Quarterly 2020; *Loritz/Weinmann*, DStR, 2021; *Weitemeyer/Weißenberger/Wiese*, GmbHR 2021.

233 Seite 52.

Auch der Zweck einer solchen Gesellschaft in Verantwortungseigentum wird kritisiert. Die Zweckoffenheit der angestrebten Rechtsform steht hierbei im Fokus. Unternehmen müssten danach in keiner Form nachhaltig oder verantwortungsvoll sein heißt es.[234] Andere stellen wiederum fest, dass eine Vermögensbindung, wenn auch ökonomisch nachhaltig flankiert, Nachhaltigkeit im eigentlichen Sinne nicht absichern würde.[235] Die vorgeschlagene GmbH-gebV verstieße außerdem gegen das Europa- und Verfassungsrecht.[236]

Manche dieser Kritiken wie solche zur Vereinbarkeit mit dem internationalem Recht, der Verbandssouveränität oder zum Zweckgedanken der GmbH-gebV sind dabei durchaus berechtigt und nachvollziehbar. Es besteht keine Sicherheit ‚sinnvoller' Unternehmen nach dem gegenwärtigen Gesetzesentwurf. Vertreter:innen scheinen jedoch zu befürchten, dass eine Verengung des Zwecks potentielle Verantwortungseigentümer:innen abschreckt. Ob dies wirklich der Fall ist, lässt sich hier schwer überprüfen. Problematisch sei außerdem eine Definition solcher gemeinnützigen Zwecke, heißt es von Vertreter:innen im Gespräch. Kritiker:innen halten dagegen und verweisen auf Unternehmen wie *Bosch* und das jüngst umgewandelte Unternehmen *Patagonia.*[237]

Auch die Möglichkeit von Notfall-Szenarien, in denen eine Auflösung oder Ausschüttung des Vermögens in Betracht kommen könnte, sollte mindestens beleuchtet werden, fand im Gesetzesentwurf jedoch (möglicherweise auch bewusst) keinen Erwähnung. Zuletzt sprach sich auch *Bachmann* dafür aus.[238]

Sollten Gesellschafter:innen in Fällen von Krankheit, Pflege oder Notfällen einen Zugriff auf das Vermögen und den Gewinn haben?[239] Was im Fall eines solchen „Deadlocks"[240], das heißt in einer absoluten Ausnahmesituation der Gesellschafter:innen, geschieht, bleibt fraglich. *Herchen* schreibt dazu:

> „Ein Vermögen, das nur für sich arbeitet, keinen Begünstigten kennt und keinen Weg hat, sich aus dieser ‚Truhe' zu befreien, um auf einer neuen unternehmerischen Reise zu gehen, passt nicht gut in eine Welt, die davon lebt, dass das Kapital seinen Weg dahin

234 *Arnold/Burgard/Roth*, ifo Schnelldienst 2020, S. 67; *Hommelhoff*, BB 2022, 43/I; *Weitemeyer/Waltz*, nPoR 2022, S. 279.

235 *Mittwoch*, Nachhaltigkeit und Unternehmensrecht, S. 260; zu einem ähnlichen Ergebnis kommt *Neitzel*, KJ 2022, S. 493.

236 *Loritz/Weinmann*, DStR, 2021; jüngst zur Europarechtskonformität *Möslein/Sanders*, FAZ Einspruch 2023.

237 *Weitemeyer/Waltz*, nPoR 2022, S. 279.

238 *Bachmann*, NZG 2022, S. 1417.

239 Die Frage stellte sich auch *Teichmann*, Hohe Luft Kompakt, S. 41 f.

240 So u.a. *Teichmann*, in Hohe Luft Kompakt, S. 41 f.

> finden wird, wo es die besten Innovationen erwartet. Mit anderen Worten: zumindest in Extremsituationen muss die Vermögensbindung beendet werden können. Mit solchen Extremsituationen ist dabei nicht die Insolvenz der Gesellschaft gemeint: hier finden die allgemeinen insolvenzrechtlichen Regeln Anwendung: das Vermögen der Gesellschaft wird durch den Insolvenzverwalter veräußert und aus dem Erlös werden die Gläubiger der Gesellschaft befriedigt."[241]

Während die Vermögensbindung vor Aushöhlungen geschützt werden muss[242], braucht es möglicherweise Notfallszenarien. Kapital, das ohne Zweck im Unternehmen wächst, ohne dass es jemals (re)investiert oder an gemeinnützige Zwecke ausgeschüttet wird, erscheint fehlerhaft und bedarf weiterer Diskussionen.

Während die benannten Kritikpunkte eine sinnstiftende Diskussion anregen können, wirken andere Äußerungen dagegen verzerrt: Der geistesgeschichtlichen Hintergrund des Verantwortungseigentums läge bei *Rudolf Steiner*[243], der die Gedanken des Verantwortungseigentums vorformuliert hätte.[244] Dass *Steiner* seinerseits jedoch über soziale Fragen im Allgemeinen schreibt und dabei weniger konkretisierte Vorstellungen zur rechtlichen Eigentumslage präsentiert, scheint die Kritiker:innen kaum zu interessieren.[245] Der Vergleich der Ideen *Rudolf Steiners* mit denen des Verantwortungseigentum erscheint im Ergebnis konstruiert[246] und lässt mangelnde juristische Übereinstimmungen unberücksichtigt.

---

241 Herchen, ZGR 2022, S. 674.

242 So auch *Teichmann,* Hohe Luft Kompakt, S. 41 f.

243 Vertreter:innen der Stiftung Verantwortungseigentum grenzen sich (z.T.) bewusst von den anthroposophischen Strömungen ab, so *Wagner* im Interview am 09.03.2022.

244 Insbesondere verstehen sich die Vertreter der Stiftung Verantwortungseigentum in der Regel nicht als Anthroposophen, so *Wagner* im Interview; anders jedoch *Hüttemann/ Rawert*, FAZ Einspruch 2022, S. 2 f.

245 Folgendes Zitat *Steiners* dazu zeigt, wie unkonkret seine Vorstellungen waren: „Das Eigentum hört auf, dasjenige zu sein, was es bis jetzt gewesen ist. Und es wird nicht zurückgeführt zu einer überwundenen Form, wie sie das Gemeineigentum darstellen würde, sondern es wird fortgeführt zu etwas völlig Neuem. Die Gegenstände des Eigentums werden in den Fluss des sozialen Lebens gebracht. Der einzelne kann sie nicht aus seinem Privatinteresse heraus zum Schaden der Allgemeinheit verwalten; aber auch die Allgemeinheit wird sie nicht zum Schaden." *Steiner,* Die Kernpunkte der Sozialen Frage, S. 163.

246 Während die Kritiker:innen nicht nur unpassende Zitate aus dem Zusammenhang reißen, schrieb *Steiner* ebenso folgendes: „Die Möglichkeit, frei über die Kapitalgrundlage aus den individuellen Fähigkeiten heraus zu verfügen, muss bestehen; das damit verbundene Eigentumsrecht muss in dem Augenblick verändert werden können, in dem es umschlägt in ein Mittel zur ungerechtfertigten Machtentfaltung." Inwieweit

Außerdem heißt es, dass durch das Verantwortungseigentum eine ‚Herrschaft der toten Hand' entstehen würde und die Rechtsform eine Neueinführung der Fideikommisse[247] darstelle. Sie „weise daher nicht in das 21. Jahrhundert, sondern in längst vergessene Feudalzeiten"[248]. Die Parallele zwischen dem Verantwortungseigentum und Familienfideikommissen besteht jedoch nur in der theoretischen Grundlage zur Schaffung einer ökonomischen Grundlage; die einzige Gemeinsamkeit besteht darin, das Vermögen unveräußerlich zu machen.[249] Auch hier scheint ein grundsätzlich falsches Verständnis der Rechtsinstitute vorzuliegen.

VI. Fazit

Das Ergebnis dieses Überblicks lässt deutlich erkennen, dass in der Rechtsgeschichte kaum konkrete juristische Vorbilder des Verantwortungseigentums vorliegen – jedenfalls nicht insoweit, als dass hier bereits Rechtskonzepte entwickelt worden sind. Obwohl gewisse ideengeschichtliche und rechtstheoretische Überschneidungen existieren, sind weder Entwürfe noch Rechtsgrundlagen erkennbar, die das Verantwortungseigentum in seiner Ganzheit erfassen. Ob das Verantwortungseigentum trotzdem eine ‚neue' Idee ist oder bereits von *Ernst Abbe* im 19. Jahrhundert konzeptioniert worden ist, wird in den folgenden Kapiteln zu prüfen sein.

Frühe Institutionen wie die Genossenschaften im Mittelalter entsprachen dem Verantwortungseigentum von heute nur hinsichtlich vereinzelter Gedanken, wie beispielsweise in ihrem Umgang mit der Natur und dem Umweltschutz. Auch die Vorstellungen zur Bedarfsdeckung unter Berücksichtigung des Gemeinwohls stimmen mit dem Verantwortungseigentum überein.

Jedoch sind diese isolierten Schnittpunkte nur von geringer Bedeutung und können kaum als direktes Vorbild für das Konzept des Verantwortungseigentums betrachtet werden.

Steiner hier also konkreter geistesgeschichtlicher Vorreiter des Verantwortungseigentum sei, bleibt fraglich; *Steiner,* Die Kernpunkte der Sozialen Frage, S. 142.

247 Zu den Familienfideikommissen ausführlicher Seite 31.

248 *Hüttemann/Rawert/Weitemeyer,* FAZ 2020.

249 Heute bestehen dahingegen weiterhin Familienstiftungen, die ohne größere Voraussetzung zulässig und anerkennungsfähig sind. Den Familienfideikommissen entsprechend, dienen viele dieser Familienstiftungen noch heute dem Wohl einer oder mehrerer Familien. *Dutta,* Erbrecht und Vermögenssicherung, S. 75; *Junius-Morawe,* Zur Legitimität der Familienstiftung, S. 91 f.; 123.

Auch angesichts zunehmender Kodifizierungen, zum Beispiel des GmbHG, des GenG, des Stiftungsrechts[250] oder des Gesellschaftsrechts in der DDR[251] entstanden keine Rechtsformen, die den Ideen des Verantwortungseigentums von heute entsprechen.

Stattdessen erfuhren die Prinzipien des Gemeinwohls, der Bedarfsdeckung und der Kreislaufwirtschaft, die dem Verantwortungseigentum heute immanent sind, durch die fortschreitende Kapitalisierung und Industrialisierung eine Auflockerung. In den vergangenen Jahren und Jahrzehnten mehren sich jedoch die Veröffentlichungen und Debatten zu solchen Themen, was Hoffnung auf eine Renaissance und stärkere Verbreitung des Verantwortungseigentums weckt.

Dabei zeigten die Überlegungen *Wilkens* 1959 bereits gewisse Ähnlichkeiten zum Konzept des Verantwortungseigentums, da auch hier ein treuhänderischer Umgang mit dem Unternehmensvermögen im Fokus stand, der nicht nur dem privaten Gewinn folgte, sondern eine gerechte Verteilung ermöglichen sollte. Seine Ideen waren jedoch juristisch unausgereift und wiesen Unterschiede, zum Beispiel in der Verteilung des Vermögens, zum Verantwortungseigentum auf.[252]

Im Ergebnis ist festzustellen, dass es zwar vereinzelte Überschneidungen mit dem Konzept des Verantwortungseigentums gibt, diese jedoch rudimentärer Art sind. Konzepte, Regelungen und Ideen zum Verantwortungseigentum entstanden (erst) primär zu Beginn des 21. Jahrhunderts. Das könnte die Besonderheit der Carl-Zeiss-Stiftung unter *Ernst Abbe* unterstreichen, der nicht auf ausgereifte rechtliche Vorbilder oder solche Konzepte zurückgreifen konnte.[253]

Dieser Querschnitt zur Rechtsgeschichte sollte einen groben Überblick darüber ermöglichen, inwieweit das Verantwortungseigentum im Recht – jenseits der Cal-Zeiss-Stiftung Ende des 19. Jahrhunderts – bereits entwickelt war. Eine detailliertere und umfassendere Untersuchung ist aufgrund des Forschungsschwerpunktes, der Entwicklung des Verantwortungseigentums anhand der Carl-Zeiss-Stiftung, nicht möglich. Im Folgenden folgt nunmehr die Untersuchung des Verantwortungseigentums.

---

250 Seite 36 ff.

251 Seite 44 f.

252 Letzten Endes stellt *Wilken* auch das fest und schreibt: „Was wirtschaftlich vernünftig und sozial notwendig ist, das ist auch wirklich und lässt sich verwirklichen, wenn man es ernstlich will." *Wilken*, Die Entmachtung des Kapitals, S. 40.

253 Auf Seite 93 ff. wird die Carl-Zeiss-Stiftung eingehend untersucht. Ab Seite 177 ff. findet der konkrete Vergleich des Verantwortungseigentums mit der Carl-Zeiss-Stiftung statt.

C. Das Verantwortungseigentum

I. Definition

Die rechtswissenschaftliche Debatte über das Konzept des Verantwortungseigentums gewann vor allem durch die Veröffentlichungen der Gesetzesentwürfe seit 2020 und insbesondere seit 2021 an Bedeutung.

Unter Verantwortungseigentum versteht man eine (neue?) Idee des Unternehmertums, die durch die Forderung nach einer eigenen Gesellschaftsform immer größere Aufmerksamkeit erlangt hat. Verantwortungseigentümer:innen definieren sich nicht mehr über das Eigentum am Unternehmensgewinn, sondern über das „Eigentum an der Verantwortung", die Leitung und die Inhaberschaft des Unternehmens[254]:

> „Der Begriff ‚Verantwortungseigentum' bezeichnet eine besondere Form von Unternehmenseigentum. Verantwortungseigentümern kommt die Leitungsmacht über ihr Unternehmen zu, doch haben sie keinen Zugriff auf den Unternehmensgewinn und das in der Gesellschaft gebundene Vermögen. Unternehmen in Verantwortungseigentum können – wie andere GmbHs auch – gewinnorientiert am Markt tätig sein und sind nicht notwendig auf einen besonders gemeinwohlfördernden Zweck verpflichtet. [...] Ein ‚Verantwortungseigentümer' ist damit ein Gesellschafter mit Stimm- und Teilhaberechten, aber ohne Ansprüche auf Gewinnausschüttung und Liquidationserlös."[255]

Zur Vereinfachung stellt die Stiftung Verantwortungseigentum, Förderin der Idee[256], dieses mittels zweier unveränderlicher Prinzipien dar: das Selbstbestimmung– und das Sinnprinzip.[257]

Nach dem Selbstbestimmungsprinzip sollen Stimmrechte am Unternehmen, das heißt Gesellschaftsanteile, nicht mehr durch Universalsukzession vererbbar sein.[258] In einem Erbfall könnte es also dazu kommen, dass nur

---

254 *Sanders u.a.*, Gesellschaft mit beschränkter Haftung in Verantwortungseigentum, S. 7; *Homeyer/Reiff*, npoR 2020.

255 *Sanders u.a.*, Gesellschaft mit beschränkter Haftung in Verantwortungseigentum, S. 7.

256 Fn. 57.

257 So die *Stiftung Verantwortungseigentum*, Eine Eigentumsform, S. 11 f.; aber auch *Sanders,* NZG 2021, S. 1574.

258 *Sanders u.a.*, Gesellschaft mit beschränkter Haftung in Verantwortungseigentum, S. 50 ff.

die gezahlte Einlage der vorverstorbenen Gesellschafter:innen ausgezahlt wird.[259]

Erb:innen würden damit nicht automatisch Gesellschafter:innen werden.[260] Ob und inwieweit Erb:innen in die Gesellschaft aufgenommen und damit Gesellschafter:innen mit Stimmrechten werden, soll der bestehende Gesellschafterkreis eines Unternehmens entscheiden.[261] Dadurch kann eine sogenannte ‚Werte- und Fähigkeitenfamilie' entstehen.[262]

Die Gesellschafter:innen haben damit die Möglichkeit, ihre Nachfolger:innen und Mitstreiter:innen aufgrund von Überzeugungen, Fähigkeiten, ihres Interesses am Unternehmen und zur Verfolgung gemeinsamer Ziele auszuwählen. Nicht die Gesellschafter:innen, die die größte Finanzierung leisten, sollen vorteilhaft behandelt werden.[263]

Langfristiger Erhalt der Unternehmen und generationsübergreifendes Denken stehen, ähnlich wie bei Familienunternehmen, im Fokus.[264] Dadurch, dass nicht an die Genetik, sondern die Werte und Fähigkeiten eines Menschen angeknüpft wird, entsteht die sogenannte Werte- und Fähigkeitenfamilie[265]: gleich im Geiste und den Zielen – unabhängig von der Verwandtschaft.

Unter dem Sinnprinzip verstehen die Vertreter:innen, dass die Umsätze und Gewinne des Unternehmens als Mittel zum Zweck betrachtet werden. Das Unternehmensvermögen soll nicht an Gesellschafter:innen ausgeschüttet werden. Die Gesellschafter:innen müssen sich als Treuhänder:innen des Unternehmens verstehen.[266] Weder durch Gewinn- oder Dividendenausschüttungen, noch durch den Verkauf der Gesellschaft darf das Unternehmen ‚versilbert' werden.[267]

---

259 Jüngst ausführlich zur erb- und familienrechtlichen Einbindung: *Sanders/Bühring*, GmbHR 2022.

260 *Sanders u.a.*, Gesellschaft mit beschränkter Haftung in Verantwortungseigentum, S. 57 ff.

261 *Purpose*, Verantwortungseigentum, S. 12; *Sanders u.a.*, Gesellschaft mit beschränkter Haftung in Verantwortungseigentum, S. 9; *Stiftung Verantwortungseigentum*, Eine Eigentumsform, S. 11.

262 *Sanders u.a.*, Gesellschaft mit beschränkter Haftung in Verantwortungseigentum, S. 9; *Sanders u.a.*, GmbH-gebV Gesetzesentwurf, S. 16.

263 *Purpose*, Verantwortungseigentum, S. 12; *Sanders*, ZRP 2020, S. 141; *Stiftung Verantwortungseigentum*, Eine Eigentumsform, S. 12.

264 *Sanders/Hoon*, FAZ Einspruch 2020; *Sanders*, ZRP 2020, S. 141.

265 *Sanders/Hoon*, FAZ Einspruch 2020; *Sanders*, ZRP 2020, S. 141.

266 *Sanders u.a.*, GmbH-gebV Gesetzesentwurf, S. 9.

267 *Purpose*, Verantwortungseigentum, S. 12; *Stiftung Verantwortungseigentum*, Eine Eigentumsform, S. 12.

Unternehmer:innen, insbesondere von Start-Ups, können so vom Druck der schnellen Renditen- und Gewinnmaximierung befreit werden.[268] Die erzielten Gewinne und Einnahmen des Unternehmens dienen dann der Deckung laufender Kosten und der Zahlung von angemessenen Gehältern, während Gewinne und Überschüsse in das Unternehmen reinvestiert und/oder gespendet werden können.[269] Unternehmen im Verantwortungseigentum sollen außerdem regulär am Wettbewerb teilnehmen und Gewinne für ihr Unternehmen akquirieren. Diese Gewinne sollen im Ergebnis nur nicht an Gesellschafter:innen ausgeschüttet, sondern thesauriert werden.

Sinn- und Selbstbestimmungsprinzip, das heißt Vermögensbindung und Nachfolgeregelungen sollen als unabänderliche Merkmale des Verantwortungseigentums festgelegt werden. In diesem Zusammenhang tauchen immer wieder die Begriffe ‘asset-lock und ‚capital-lock‘auf, welche genau jenes Verbot der Vermögensausschüttung beschreiben.[270] Die Vermögensbindung im Verantwortungseigentum ist damit dauerhaft und gleicht einem ‚Ewigkeitsversprechen‘.[271]

Während der Zweck eines Unternehmens in Verantwortungseigentums trotzdem frei veränderbar bleibt, muss ein Rückgängigmachen der Vermögensbindung unmöglich sein. Damit diese Prinzipien jedoch nicht Selbstzweck bleiben, soll es Kontrollmechanismen geben.[272]

Im Ergebnis erhoffen sich die Förder:innen damit, dass sich die Motivation der Unternehmer:innen zur Führung des Unternehmens sowie der Eindruck von Verbraucher:innen und der Öffentlichkeit eines nicht nur gewinnorientierten Unternehmens ändert. Es könnte neues Vertrauen in Unternehmen gewonnen und ein Signal vermittelt werden, welches über vage Versprechen und ‚Green Washing‘-Vorwürfe hinausgeht.[273] Die Signalwirkung der Unternehmen in Verantwortungseigentum würde über privatrechtliche Vereinbarungen und Versprechen hinausgehen und einer ‚Ewigkeitsklausel‘ unterliegen.[274]

Außerdem wären Anreize, ein solches Unternehmen zu führen, intrinsischer, nicht primär monetärer Natur.[275] Verantwortungseigentümer:innen motivieren

268 *Sanders*, ZRP 2020, S. 141 f.

269 *Sanders/Hoon*, FAZ Einspruch 2020; *Sanders u.a.*, Gesellschaft mit beschränkter Haftung in Verantwortungseigentum, S. 7 f.

270 *Reiff*, ZIP 2020, S. 1750 ff.; *Sanders u.a.*, GmbH-gebV Gesetzesentwurf, S. 21.

271 *Arnold/Burgard/Roth*, NZG 2020, S. 1324; *Reiff*, ZIP 2020, S. 1753.

272 Dazu ausführlicher auf Seite 85.

273 So auch *Sanders*, NZG 2021, S. 1575.

274 *Fleischer*, ZIP 2022, S. 347 f.

275 *Sanders*, ZRP 2020, S. 142.

sich nicht mehr aufgrund persönlicher Gewinnerwartungen, sondern möglicherweise wegen des Zwecks, der Sinnhaftigkeit und des Wachstums ihres Unternehmens sowie aus der angemessenen Vergütung eigener Arbeit.[276] Das Unternehmen, die Kund:innen und gemeinnützige Zwecke könnten dadurch in den Fokus rücken.

Damit wird gleichzeitig dem bis heute bestehenden *Friedmann'schen* Verständnis vom Unternehmertum widersprochen[277]:

> „There is one and only one social responsibility of business to use its resources and engage in activities designed to increase its profits so long as it stays within the rules of the game."[278]

In Abkehr davon müssen Verantwortungseigentümer:innen und ihre Unternehmen aber durchaus Gewinne akquirieren – allerdings unter Ausschluss persönlicher Gewinnansprüche. Der Zweck und die Ziele des Unternehmens sind dabei individuell gestaltbar und unbeschränkt.[279]

Beim Verantwortungseigentum handelt es sich folglich um eine sozial und ökonomisch nachhaltige Unternehmensidee, die zumindest auf den ersten Blick neu zu sein scheint. Inwiefern Unternehmen in Verantwortungseigentum auch ökologisch nachhaltig sind[280], muss individuell und im Hinblick auf das einzelne Unternehmen untersucht werden. Schließlich können die Unternehmen, jenseits

---

276 *Sanders*, ZRP 2020, S. 142.

277 Dies gilt heute noch als Anhaltspunkt der sogenannten ‚shareholder-theory'; vgl. *Posner,* The Atlantic 2019.

278 Nicht außer Acht gelassen werden darf, dass *Friedmanns* von: „In such an economy […]" spricht, womit zum einen der freie US-amerikanische Markt gemeint ist und sich diese Aussage darüber hinaus in einen anti-sozialistischen Politkampf einfügt: "The businessmen believe that they are defending free enterprise when they declaim that business is not concerned 'merely' with profit but also with promoting desirable 'social' ends; that business has a 'social conscience' and takes seriously its responsibilities for providing employment, eliminating discrimination, avoiding pollution and whatever else may be the catchwords of the contemporary crop of reformers. In fact they are - or would be if they or anyone else took them seriously--preaching pure and unadulterated socialism." In *Friedmann*, The NYT 1970; weiter auch *Friedmann*, Capitalism and Freedom, S. 112 ff.

279 *Sanders u.a.*, GmbH-gebV Gesetzesentwurf, S. 20.

280 *Neitzel* schrieb dazu zuletzt: „Nachhaltige Entwicklung setzt so verstanden wirtschaftliche Entwicklung voraus, welche jedoch den Bedürfnissen aller Menschen dient und sich innerhalb ökologischer Grenzen bewegt, sodass auch künftige Generationen ihre Bedürfnisse befriedigen können." *Neitzel,* KJ 2022, S. 480 f.

der unveränderlichen Vermögensbindung und Nachfolgeregelung, zweckoffen gestaltet werden. Da aber mindestens die Vermögensbindung (und die Nachfolge) festgeschrieben sind, ist ein schneller ‚Exit' durch Gewinnausschüttung unmöglich. Auf diese Weise agieren Unternehmen in Verantwortungseigentum mindestens aus ökonomischer Sicht nachhaltig.

Obwohl das Verantwortungseigentum heute bereits umgesetzt wird, stoßen Unternehmer:innen auf diverse Umsetzungsschwierigkeiten im deutschen Recht. Die folgende Untersuchung soll nun die bestehende Rechtslage zum Verantwortungseigentum näher beleuchten und auf die rechtlichen Herausforderungen aufmerksam machen, die für eine spätere Zusammenführung mit der Carl-Zeiss-Stiftung unter *Ernst Abbe* relevant sind.

II. Verantwortungseigentum *de lege lata*

Das Verantwortungseigentum wird schon heute durch verschiedene Rechtsmodelle in der Praxis umgesetzt. Ob und inwieweit diese den Bedürfnissen der Verantwortungseigentümer:innen genügen, soll nun überprüft werden. Denn wenn die Gesetzeslage zur Umsetzung genügt, bedarf es der Einführung einer neuen Rechtsform nicht. Dieser Ansicht sind zumindest einige Kritiker:innen.[281]

Die folgenden Ausführungen sollen einen Eindruck von der bestehenden Rechtslage des Verantwortungseigentums ermöglichen. Die Umsetzungsmöglichkeiten werden zuerst *de lege lata* anhand der Gesellschaftsformen und deren Umsetzungsvarianten dargestellt. Daran schließt sich die Darstellung *de lege ferenda,* des Gesetzesentwurfes für eine Gesellschaft mit gebundenem Vermögen.

1. Die GmbH

Die Gesellschaft mit beschränkter Haftung (GmbH) hat sich historisch bewährt und gilt als flexible Gesellschaftsform.[282] Die gemeinnützige GmbH (gGmbH) dient darüber hinaus der Umsetzung gemeinnütziger Ziele auf dem Kapitalmarkt.

In beiden Gesellschaftsformen sind jedoch Änderungen des Gesellschaftsvertrages und eine Umwandlung jederzeit möglich.[283] Innerhalb der GmbH-Satzung

---

281 Seite 53 ff.

282 *Fastrich*, Baumbach/Hueck/GmbHG, Einleitung, Rn. 18.

283 Vgl. §§ 53, 54 GmbHG; danach sind die Gesellschaftsverträge, d.h. die Satzung der GmbH und der gGmbH bei Zustimmung veränderbar. Eine gemeinnützige GmbH entsteht im Übrigen durch Verfolgung der Zwecke i.S.d. §§ 51 ff. AO; *Fastrich*, Baumbach/Hueck/GmbHG, § 53, Rn. 1; *Stiftung Verantwortungseigentum*, Eine Eigentumsform, S. 45.

könnte zwar eine Vermögensbindung und ein Ausschüttungsverbot hinsichtlich persönlicher Gewinne festgelegt werden[284], gemäß §§ 53 ff. GmbHG muss die Gelegenheit zur Satzungsänderung jedoch stets bestehen bleiben. Diese stetige Dispositionsmöglichkeit könnte zu einem Umgehen des 'capital-lock' führen.

Eine solche dispositive Änderung liegt nicht im Interesse der Verantwortungseigentümer:innen, die ihre Vermögensbindung auf 'ewig' festschreiben möchten.[285]

Abgesehen davon könnte auch die gGmbH eine nützliche Grundlage zur Umsetzung des Verantwortungseigentums bieten. Allerdings muss auch hier die stetige Befugnis zur Satzungsänderung zugunsten der Gesellschafter:innen bestehen. Ohne eine weitere, kontrollierende Entität bietet weder die GmbH, noch die gGmbH eine valide und sichere Umsetzungsmöglichkeit für Unternehmen in Verantwortungseigentum.

2. Stiftungen

Es stellt sich die Frage, ob Stiftungen, die als juristische Personen gem. §§ 80 ff. BGB der staatlichen Stiftungsaufsicht unterliegen[286] und dadurch kontrollfähig und überprüfbar sind, geeignete Rechtsformen zur Umsetzung des Verantwortungseigentums darstellen. Insbesondere weil *Ernst Abbe* bereits 1889 die Rechtsform der Stiftung wählte[287], sollen hier die Möglichkeiten zur Umsetzung des Verantwortungseigentums im Stiftungsrecht erörtert werden.

Grundsätzlich bieten Stiftungen Möglichkeiten zur Perpetuierung des Vermögens im deutschen Recht.[288] Definiert wird die Stiftung als eine von Stifter:innen errichtete Institution, innerhalb derer Vermögen dauerhaft einen festgelegten Zweck erfüllen soll.[289] Das entspricht grundsätzlich auch den Prinzipien des Verantwortungseigentums. Charakteristika der Stiftung sind

---

284 Diese Bindung müsste also unter Ausschluss des § 29 GmbHG stattfinden, vgl. *Homeyer/Reiff*, npoR 2020.

285 *Stiftung Verantwortungseigentum*, Eine Eigentumsform, S. 45; *Homeyer/Reiff*, npoR 2020.

286 In Brandenburg wird die Aufsicht über die Stiftungen durch die Stiftungsbehörde, das Ministerium für Inneres gem. § 4 Abs. 1 S. 1 StiftGBbg übernommen, vgl. § 6 ff. StiftGBbg.

287 Siehe Seite 115.

288 *Weitemeyer*, MüKo/BGB, § 80, Rn. 2.

289 *Pruns/Schiffer*, NK/BGB, Vorbemerkungen zu §§ 80 ff., Rn. 1; *Weitemeyer*, MüKo/BGB, § 80, Rn 1.

ihre Vermögensbindung und -ausschüttung zugunsten eines übergeordneten und fremden Zwecks.[290] Die Voraussetzungen zur Anerkennung einer Stiftung sind: Stiftungszweck, -vermögen und -organisation.[291]

Im Hinblick auf ein Unternehmen in Verantwortungseigentum ist dagegen fraglich, welcher fremde, übergeordnete Zweck durch eine solche Stiftung, neben der Unternehmensführung, zu verfolgen wäre. Neben den individuellen Zwecken, für die sich Verantwortungseigentümer:innen innerhalb des Unternehmens entscheiden, müsste ein Stiftungszweck bestimmt werden, der nicht nur dem Unternehmen oder der Stiftung dient, sondern Destinatären zugutekommt. Es muss sich damit die Frage gestellt werden: An wen soll das Vermögen gestiftet werden?

Grundsätzlich gilt im Stiftungsrecht, dass jeder Zweck erlaubt ist, insoweit das Prinzip der gemeinwohlkonformen Allzweckstiftung beachtet wird. Dieses Prinzip besagt, dass jeder fremdnützige, nicht notwendigerweise gemeinnütziger, Zweck erlaubt ist, ausgenommen er verstößt gegen das Wohl der Allgemeinheit.[292]

Aus diesem Grund drängt sich die Frage auf, ob eine Stiftung in Verantwortungseigentum nicht nur ihrem eigenen Erhalt dient und mangels Destinatären zur Selbstzweckstiftung wird.[293] Es bestünde die Gefahr, dass eine sogenannte (Unternehmens)Selbstzweckstiftung[294] errichtet wird:

> „Der Zweck der Stiftung muss auch wirtschaftlich andere Ausgaben ermöglichen als die Thesaurierung sämtlicher Gewinne des verbundenen Unternehmens, damit dieses gestärkt wird. […] Die Beschränkung der stiftungsrechtlichen Zulässigkeit unternehmensverbundener Stiftungen ergibt sich vor allem aus dem Verbot der Selbstzweckstiftung.“[295]

Demzufolge muss es Destinatäre geben, die von der Tätigkeit der Stiftung profitieren.[296]

---

290 So auch *Schlüter* in Henssler/Strohn/Gesellschaftsrecht, § 81, Rn. 7.

291 *Weitemeyer*, MüKo/BGB, § 80, Rn. 2.

292 *Weitemeyer*, MüKo/BGB, § 81, Rn. 33.

293 *Backert*, BeckOK BGB, § 80 BGB, Rn. 6; *Feitsch/Linder*, Beck'sches Rechtsanwalts-Handbuch, § 45, Rn. 18b; *Sanders*, NZG 2021, S. 1576; *Schlüter*, Henssler/Strohn/Gesellschaftsrecht, § 80 - § 88 Vorbemerkung, Rn. 5; *Schwintek*, Vorstandskontrolle in rechtsfähigen Stiftungen, S. 50 f.; *Weitemeyer*, MüKo/BGB, § 80 Rn. 127.

294 *Hushahn*, Beck'sches Notar-Handbuch. § 19, Rn. 135 f.; *Weitemeyer*, MüKo/BGB, § 80 Rn. 127.

295 *Mock/Schauhoff*, Große Gesellschaftsverträge, S. 848 f.

296 Danach darf eine Stiftung schließlich nicht nur dem Erhalt des Unternehmens oder der Perpetuierung von Gewinnen dienen, sondern muss einen darüberhinausgehenden

Ein Unternehmen in Verantwortungseigentum könnte mithin nicht ohne Weiteres alleiniges Ziel einer Stiftung sein.[297] Erst durch die Verfolgung weiterer, z.B. gemeinnütziger Zwecke, würde eine solche Stiftung zur Anerkennung gelangen.

Sobald es damit aber zur Verdeckung des primären Zieles, der Führung und Erhaltung des Unternehmens, kommt, greift auch hier das Verbot der Selbstzweckstiftung.[298] Obwohl dieses Verbot der Selbstzweckstiftung noch bestimmend ist, mehren sich die Forderungen zur Auseinandersetzung mit dem Grundsatz und nach einer gesetzlichen Weiterentwicklung.[299]

Gegen eine Umsetzung im Stiftungsrecht spricht auch der starre Stiftungszweck, welcher dem Stifterwillen obliegt und nur ausnahmsweise verändert werden kann, vgl. § 87 BGB. Verantwortungseigentümer:innen wollen in der Zwecksetzung ihres Unternehmens dagegen flexibel bleiben und das Unternehmen weiterentwickeln können.

Des Weiteren könnte das für die Gründung erforderliche Stiftungsvermögen i.S.v. § 81 Abs. 1 Nr. 2 BGB eine finanzielle Hürde darstellen: rechtliche Unterkapitalisierungsgrenzen bestehen zwar nicht; in der Praxis wird jedoch mit Mindesthöhen von circa 200.000 Euro kalkuliert.[300]

Zweck verfolgen; *Backert*, BeckOK BGB, § 80 BGB, Rn. 7, 19; *Dahlmanns*, RNotZ 2020, S. 418; *Markworth*, NZG 2021; die Stiftung muss z.B. Beträge an gemeinnützige Zwecke ausschütten; Jüngst *Busch*, Die Cy-prés-Doktrin, S. 27; *Mock/Schauhoff*, Große Gesellschaftsverträge, S. 847 f.; *Schauhoff*, Gesellschaftsrecht in der Diskussion 2018, Rn. 15; *Weitemeyer*, MüKo/BGB, § 80 BGB, Rn. 127, 203, 206.

297 So auch *Kempny/Sanders*, NWB 2021, S. 3120.

298 *Weitemeyer*, MüKo/BGB, § 80, Rn. 127.

299 Beispielsweise äußert sich *Schwintek* kritisch gegenüber diesem Verbot, indem er darauf verweist, dass auch insoweit Stiftungszweck der Betrieb (oder das Unternehmen) als solches sei, sich eine ‚Selbstzweckstiftung ausschließende Fremdnützigkeit' aus der Tätigkeit des Unternehmens ergibt. Die Aufgaben, das Ziel und der Zweck des Unternehmens seien bereits außerhalb der Stiftung liegende Zwecke; *Schwintek*, Vorstandskontrolle in rechtsfähigen Stiftungen, S. 51. Auch *Bachmann* schreibt: „Deshalb irritiert es, wenn die schärfsten Einwände gegen die GmbH-gebV aus dem Lager der Stiftungsrechtler kommen (vgl. zB *Arnold/Burgard/Roth/Weitemeyer* NZG 2020, 1321). Das von dieser Seite in Stellung gebrachte ‚Verbot von Selbstzweckorganisationen' gibt es in dieser Allgemeinheit nicht, denn das Halten und Verwalten von Vermögen kann durchaus Gegenstand eines Verbandes sein." *Bachmann*, NZG 2022, S. 1417.

300 Die Unterkapitalisierungsgrenzen können auch geringer sein, ein Vermögen von ca. 500.000 Euro als Richtwert scheint in der Praxis jedoch als angemessen betrachtet zu werden. Ob und wie junge Unternehmer:innen oder Gründer:innen von Start-Ups

Auch die Reform des Stiftungsrechts im Jahr 2023, die die Vereinheitlichung des Stiftungsrechts der Bundesländer zum Gegenstand hatte[301], führte nicht zur Aufweichung des Stiftungszwecks in Bezug auf unternehmerische Tätigkeit.[302]

Im Ergebnis ist die Gründung eines Unternehmens in Form einer Stiftung (ohne mindestens eine weitere Entität) für das Verantwortungseigentum derzeit nicht geeignet. Eine Stiftung allein wäre heute wenig zweckmäßig als Unternehmen in Verantwortungseigentum.

Stiftungen, die trotz der benannten Unterschiede, aber wegen ihres perpetuierenden Charakters das Potenzial für langfristige, generationsübergreifende Unternehmensführung bieten, wurden in der Vergangenheit deswegen zur Umsetzung von Verantwortungseigentum gebraucht, unter anderem durch *Ernst Abbe*. Zur Gestaltung dienten deswegen Umsetzungsalternativen in Form von Stiftungskonstruktionen, wie die Einzelstiftungslösung und das Doppelstiftungsmodell.

a. Die Einzelstiftungslösung

Diese Konstruktion besteht aus einer Stiftung und einer oder mehreren Kapitalgesellschaften. Die Carl-Zeiss-Stiftung und ihre Stiftungsbetriebe nutzen ebenfalls dieses Modell.[303] Dabei war *Ernst Abbe* auf diesem Gebiet

---

dies bewerkstelligen können, ist fraglich; so *Schlüter/Stolte*, Stiftungsrecht, Kapitel 1: Einleitung, Rn. 50.

301 Nachzulesen unter: Bundesregierung, Drucksache 19/28173, Entwurf eines Gesetzes zur Vereinheitlichung des Stiftungsrechts.

302 Die geplante Vereinheitlichung durch Einführung des Gesetzes 2023 wird am Wesen der Stiftung nichts verändern, was für das Verantwortungseigentum von Relevanz sein könnte: „Durch den Entwurf soll das Stiftungsrecht nicht grundlegend geändert werden, insbesondere die Rechtsform der Stiftung nicht umgestaltet werden. Dem Entwurf liegt dasselbe Verständnis von der Rechtsform der Stiftung zugrunde wie auch den bisherigen §§ 80 ff. BGB und den Landesstiftungsgesetzen." *Bundesregierung*, Stiftungsrecht, S. 29. Interessant ist, dass bereits vor nunmehr 20 Jahren Diskussion über die Gestaltung der Unternehmensträgerstiftungen geführt wurden. Dort soll der „kleinste gemeinsame Nenner" die Unzulässigkeit der Unternehmensselbstzweckstiftungen gewesen sein, denn nach einhelliger Meinung, durften und dürfen die Stiftungszwecke nicht nur einem Unternehmen dienen; *Heuel*, Die Entwicklung der Unternehmensträgerstiftung, S. 177 f.; vgl. zum Entwurf: Bundesregierung, Drucksache 19/28173, Entwurf eines Gesetzes zur Vereinheitlichung des Stiftungsrechts; *Markworth*, NZG 2021, S. 107.

303 Dazu ausführlicher ab Seite 115.

Pionier: 1896 wurde die Carl-Zeiss-Stiftung die erste Unternehmensträgerstiftung Deutschlands.[304]

Eine solche Verbindung aus Unternehmen und Stiftungen kann eine dauerhafte Vermögensbindung und Nachfolgeentscheidung dadurch ermöglichen, dass die Stiftung – wie eine Treuhänderin – Gesellschaftsanteile, z.B. einer GmbH hält und mittels zweier einzuführender Stiftungsgremien kontrolliert.[305]

Eines der Gremien hält einen Teil der Stimmrechte des Unternehmens[306] und übernimmt die Leitung des Unternehmens.[307] Für die Verteilung des Vermögens, die Refinanzierung sowie Spenden ist hingegen das zweite Gremium verantwortlich, welches maßgeblich bei der Stiftung liegt.[308] Stimm- und Gewinnrechte werden dadurch streng voneinander getrennt. Über die Gewinne verfügt mithin primär die Stiftung. Dadurch soll ein Interessenkonflikt der Gremien vermieden und das treuhänderische Verständnis untermauert werden.

Unternehmen in Verantwortungseigentum könnten danach (fast) selbstständig über ihre Stimmrechte verfügen, während das andere Stiftungsgremium über die Gewinne verfügt. Wegen dieser Verbindung aus Stiftung und Unternehmen wird von ‚unternehmensverbundenen Stiftungen' gesprochen.[309]

Dieses Modell der unternehmensverbundenen Stiftung wird wiederum in Beteiligungs- und Unternehmensträgerstiftungen aufgeteilt. In der sogenannten Beteiligungsträgerstiftung ist die Stiftung als juristische Person gem. §§ 80 ff. BGB alleinige- oder Mitgesellschafterin, beispielsweise einer zu betreibenden GmbH. Unternehmen in der Hand von Unternehmensträgerstiftungen werden im Gegensatz dazu allein von Stiftungen als Einzelkauffrau geführt.[310] Im diesem Falle tritt die Stiftung zum Teil als Einzelkauffrau für das

---

304 Die Carl-Zeiss-Stiftung war nicht nur die erste Unternehmensträgerstiftung, sondern hatte bis 1918 singulären Charakter in Deutschland; *Heuel*, Die Entwicklung der Unternehmensträgerstiftung, S. 18 f. Ausführlicher auf Seite 94 f.

305 *Purpose*, Verantwortungseigentum, S. 18.

306 Im Falle der GmbH wären das folglich die Gesellschaftsanteile. Im weiteren Verlauf wird, aus Gründen der Einheitlichkeit und zur Veranschaulichung, die GmbH als Beispiel genutzt.

307 *Fischer/Fischer*, BB 2020; *Purpose*, Verantwortungseigentum, S. 18.

308 *Fischer/Fischer*, BB 2020; *Purpose*, Verantwortungseigentum, S. 18.

309 *Backert*, BeckOK BGB, § 80 BGB, Rn. 17 ff.; *Weitemeyer*, MüKo/BGB, § 80 BGB, Rn. 201 ff.

310 *Backert*, BeckOK BGB, § 80 BGB, Rn. 17 ff.; *Schiffner/Pruns*, BB 2013; Weitemeyer, MüKo/BGB, § 80 BGB, Rn. 201.

Unternehmen auf.[311] Das ist nicht immer rechtlich unproblematisch[312], wie sich auch anhand der Carl-Zeiss-Stiftung gezeigt hat.[313]

Die Gründung einer solchen unternehmensverbundenen Stiftung erfordert sehr konkrete und ausführliche Planung. Die Unbeweglichkeit bezüglich der Stiftungszwecke und Stiftungsaufsicht i.S.d. §§ 80, 81, 85, 87 BGB[314] kann den Zielen des Verantwortungseigentums zuwiderlaufen.

Heute weisen sogenannte Familienstiftungen, die häufig als Einzelstiftungsmodelle gestaltet werden, problematische Parallelen zu den längst verbotenen Familienfideikommissen auf[315]: Sie binden weiterhin generationsübergreifend Vermögen[316] und ermöglichen es, dieses an (primär) genetisch-verwandte Destinatäre auszuschütten. Warum solche Vermögensperpetuierungen zugunsten einzelner Familien zulässig sind, reine Unternehmensstiftungen hingegen für unzulässig erklärt werden, muss hier unbeantwortet bleiben. Vor allem mit Blick auf die Diskussion zum Verantwortungseigentum und Diskussionen zu Selbstzweckstiftungen scheint der Umstand, dass Familienstiftungen alleinig den Zweck verfolgen, eine kleine genetisch-verwandte Gruppe von Menschen zu begünstigen, ungeklärt.

b. Das Doppelstiftungsmodell

Das Doppelstiftungsmodell basiert auf der Kombination zweier Stiftungen mit einem Unternehmen, z.B. einer GmbH. Dabei hält eine (oftmals) gemeinnützige

---

311 Bis 2004 auch bei der Carl-Zeiss-Stiftung; dazu auf Seite 125 und Seite 166 ff.

312 Im Interview mit *Streiter*, Geschäftsführer der Carl-Zeiss-Stiftung, beschrieb dieser, dass solange die Carl-Zeiss-Stiftung als Unternehmensträgerstiftung agierte, jeder Vertrag von Zeiss und Schott mit der Stiftung geschlossen wurde – nicht mit den Unternehmen. Dies sei insbesondere deswegen schwierig gewesen, weil das Rechtssystem immer länger und ausführlicher wird, die eigene Institution (im Falle der Stiftung) aber drohe zu stagnieren. Schließlich sei das Stiftungsrecht aus institutioneller Regulierungsseite etwas „wahnsinnig Unterdefiniertes." Deswegen sei es für die Unternehmen sehr viel sicherer gewesen, sich im Rahmen des Aktienrechts zu bewegen, meint *Streiter*; Seite 192 ff.

313 Seite 115 ff.

314 *Backert*, BeckOK BGB, § 80 BGB, Rn. 17.

315 *Dutta* spricht insoweit von der Funktionsäquivalenz der Institute, worin die Unterschiede beider „mit der Lupe zu suchen" seien; *Dutta*, Warum Erbrecht?, S. 71; zum Teil kritisch auch *Junius-Morawe*, Zur Legitimität der Familienstiftung, S. 222 ff.; zu den Familienfideikommissen Seite 31 ff.

316 Ähnlich *Junius-Morawe*, Zur Legitimität der Familienstiftung, S. 237.

Stiftung den Großteil der stimmrechtslosen Gewinnanteile am Unternehmen. Die zweite Stiftung hält die Stimmanteile ohne oder nur mit geringen Gewinnansprüchen an der Gesellschaft. Diese tritt als Treuhänderin auf.[317] Damit Stiftungen und Unternehmen zu einer Einheit verbunden werden können, müssen die Gesellschaftsanteile auf die Stiftung aufgeteilt werden.[318] Die zweite Stiftung ist neben dem Unternehmen für die Leitung und die Entscheidungen innerhalb des Unternehmens verantwortlich – allerdings ohne dabei einen Anspruch auf Gewinne geltend machen zu können.

Beide Stiftungen halten auf diese Weise die Gesellschaftsanteile des Unternehmens[319], zum Beispiel die Anteile an der GmbH.[320] Aufgabe der gemeinnützigen Stiftung ist die Kontrolle von Zahlungen (z.B. Gehälter, Betriebskosten und Spenden) und die Sicherstellung der Perpetuierung des Unternehmensgewinns zulasten persönlicher Gewinnansprüche.[321] Nicht unerwähnt bleiben sollte die steuerbegünstigende Wirkung einer solchen gemeinnützigen Stiftung i.S.d. § 52 AO.[322]

Gegen die Umsetzung dieser Stiftungsmodelle sprechen allerdings die aufwändige Errichtung, die Strenge der Zwecksetzung und die Kontrolle durch die Stiftungsaufsicht. Dies alles entspricht nicht der Idee, das Verantwortungseigentum leicht und flexibel umzusetzen. Außerdem könnten auch die Stiftungsmodelle gegen das Verbot der Selbstzweckstiftung verstoßen.[323] Durch dieses Verbot wird Unternehmer:innen die Gründung erschwert bis unmöglich gemacht. Das kann durchaus einen Verlust für die Ideen nachhaltiger Unternehmen bedeuten.[324]

---

317 *Purpose,* Verantwortungseigentum, S. 19; *Weitemeyer,* MüKo/BGB, § 80, Rn. 201.

318 *Purpose,* Verantwortungseigentum, S. 19; *Schiffner/Pruns*, BB 2013, S. 2762.

319 Ausführlicher dazu *Van der Auwera*, Die Doppelstiftung, S. 51 ff.

320 Dass Gesellschafter:innen vorliegend kaum bis keine Stimmrechte mehr innehaben, könnte in Hinblick auf die Verbandssouveränität, fragwürdig erscheinen. Laut der „Kernbereichslehre" kann dieses Stimmrecht jedoch unter freiwilliger Mitwirkung der Gesellschafter:innen ausgeschlossen werden. Es ist anzumerken, dass der Stimmrechtsausschluss nur für einen konkreten d.h. bestimmten Bereich im Rahmen des Bestimmtheitserfordernis wirkt und nicht allgemein hinsichtlich aller Gesellschafter:innenrechte; *Van der Auwera*, Die Doppelstiftung, S. 65 ff.

321 *Purpose,* Verantwortungseigentum, S. 19.

322 *Dahlmanns,* RNotZ 2020, S. 427.

323 *Weitemeyer,* MüKo/BGB, § 80, Rn. 203 ff. und Seite 82 ff.

324 Zu einem ähnlichen Ergebnis kommt *Markworth*, NZG 2021, S. 107 f.

c. Zwischenergebnis

Stiftungsmodelle liefern heute verschiedene Möglichkeiten zur Umsetzung des Verantwortungseigentums. Unternehmer:innen können durch die Kombination aus Stiftungen und Unternehmen Verantwortungseigentum konsequent und (fast) ‚auf ewig' innerhalb der Stiftungssatzung festschreiben.

Allerdings sind solche Errichtungen nicht nur aufwendig, sondern auch enorm kostspielig[325]. Nicht zuletzt könnte die Führung und der Bestand von Unternehmen in Verantwortungseigentum in Stiftungshand zur Umgehung der §§ 80 ff. BGB führen und die Anerkennung der Stiftung misslingen.[326] Denn ausschließlich der langfristige Erhalt eines Unternehmens unter Perpetuierung privater Gewinnansprüche und Nachfolgeregelungen genügen den gesetzlichen Anforderungen an den Stiftungszweck noch nicht.

Dementsprechend stellen die Stiftungsmodelle eine Alternative und ein Angebot für das Verantwortungseigentum dar, führen jedoch gleichzeitig zu Problemen hinsichtlich der Umsetzung, der Finanzierung und des Aufwandes.

3. Genossenschaften

Die Idee der Genossenschaft weist vereinzelte Gedanken auf, die auch dem Konzept des Verantwortungseigentums immanent sind.[327] Trotzdem bietet das Genossenschaftsgesetz (GenG) gegenwärtig keine Umsetzungsmöglichkeit für das Verantwortungseigentum.

Die Genossenschaften bilden, wegen der freien Disposition über ihre Satzung, gem. § 16 GenG, derzeit keine Grundlage zur Umsetzung des Verantwortungseigentums. Das Vermögen wäre damit letztlich nicht dauerhaft gebunden[328]

---

325 Die Kosten für Gründungen dieser Art und Weise können auf bis zu 200.000 Euro, teilweise sogar 500.000 Euro, geschätzt werden; *Kempny/Sanders*, NWB 2021, S. 3318; *Sanders*, ZRP 2020, S. 142; *Stiftung Verantwortungseigentum*, Eine Eigentumsform, S. 44, 47 ff.; *Stiftung Verantwortungseigentum*, Verantwortungseigentum-Pressekit, S. 22.

326 Differenzierend jedoch *Planck*, darüber dass eine Stiftungsgründung auch dazu dienen kann, ein Vermögen einem bestimmten Zweck zu widmen, der darin besteht, die Verwaltung und Organisation einer juristischen Person und des Vermögens zu übernehmen. In anderen Fällen soll der Zweck der Stiftung aber darin liegen, einem Krankenhaus oder einem Museum zu dienen; *Planck*, Bürgerliches Gesetzbuch nebst Einführungsgesetz, II. Stiftungen, § 80, S. 145 ff.; *Sanders*, ZRP 2020, S. 142; *Stiftung Verantwortungseigentum*, Eine Eigentumsform, S. 47 ff.

327 Seite 38.

328 *Geibel*, Henssler/Strohn/Gesellschaftsrecht, GenG § 16, Rn. 1 ff.

und die Prinzipien des Verantwortungseigentums in Genossenschaftsform disponibel.

Ein weiterer Punkt, der die Genossenschaft für Verantwortungseigentümer:innen heute weniger geeignet erscheinen lässt, stellt das demokratische Stimmrecht eines jeden Mitgliedes dar.[329] In größeren Gesellschaften im Verantwortungseigentum könnte es durch den Besitz eines Stimmrechts pro Mitglied zu Zerwürfnissen kommen, die im schlimmsten Fall den Gründungsgedanken oder die Vermögensbindung gefährden.[330]

Der Umstand, dass Genossenschaften durch Mitglieder und nicht durch Gesellschafter:innen agieren, stellt im Hinblick auf das Verständnis einer Werte- und Fähigkeitenfamilie zwar einen spannenden Ansatzpunkt für die Umsetzung des Verantwortungseigentums dar, allerdings dienen die Genossenschaften ihrem Zweck nach den Zielen und Belangen der Mitglieder, nicht primär dem Unternehmen.[331]

Dazu besteht weiterhin der gravierende Nachteil, dass die genossenschaftliche Satzung dispositiv ist und dem Ewigkeitsgedanken des Verantwortungseigentums nicht gerecht wird.

4. Aktiengesellschaften

Die Aktiengesellschaft widerspricht der Gesellschaft im Verantwortungseigentum unter anderem deswegen, weil sie gerade die Kapitalsammelfunktion in den Mittelpunkt stellt[332] und die Gewinnerzielung wie auch -verteilung an die Aktionäre gem. §§ 59, 60 AktG forciert.

Zwar könnte dieser Punkt durch die Gestaltung des Gesellschaftsvertrages umgangen werden, allerdings ist auch hier die Satzung gem. §§ 179 ff. AktG dispositiv. Dies widerspricht ebenfalls dem Grundgedanken des Verantwortungseigentums.

5. Personengesellschaften

Die Personengesellschaften eignen sich ebensowenig zur Umsetzung des Verantwortungseigentums. Hier haftet mindestens ein Teil der Gesellschafter:innen

329 *Geibel*, Henssler/Strohn/Gesellschaftsrecht, GenG § 43, Rn. 10; *Stiftung Verantwortungseigentum*, Eine Eigentumsform, S. 46.

330 *Stiftung Verantwortungseigentum*, Eine Eigentumsform, S. 46.

331 *Homeyer/Reiff*, in npoR 2020.

332 *Habersack*, MüKo/AktG, Einleitung, Rn. 5.

den Gläubiger:innen gegenüber unbeschränkt und persönlich mit dem Privatvermögen, § 128 Abs. 1 HGB.[333] Eine persönliche Haftung wird von Verantwortungseigentümer:innen jedoch nicht angestrebt.

Darüber hinaus wollen sich die Unternehmen in Verantwortungseigentum im internationalen Wettbewerb beweisen. Eine persönliche Abhängigkeit der Personengesellschaften von Gesellschafter:innen[334] steht im Widerspruch zur Idee des Verantwortungseigentums, die das Unternehmen in den Vordergrund stellen.

6. Das Veto-Anteil-Modell

Da das Verantwortungseigentum im gegenwärtigen Gesellschaftsrecht fast immer durch die Beschlüsse und Satzungsänderungen der Gesellschafter:innen veränderbar ist, besteht im Ergebnis kein abschließender Schutz der Ideen. Das soll durch das Veto-Anteil-Modell (Auch Veto-Share-Modell) korrigiert werden.

Mit dem sogenannten Veto-Share-Modell werden deswegen 1 % aller Stimmanteile einer Gesellschaft in Verantwortungseigentum an eine zweite ‚fremde' Entität, Gesellschaft, Körperschaft oder Institution vergeben.[335] Der Name des Veto-Anteil-Modells leitet sich vom Vetorecht ab. Dabei meint ein solches Veto hier ein Einspruchsrecht im Sinne eines Stimmrechtes am Unternehmen.

Wie bei den Stiftungsmodellen kommt es auch hier zur Aufteilung der Anteile an der Gesellschaft in Verantwortungseigentum. Im Unterschied zu den Stiftungsmodellen beteiligt sich dabei allerdings eine unternehmensfremde Entität: Zur Umsetzung muss ein Unternehmen, beispielsweise die GmbH, im Gesellschaftsvertrag ihre Stimm- und Gewinnrechte i.S.d. §§ 2, 3 GmbHG voneinander trennen.[336]

In einem weiteren Schritt wird die Änderungsbefugnis hinsichtlich der Vermögensbindung und Nachfolgeregelung unter die 100%ige Zustimmung aller Gesellschafter:innen gestellt. So wird die Veränderbarkeit verhindert. Mit diesem 1% der Stimmrechte kann die begünstigte Gesellschaft im Falle der

333 Ausgenommen sind die Kommanditist:innen i.S.d. §§ 161 Abs. 1, 171 Abs. 1 HGB; *Grunewald,* MüKo/HGB, § 161, Rn. 2; *Schmidt,* MüKo/HGB, § 128, Rn. 1.

334 *Schmidt,* Gesellschaftsrecht, § 3 I, S. 34.

335 Erstmals auch in *Fleischer,* MüKo/GmbHG, § 1, Rn. 35; *Purpose,* Verantwortungseigentum, S. 17; *Sanders,* ZRP 2020, S. 142; *Stiftung Verantwortungseigentum,* Eine Eigentumsform, S. 15.

336 *Purpose,* Verantwortungseigentum, S. 17; *Stiftung Verantwortungseigentum,* Eine Eigentumsform, S. 15.

Satzungsänderung des Verantwortungseigentums ein Veto einlegen und die Veränderung verhindern.[337] Die fremde Institution, die Inhaberin des Vetorechts ist, muss sich innerhalb der eigenen Satzung zur neutralen und verantwortungsvollen Verfolgung der Ziele des Verantwortungseigentums verpflichten.[338]

Purpose Economy, Förderin des Verantwortungseigentums[339], hat die Wahrnehmung und Sicherung des Vetorechts zum eigenen Geschäftsmodell gemacht. Für ihre Dienstleistungen, z.B. die Wahrnehmung und Aufrechterhaltung des Veto-Rechts, werden sie von den zu betreuenden Unternehmen in Verantwortungseigentum beauftragt.

Das Modell stellt damit bereits jetzt eine Übergangslösung zur Umsetzung von Verantwortungseigentum dar. Es stellt sich dennoch die Frage, wie die Zukunft dieser Unternehmen in Verantwortungseigentum aussieht, sollten die Inhaber:innen des Veto-Rechts einen eigenen Generationswechsel vollziehen oder insolvent werden[340]: Das treuhänderische Verständnis und die Wahrnehmung ihrer Aufgaben könnte schwinden.

Letztlich handelt es sich also auch hier um eine Hilfskonstruktion welche keine finale Lösung darzustellen vermag.[341]

7. Ausländische Rechtsformen

Weitere Rechtsformen zur Umsetzung des Verantwortungseigentums im internationalen Recht sind die Benefit Corporation (USA), die Société à Mission (FRA), die Community Interest Company (UK) und die Industrial Foundations (DEN).[342] Diese haben gemeinsam, dass sie ein Gemeinwohl- oder Nachhaltigkeitserfordernis erfüllen müssen.[343]

Ausländische Rechtsformen sind gem. Art. 4 EGBGB auch innerhalb Deutschlands anwendbar.[344] Eine solche Nutzung erfordert allerdings auch eine

---

337 Ebd.

338 *Purpose,* Verantwortungseigentum, S. 17; *Sanders*, ZRP 2020, S. 142; *Stiftung Verantwortungseigentum*, Eine Eigentumsform, S. 15.

339 Erklärend Fn. 57.

340 Ähnlich *Sanders*, in ZRP 2020, S. 142; *Sanders,* NZG 2021, S. 1575.

341 Vgl. *Sanders*, ZRP 2020, S. 142.

342 Ausführlicher werden die ausländischen Rechtsmodelle dargestellt von *Fleischer*, in ZIP 2022, S. 351 ff. Jünst beschäftigte sich auch *Schirmer* mit diesen in *Schirmer,* ZEuP 2023, S. 326 ff.

343 *Fleischer*, ZIP 2022, S. 353; *Herchen*, ZGR 2022, S. 668 f.

344 *Stürner,* Erman II, Art. 4 EGBGB, Rn. 1, 4; *Hein*, MüKo/EGBGB, Art. 4, Rn. 2 ff.

fortschreitende Komplexität der Verwendung und Rechtsberatung aufgrund ihrer internationalen Ausrichtung. Der Blick über die nationalen Grenzen empfiehlt sich aber trotzdem, da dort bereits Modelle und Rechtsformen bestehen, die den Ideen des Verantwortungseigentums (oder dem treuhänderischen Eigentum) immer näherzukommen scheinen.

8. Fazit

Die Umsetzung von Verantwortungseigentum im deutschen Recht ist trotz gewisser Herausforderungen möglich. Das Stiftungsrecht, das Potentiale zur Umsetzung bietet, stellt das Konzept des Verantwortungseigentums heute allerdings vor Schwierigkeiten, die eine solche Umsetzung wenig sinnhaft erscheinen lassen. Dort stößt die Idee auf immergleiche Probleme und Einschränkungen, etwa wegen des Grundsatzes der Verbandssouveränität[345], der strengen Stiftungszwecke oder der Errichtungshürden.[346]

Teilweise verstößt der Versuch einer solchen Umsetzung von Verantwortungseigentum gegen gesellschaftsrechtliche Prinzipien und mithin das geltende Recht.[347]

Im Hinblick auf weitere Gesellschaftsformen und -modelle stimmen diese zwar zum Teil mit den Prinzipien des Verantwortungseigentums überein, allerdings sind deren Satzungen stets dispositiv. Damit widersprechen sie dem Ewigkeitsversprechen von Vermögensbindung und Nachfolgeorientierung und dem angestrebten langfristigen Erhalt des Unternehmens unter den Voraussetzungen des Verantwortungseigentums.

Schenkt man den Stimmen der Kritiker:innen[348] Glauben, kann schnell der Eindruck gewonnen werden, dass ein Bedarf zur Einführung einer neuen Rechtsform trotzdem nicht besteht.[349] Betrachtet man aber die bestehenden

---

345 Dieser besagt, dass eine Beschränkung der Selbstbestimmung der Mitglieder soweit, dass diese nicht mehr zur Willensbildung und -betätigung über die Gesellschaft in der Lage sind, sei es durch starre Satzungsregelungen oder Beteiligungen Dritter, zur Selbstentmachtung führt und damit unzulässig ist; *Enzinger,* MüKo/HGB, § 109, Rn. 15 ff.; *Liebscher,* MüKo/GmbHG, § 45, Rn. 41; *Homeyer/Reiff,* npoR 2020; ausführlicher auf Seite 87.

346 *Homeyer/Reiff,* npoR 2020, S. 227 f.

347 Vgl. auch *Homeyer/Reiff,* npoR 2020, S. 227 f.

348 Ausführlicher auf Seite 53.

349 Unter anderem *Arnold/Burgard/Roth,* NZG 2020, Rn. 1321; *Habersack/Horváth/Kirchdörfer,* FAZ 2021.

Gesellschaftsformen allerdings als das, was sie mit Blick auf die Idee des Verantwortungseigentums oftmals sind: kompliziert und kostspielig[350], die dem Zeitgeist junger Unternehmen, wie Start-Ups nicht entsprechen und deren Umsetzung gegen geltendes Recht verstößt, so führt das unweigerlich zu dem Zwischenergebnis, dass es gesellschaftsrechtliche Alternativen braucht: Die bestehenden Gesellschaftsformen und ihre Modelle stellen keine endgültigen Lösungen zur Umsetzung von Verantwortungseigentums dar.

III. Verantwortungseigentum *de lege ferenda*

1. Einführung

Die Förder:innen des Verantwortungseigentums sehen sich mit den unzureichenden Umsetzungsalternativen bereits seit einigen Jahren konfrontiert. Deswegen erarbeitete eine kleine Arbeitsgemeinschaft im Jahr 2018 einen ersten Entwurf für das Verantwortungseigentum.[351] Eine Einbettung in das GmbHG sah der Entwurf noch nicht vor. Auch anderen Regelungen, wie solche zum Zweck der Gesellschaft, wiesen Unterschiede zu den aktuellen Entwürfen zum Verantwortungseigentum auf. Die Grundelemente des Verantwortungseigentums waren im Entwurf jedoch bereits vorhanden, so heißt es z.B. in § 14:

> „Über die Gewinnverwendung der Gesellschaft beschließt die Gesellschafterversammlung. Der Gewinn dient der Gesellschaft. Eine Ausschüttung kann nur zu gemeinnützigen Zwecken erfolgen. Eine Ausschüttung an die Gesellschafter erfolgt nicht."[352]

Zwei Jahre später, im Jahr 2020, veröffentlichte eine Arbeitsgemeinschaft aus renommierten (Rechts-)Wissenschaftler:innen einen Gesetzesentwurf mit dem Titel: Das Gesetz für die Gesellschaft mit beschränkter Haftung in Verantwortungseigentum.[353] Dieser Gesetzesentwurf wurde im Jahr 2021 überarbeitet und durch den Entwurf eines Gesetzes für die Gesellschaft mit beschränkter Haftung mit gebundenem Vermögen ersetzt.

Dieser aktuelle Gesetzesentwurf zum Verantwortungseigentum steht nun im Fokus der Betrachtung und soll einen tieferen Einblick in mögliche Regelungen

---

350 Fn. 326.

351 *Steuernagel/Wagner/Böhm*, Unternehmenseigentum im 21. Jahrhundert, S. 13 ff.

352 Auch der Ausschluss des Erbrechts wurde hier bereits mitbedacht. Gemäß § 15 waren die Gesellschaftsrechte nicht vererblich; *Steuernagel/Wagner/Böhm*, Unternehmenseigentum im 21. Jahrhundert, S. 13 ff.

353 *Sanders*, Entwurf eines Gesetzes für die Gesellschaft in Verantwortungseigentum.

zum Verantwortungseigentum geben. Gemeinsam mit den obigen Ausführungen zum Verantwortungseigentums soll der Gesetzesentwurf ein weiterer Ausgangspunkt zur rechtlichen Überprüfung mit dem Stiftungsstatut der Carl-Zeiss-Stiftung von 1896 sein.

2. Der Gesetzesentwurf der GmbH-gebV als Beispiel

Förder:innen des Verantwortungseigentums fordern die Umsetzung der neuen Gesellschaftsrechtsform additiv zum *Numerus Clausus* (Kurz: NC) der bestehenden Gesellschaftsformen. Das neue Gesetz soll dabei weder etwas Bestehendes ersetzen noch überflüssig machen. Die Einarbeitung des Verantwortungseigentums ins deutsche Recht soll eine Umsetzung lediglich unkompliziert möglich machen.[354]

Der aktuelle Gesetzesentwurf wurde 2021 veröffentlicht und berücksichtigt die eingegangene Kritik und Verbesserungsvorschläge von Unterstützer:innen und Kritiker:innen.[355] Außerdem wurde das geforderte Gesetz umbenannt, weg von „Gesellschaft im Verantwortungseigentum", hin zu „Gesellschaft mit gebundenem Vermögen".[356] Damit sollten auch Missverständnisse bezüglich des Begriffes „Verantwortung" vermieden werden, hieß es von den Verfasser:innen.[357]

a. Einbindung in das GmbHG

Die Verfasser:innen der neuen Rechtsform sehen derzeit eine Einbindung der Gesellschaft mit gebundenem Vermögen (GmbH-gebV) im GmbHG vor.[358] Die

354 Vgl. auch *Sanders u.a.*, GmbH-gebV Gesetzesentwurf, S. 11.

355 *Sanders u.a.*, GmbH-gebV Gesetzesentwurf, S. 5 ff.

356 *Sanders u.a.*, Gesellschaft mit beschränkter Haftung in Verantwortungseigentum; *Sanders u.a.*, GmbH-gebV Gesetzesentwurf, S. 7, 11 f.

357 *Sanders u.a.*, GmbH-gebV Gesetzesentwurf, S. 11; Die Änderung wurde in der Öffentlichkeit positiv aufgenommen. Positiv dazu äußerten sich *Friedrich Merz* (CDU) und *Christian Lindner* (FDP) am 05. Mai 2021 auf der Veranstaltung der Stiftung Verantwortungseigentum mit dem Titel „#neuerechtsform". Wie *Lindner* feststellte, nahm diese Änderung des Namens der Diskussion einen Teil ihrer Sprengkraft. Eine kurze Beurteilung in *Sanders u.a.*, GmbH-gebV Gesetzesentwurf, S. 7.

358 Anders noch erster Entwurf eines „Gesetzes über die Einführung einer neuen Unternehmensform", welcher eine Durchsetzung dessen mittels einer neuen Rechtsform und eigenen Gesetzes vorsah; *Steuernagel/Wagner/Böhm*, Unternehmenseigentum im 21. Jahrhundert, S. 12 ff.; *Sanders u.a.*, GmbH-gebV Gesetzesentwurf, S. 21.

Einführung eines Gesetzes für das Verantwortungseigentum im GmbHG ist dabei weder abschließend noch final, sondern gilt als Umsetzungsvariante.[359]

Regelungen betreffend die Gesellschaft mit gebundenem Vermögen sollen als ein neuer Abschnitt 6 mit dem Titel ‚Gesellschaft mit beschränkter Haftung mit gebundenem Vermögen' vor den Ordnungs-, Straf- und Bußgeldvorschriften des GmbHG eingefügt werden.[360]

Der Grund für das Einfügen in das GmbHG sei die zivilrechtliche Verweisungstechnik. Dadurch könnte auf die Vorschriften zu der beliebten[361] und flexiblen GmbH zurückgegriffen werden. Des Weiteren würde die GmbH-gebV so zum Teil auf die Rechtspraxis der GmbH zurückgreifen können.[362]

Strittig sind hierbei die (unions)rechtlichen Regelungen und Richtlinien. Insbesondere mit Blick auf Niederlassungsfreiheit der AEUV i.S.d. Art. 49, 54 AEUV ist die Einführung teilweise umstritten.[363]

Eine Entwicklung, die im jüngsten Zeitraum für Veränderungen sorgte, ist dabei nicht nur die Anpassung des Namens durch die Initiator:innen, sondern auch die Überlegung, die potenzielle Rechtsform nicht mehr innerhalb des GmbHG umzusetzen. *Steuernagel,* Vertreter der Stiftung Verantwortungseigentum und Purpose economy sowie weitere Förder:innen meinen, dass eine eigene Rechtsform gefunden werden sollte.[364]

---

359 Auch die Stiftung Verantwortungseigentum scheint jüngst Abstand von der Einbindung in das GmbHG zu nehmen und weiteren Umsetzungsvarianten gegenüber offen zu sein. In ihrem zuletzt veröffentlichten Eckpunktepapier liegt der Fokus nicht mehr auf dem GmbHG; *Stiftung VE,* Eckpunktepapier GmgV.

360 *Sanders u.a.*, GmbH-gebV Gesetzesentwurf, S. 29.

361 In Deutschland gab es 2016 insgesamt 1.186.598 GmbHs. Die GmbH stellt die beliebteste Rechtsform für Unternehmen dar, wenn man sich an den Eintragungen des Handelsregisters orientiert; *Kornblum*, GmbHR 2016, S. 692; so auch die Referent:innen vorliegenden Gesetzesentwurfes; *Sanders u.a.*, GmbH-gebV Gesetzesentwurf, S. 21.

362 *Sanders u.a.*, GmbH-gebV Gesetzesentwurf, S. 21.

363 Da dies vorliegend nicht Schwerpunkt der Arbeit ist, wird auf folgende Auseinandersetzung zum Unionsrecht verwiesen: *Engel/Haubner*, in DStR 2022, S. 844 ff.; *Möslein/Sanders*, JZ 2022, S. 923 ff.

364 Neben *Steuernagel,* am 06. September 2022 auf der VE:22 Konferenz, äußerte sich auch *Wagner* im Interview offen gegenüber anderen Rechtsgestaltungen. Des Weiteren äußerten sich jüngst Vertreter:innen der Stiftung Verantwortungseigentum zur Einordnung der Gesellschaft mit gebundenem Vermögen in das GmbHG: „Auch [*diese*] ist nicht final; unter Berücksichtigung des fortgeschrittenen wissenschaftlichen und politischen Diskurses und der unternehmerischen Realität können natürlich auch hier noch Ergänzungen und Veränderungen hilfreich sein. Mögliche Richtungen der Weiterentwicklung sind bereits in den Kommentaren zum vorliegenden Gesetzesentwurf

Der Entwurf zur GmbH-gebV muss hier noch als Umsetzungsbeispiel und Reformvorschlag dienen.

b. *Gesellschafter:innen*

Der Kreis der Gesellschafter:innen soll im Verantwortungseigentum beschränkt werden. Gemäß § 77a Abs. 2 GmbH-gebV könnten Gesellschafter:innen einer GmbH-gebV nur:

> „Eine natürliche Person, eine andere Gesellschaft mit gebundenem Vermögen oder ein Rechtsträger mit in gleicher Weise gesetzlich dauerhaft gebundenem Vermögen sein.“

Durch die Formulierung „in gleicher Weise“ sollen entsprechende ausländische Rechtsformen nicht ausgeschlossen werden.[365]

Andere Kapitalgesellschaften oder Institutionen, die nicht über eine Vermögensbindung verfügen, könnten danach auch nicht zu Gesellschafter:innen des Unternehmens werden. Eine solche Normierung wäre grundsätzlich – auch unabhängig dieses Reformvorschlags – konsequent und richtig.

c. *Übertragung und Vererbung von Gesellschaftsanteilen*

Die Übertragung und Vererbung der Geschäftsanteile[366] ist nach dem Entwurf in § 77c GmbH-gebV geregelt. Entsprechend der Idee des Verantwortungseigentums ist es das Ziel der Unternehmen, dass die Gesellschaft stets von Gesellschafter:innen getragen wird, die hinter der Idee des Unternehmens und dessen Werten stehen: Der Werte- und Fähigkeitenfamilie.[367]

Deswegen können unter Zustimmung aller Gesellschafter:innen auch neue Gesellschafter:innen[368] in die Gesellschaft aufgenommen werden, gem. § 77c Abs. 2 GmbH-gebV - ohne diese Zustimmung soll eine Aufnahme jedoch nicht

---

angedeutet, wie zum Beispiel die Umsetzung der Gmbh-gebV als eigene Rechtsform, nicht als GmbH-Variante, um etwa mehr Freiraum für eine weitergehende Gestaltung der Aufsichtsinstanz zu gewinnen.“ *Stiftung Verantwortungseigentum*, Stellungnahme 2022, S. 6. Zu diesem Ergebnis kommt auch *Reiff*, NZG 2023, S. 770 ff.

365 So *Sanders u.a.*, GmbH-gebV Gesetzesentwurf, S. 42. Auf eine unionsrechtliche Einordnung kann hier aufgrund des Schwerpunkts dieser Arbeit nicht eingegangen werden.

366 Ausführlich zur Rechtslage der GmbH-gebV im Erb- und Familienrecht *Sanders/Bühring*, GmbHR 2022, S. 889 ff.

367 *Sanders u.a.*, GmbH-gebV Gesetzesentwurf, S. 50.

368 Insoweit sie die Voraussetzungen des § 77a Abs. 2 GmbH-gebV erfüllen.

möglich sein. Der Gesellschaftsanteil geht nach Zustimmung und Zahlung eines angemessenen Betrages auf die neuen Gesellschafter:innen über.[369]

Kommt es zum Erbfall, sind die Gesellschafter:innen verpflichtet, über den Eintritt von Erb:innen in die Gesellschaft abzustimmen, gem. §§ 77c Abs. 4 S. 2 GmbH-gebV. Sie sind hingegen nicht verpflichtet Erb:innen als Gesellschafter:innen in das Unternehmen aufnehmen.

Folgerichtig wird die ‚automatische' Vererbung der Geschäftsanteile an einer GmbH i.S.v. § 15 Abs. 1 GmbHG durch § 77c Abs. 1 GmbH-gebV ausgeschlossen. In § 77c Abs. 4 GmbH-gebV heißt es:

> „Geschäftsanteile sind vererblich. Die Gesellschafter beschließen innerhalb von sechs Monaten nach Kenntnis vom Erbfall, ob sie dem Eintritt des Erben zustimmen. Wird die Zustimmung innerhalb der Frist des Satzes 2 verweigert oder nicht erteilt, fallen die Geschäftsanteile der Gesellschaft mit der Verweigerung der Zustimmung bzw. mit Ablauf der Frist der Gesellschaft zu. Im Fall des Satzes 3 steht dem Erben ein Anspruch auf Erstattung der Einlage gemäß § 77k gegen die Gesellschaft zu."

Geschäftsanteile an der Gesellschaft sind mithin, unter der Voraussetzung der Zustimmung aller Gesellschafter:innen, vererbbar. Sofern eine Zustimmung zur Aufnahme als Gesellschafter:in nicht erfolgt, besteht nur ein Anspruch auf Auszahlung der Einlage, i.S.d. §§ 77c Abs. 4 S. 4, 77k GmbH-gebV.

Solche Regelungen gegen das Eindringen unerwünschter Gesellschafter:innen können im Recht der Gesellschaften bereits durch Satzung getroffen werden.[370] Allerdings sind diese Regelungen weiterhin disponibel. Im Ergebnis erfüllen sie damit nicht das Ewigkeitsversprechen des Verantwortungseigentums.[371]

Gemeinsam mit der Begrenzung der Gesellschafter:innen, entsteht durch die Normierungen zur Erbschaft, die sogenannte Werte- und Fähigkeitenfamilie, die vom bestehenden Kreis der Gesellschafter:innen ausgesucht und durch diesen begrenzt wird.

d. Gesellschaftszweck

Der Zweck von Unternehmen in Verantwortungseigentum ist bereits mehrfach kritisiert worden.[372] Nach dem derzeitigen Entwurf soll die Gesellschaft mit

---

369 Im Sinne von § 77c Abs. 3 GmbH-gebV.

370 *Fleischer,* MüKo/GmbHG, Einleitung, Rn. 38, 40; *Ivo,* ZEV 2006, S. 254 ff.; *Sanders u.a.*, GmbH-gebV Gesetzesentwurf, S. 59.

371 Dazu ab Seite 63 bereits ausführlicher.

372 Eine ausführliche Darstellung der Kritik ab Seite 53.

gebundenem Vermögen gem. § 77a Abs. 1 S. 2 GmbH-gebV einen erwerbswirtschaftlichen oder gemeinnützigen Zweck verfolgen.

Ein gemeinnütziger Zweck liegt bei Verfolgung der in §§ 52 – 54 AO benannten Zwecke vor, namentlich wenn die Tätigkeit darauf gerichtet ist, die Allgemeinheit auf materiellem, geistigem oder sittlichem Gebiet selbstlos zu fördern.[373] Erwerbswirtschaftliche Zwecke liegen dann vor, wenn der Gewerbebetrieb der dauerhaften Gewinnerzielung dient.[374] Für Unternehmen in Verantwortungseigentum würde diese ‚dauerhafte Gewinnerzielung' folgerichtig nur hinsichtlich der unternehmerischen Seite und nicht zugunsten einzelner Gesellschafter:innen gelten.

Während in früheren Entwürfen zum Verantwortungseigentum der Eindruck entstanden sein könnte, dass Unternehmen in Verantwortungseigentum besonders gemeinnützig, sozial oder nachhaltig sind[375], hieß es von den Vertreter:innen nunmehr[376]:

> „Eine Verpflichtung auf einen besonders gemeinwohlförderlichen Zweck, den die Gesellschafter mit dem von der Gesellschaft gehaltenen Unternehmen fördern wollen, ist im Gesetzesentwurf nicht vorgesehen. Vielmehr ist es den Gesellschaftern überlassen, in den Grenzen des allgemeinen Rechts einen von ihnen gewählten Zweck und Unternehmensgegenstand mit dem Unternehmen zu verfolgen. Dabei ist es – wie auch bei anderen Gesellschaften – durchaus möglich, besonders nachhaltige und gemeinwohlfördernde Zwecke zu verfolgen. Eine entsprechende Definition im Sinne eines ‚Gemeinnützigkeitsrechts-Light' ist aber nicht beabsichtigt und würde zu schwierigen Abgrenzungsfragen führen."[377]

Laut dem Gesetzesentwurf soll die GmbH-gebV nur einen gemeinnützigen- oder erwerbswirtschaftlichen Zweck verfolgen, damit die Gesellschaft nicht als reine Vorratsgesellschaft, das heißt zur bloßen Verwaltung von Vermögen, benutzt wird.[378]

373 Vgl. § 52 Abs. 1 S. 2 AO.

374 *Schäfer*, Henssler/Strohn/Gesellschaftsrecht, § 1 GmbHG, Rn. 10.

375 Anders: *Wagner* meint im Interview, dass ein gemeinnütziger oder nachhaltiger Zweck nie geplant war. Nachzulesen auf Seite 194 f. Dazu äußerte sich jüngst auch die Stiftung Verantwortungseigentum und sprach gegen eine Zweckverengung aus; *Stiftung VE*, Eckpunktepapier GmgV, S. 7 f.

376 Vgl. *Sanders u.a.*, GmbH-gebV Gesetzesentwurf, S. 39 ff.; *Steuernagel/Wagner/Böhm*, Unternehmenseigentum im 21. Jahrhundert, S. 15 f.

377 *Sanders u.a.*, GmbH-gebV Gesetzesentwurf, S. 41.

378 Ebd. S. 40.

Eine normative Ausweitung des Zweckgedankens zugunsten besonders sozialer oder nachhaltiger Unternehmen fand im Gesetzesentwurf bisher keinen Widerhall. In dem benannten ersten Entwurf 2018 hieß es hingegen noch:

> „In Verwirklichung des Auftrags aus Artikel 14 Absatz 2 Grundgesetz, wonach Eigentum verpflichtet und sein Gebrauch zugleich dem Wohle der Allgemeinheit dienen soll, ermöglicht die Gesellschaft unternehmerische Tätigkeit jeder gesetzlich zulässigen Art, indem sie individuelle Freiheit und soziale Verantwortung verbindet."[379]

In der Erläuterung zu § 1 heißt es weiter:

> „Mit dem Verweis auf Art. 14 Abs. 2 GG wird deutlich, dass es um eine Rechtsform geht, die im Gegensatz zu den herkömmlichen Personen- und Kapitalgesellschaftsformen auch und gerade die Allgemeinwohlbezogenheit des Eigentums in den Mittelpunkt stellt."[380]

Auch wenn die Regelung recht offen gestaltet war, unterscheidet sie sich deutlich von den Zielen und Vorschlägen gegenwärtiger Forderungen. Die Formulierung des § 1 sollte allerdings niemals eine Verengung des Zwecks auf das Gemeinwohl oder bestimmte soziale Zwecke gemeint haben, sagt *Wagner* im Interview. Er und die Stiftung Verantwortungseigentum sprechen sich gegen eine Verengung der Zwecke aus.[381]

Die Zwecke der Unternehmen sind des Weiteren frei veränderbar. Im Gegensatz zu Stiftungen sollen sie nicht der Ewigkeitsnormierung unterliegen. Anders als Stiftungszwecke, welche nur unter sehr hohen Anforderungen oder gar nicht veränderbar sind[382], könnte der Gesellschaftszweck danach stets verändert werden. Die Zwecke des Unternehmens, der sogenannte Purpose, sind damit grundsätzlich entwicklungsoffen[383] und relativ leicht umwandelbar: Bei wirtschaftlichem Erfolg möglicherweise auch zugunsten gemeinnütziger, nachhaltiger und sozialer Zwecke.

e. *Die dauerhafte Vermögensbindung*

Die dauerhafte Vermögensbindung stellt das Kernstück des Verantwortungseigentums dar. Der Entwurf beinhaltet mehrere Regelungen, welche die Vermögensbindung zum einen herstellen[384] und zum anderen absichern sollen[385].

---

379 *Steuernagel/Wagner/Böhm*, Unternehmenseigentum im 21. Jahrhundert, S. 13 ff.
380 *Steuernagel/Wagner/Böhm*, Unternehmenseigentum im 21. Jahrhundert, S. 15.
381 *Stiftung VE*, Eckpunktepapier GmgV, S. 7 f.; Das Interview ab Seite 195.
382 An diese Herausforderung stieß auch die Carl-Zeiss-Stiftung; Seite 166 ff.
383 *Sanders* in NZG 2021, S. 1577.
384 *Sanders u.a.*, GmbH-gebV Gesetzesentwurf, § 77 b GmbH-gebV.
385 *Sanders u.a.*, GmbH-gebV Gesetzesentwurf, §§ 77c, f, g, j.

Grundsätzlich können Unternehmen in Verantwortungseigentum durchaus Gewinne akquirieren, um wirtschaftlich rentabel zu sein. Die Vermögensbindung begrenzt dabei nur Ausschüttungen an einzelne Gesellschafter:innen.

Vermögensbindung im Zusammenhang mit der GmbH-gebV meint folglich, dass Gesellschafter:innen der GmbH-gebV zwar Stimm- und Teilhaberechte, aber keine Ansprüche auf Gewinnausschüttung und Liquidationserlös erhalten[386] (Sinnprinzip[387]). Die Vermögensbindung im Rahmen einer GmbH-gebV würde damit zum unveränderlichen Alleinstellungsmerkmal werden.[388]

Nach § 77b Abs. 1 S. 1 GmbH-gebV soll eine solche Festlegung der Vermögensbindung zum Zeitpunkt der Gesellschaftsgründung oder durch notariellen Beschluss aller Gesellschafter:innen im Nachhinein erfolgen. In § 77b Abs. 1 S. 2 GmbH-gebV wird geregelt, dass diese Vermögensbindung weder aufgehoben noch verändert werden kann. Die Festlegung der Veränderungssperre erfordert die Beteiligung aller Gesellschafter:innen, § 77b Abs. 1 S. 1 GmbH-gebV.

Diese Unveränderlichkeit der Vermögensbindung führe, so kritische Stimmen[389], allerdings zur Selbstentmachtung und verstieße gegen das Prinzip der Verbandsautonomie.[390]

(1) Sicherstellung der Vermögensbindung

Die dargestellte Vermögensbindung der Gesellschaft kann nur gewährleistet werden, wenn die Gesellschaft sowie die Gesellschafter:innen Kontrollmechanismen und Prüfungen unterliegen. Dazu gehören z.B. die Kontrollen der Ergebnisverwendung, von Ausschüttungen der Jahresüberschüsse sowie der Auszahlungen von Gehältern.[391]

Dazu regelt der Entwurf die Ergebnisverwendung der Jahresüberschüsse unter anderem in § 77f Abs. 2 GmbH-gebV:

386 *Sanders u.a.*, GmbH-gebV Gesetzesentwurf, S. 12.

387 Eingehend auf Seite 59.

388 Innerhalb des GmbHG ist eine solche dauerhafte Vermögensbindung durch Satzungsbeschluss zwar grundsätzlich möglich, unterliegt aber der Satzungsautonomie der Gesellschafter:innen und ist folglich dispositiv; dazu bereits auf Seite 63.

389 Kritik ab Seite 53.

390 *Arnold/Burgard/Roth*, Im Blickpunkt 2020, S. 69; *Arnold/Burgard/Roth*, NZG 2020, Rn. 1324.

391 §§ 77e, 77f, 77g GmbH-gebV regeln dies. § 77e Abs. 1 GmbH-gebV schließt dabei eine Versteigerung oder den Verkauf des Geschäftsanteils i.S.v. § 27 Abs. 2, 3 GmbHG aus; *Sanders u.a.*, GmbH-gebV Gesetzesentwurf, S. 64 f.

> „Die Gesellschafter haben keinen Anspruch im Sinne des § 29 Abs. 1. Der Jahresüberschuss steht nicht den Gesellschaftern, sondern der Gesellschaft zu. Abweichende Regelungen im Gesellschaftsvertrag sind unwirksam."

Gewinne, die bei einer ‚normalen' GmbH in Form von Jahresüberschüssen ausgeschüttet werden würden, verbleiben hier erst einmal im Unternehmen. Die Zwecke sind individuell gestaltbar und freie Entscheidung der Verantwortungseigentümer:innen.[392]

Von der Perpetuierung des Vermögens nicht erfasst sind die Vergütungen der Gesellschafter:innen, vgl. § 77g Abs. 2 S. 3 GmbH-gebV. Sie sollen leistungsgerecht und fair gezahlt werden. Eine Erhöhung der Vergütung oder Auszahlung der Gehälter könnten dabei allerdings zu Problemen und Umgehungen führen. Gem. § 77g Abs. 2 GmbH-gebV heißt es deswegen:

> „Das Vermögen der Gesellschaft darf an die Gesellschafter nicht ausgezahlt werden. Satz 1 gilt nicht bei Leistungen, die durch einen vollwertigen Gegenleistungs- oder Rückgewähranspruch gegen den Gesellschafter gedeckt sind. Eine Vergütung, die Gesellschafter für ihre Dienste für die Gesellschaft vereinbaren, darf nicht unangemessen hoch sein."

Die Vergütung soll sich an den Regelungen zur angemessenen Vergütung der Vorstandsmitglieder i.S.d. § 87 Abs. 1 AktG orientieren.[393] § 87 AktG richtet sich nach der konkreten Aufgabe, den Leistungen, der Lage der Gesellschaft und deren Üblichkeit.[394] Marktübliche Vergütungen sollen dabei ein Indiz für die Angemessenheit der Gehälter darstellen.[395] Hohe Gehälter, die besondere Aufgaben und Kompetenzen berücksichtigen, sind danach durchaus möglich und können den Arbeitnehmer:innen zugutekommen.[396] Weitere Regelungen dazu finden sich in § 77i GmbH-gebV.

Wie bei der GmbH stellt sich allerdings auch hier die Frage nach verdeckten Ausschüttungen. Dabei würde die Einbindung in das GmbHG den Vorteil bieten, dass auf bereits entwickelte Grundsätze und die Rechtsprechung zurückgegriffen werden kann.[397] Die Praxis wird zeigen müssen, wie auf solche Entwicklungen zu reagieren ist. Ideen zur Umsetzung solcher Gehalts-Begrenzungen hatte bereits *Ernst Abbe* und regelte diese im Stiftungsstatut der Carl-Zeiss-Stiftung von 1896.[398]

---

392 Ebd. S. 66 und aus Gesprächen mit Vertreter:innen.

393 *Sanders u.a.*, GmbH-gebV Gesetzesentwurf, S. 69.

394 *Sanders u.a.*, GmbH-gebV Gesetzesentwurf, S. 69; *Schwennicke,* Grigoleit/AktG, § 87, Rn. 6.

395 *Sanders u.a.*, GmbH-gebV Gesetzesentwurf, S. 69.

396 Ebd., S. 69 f.

397 Ebd.

398 Ausführlicher dazu ab Seite 137 ff.

In Bezug auf Beherrschungs- oder Gewinnabführungsverträge sind Regelungen in § 77i Abs. 1 GmbH-gebV zu finden. Der Abschluss von Beherrschungs- und Gewinnabführungsverträgen gem. § 291 AktG sowie der Abschluss weiterer, vergleichbarer Verträge i.S.v. § 292 AktG soll ausgeschlossen sein.[399] Alle diese Ausschlüsse und Regelungen sollen dem Erhalt der Vermögensbindung dienen und Umgehungen durch Gesellschafter:innen verhindern.[400]

Im Ergebnis stellen die Regelungen zwar Ansätze für die Kontrolle von Verantwortungseigentum dar, allerdings scheint es so, als seien auch diese Ideen noch entwicklungsoffen.

(2) Kontrollmechanismen der Vermögensbindung

Die Einhaltung der Vermögensbindung soll nicht Selbstzweck sein. Verfasser:innen haben dazu bereits konkrete Lösungsvorschläge unterbreitet. Wie das Konzept des Verantwortungseigentums einzuhalten und zu kontrollieren ist, ist jedoch nicht endgültig geklärt.

Gemäß des Gesetzesentwurfes, § 77j Abs. 1 GmbH-gebV, sind die Geschäftsführer:innen der Unternehmen verpflichtet, den Gesellschafter:innen einen Bericht über die Einhaltung der Vermögensbindung vorzulegen. Dieser soll von unabhängigen Wirtschaftsprüfer:innen[401], in kleineren Gesellschaften von Steuerberater:innen, überprüft werden.[402]

Der jeweilige Bericht wird an eine sogenannte unabhängige Einrichtung weitergeleitet, welche diesen wiederum kontrolliert. In Zweifelsfällen kann die Einrichtung

---

399 Im Beispiel ergibt sich dies aus gem. § 77i Abs. 2 GmbH-gebV.

400 Allerdings gilt gem. § 77i Abs. 3 GmbH-gebV der Ausschluss von Gewinnabführungsverträgen nicht hinsichtlich anderer Vertragspartner:innen, welche keine Gesellschafter:innen der GmbH-gebV sind. Gesellschafter:innen ihrerseits können dabei keine Verträge z.B. zur Abführung von Gewinnen abschließen; Geschäftsführer:innen, Arbeitnehmer:innen und Externe i.S.d. § 77i Abs. 2 S. 2, Abs. 3 GmbH-gebV dahingegen schon. Im Entwurf wird diese Dysbalance bestätigt und darauf verwiesen, dass ein solcher Abschluss jedoch vom Zustimmungserfordernis der Gesellschafter:innen gem. § 77i Abs. 4 GmbH-gebV abhängen würde. Dies sollte nicht darüber hinwegtäuschen, dass die Gewinnabschöpfung mit externen Dritten dadurch möglich bleibt, insoweit es zur Zustimmung der Gesellschafter:innen kommt; so auch *Reiff*, in NJZOZ 2021, S. 610; *Sanders u.a.*, Gesellschaft mit beschränkter Haftung in Verantwortungseigentum, S. 75 f.

401 Gem. § 77j Abs. 2 S. 2 GmbH-gebV dürfen diese Wirtschaftsprüfer:innen maximal fünf Jahre für die Gesellschaft tätig sein.

402 § 77j Abs. 2, S. 3 GmbH-gebV.

Akteneinsicht verlangen.[403] Auch diese Einrichtung muss den treuhänderischen Unternehmensgrundsätzen verpflichtet sein.[404]

Die unabhängige Einrichtung[405] soll die Wirtschaftsprüfer:innen und Geschäftsführer:innen kontrollieren, § 77j Abs. 4 S. 1, 3 GmbH-gebV:

> „Die Gesellschafter bestimmen im Gesellschaftsvertrag eine unabhängige, rechtsfähige Einrichtung, die aufgrund ihrer Satzung den Prinzipien des treuhänderischen Unternehmertums verpflichtet ist. […] Der Geschäftsführer leitet der unabhängigen Einrichtung den jährlichen Bericht gemäß Absatz 2 unverzüglich nach Fertigstellung zu."

Dadurch entstünde nicht nur eine Absicherung der Vermögensbindung durch Wirtschaftsprüfer:innen und unabhängige Einrichtungen[406]; die Governance-Struktur würde einen Kreislauf darstellen, der eine verzahnte Kontrolle gewährleistet.

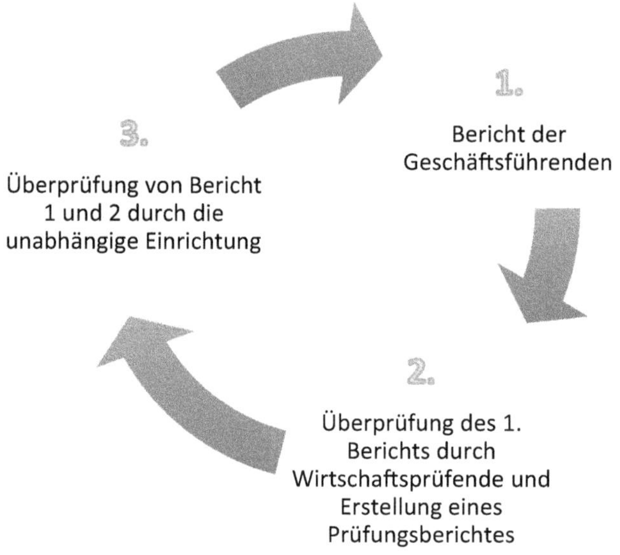

403 Vgl. §§ 77j Abs. 4 S. 5 ff. GmbH-gebV.

404 *Sanders u.a.*, GmbH-gebV Gesetzesentwurf, S. 85 f.

405 Die Arbeitsgruppe orientierte sich bei der Einrichtung, laut eigener Erklärung, an dem oder der Sonderprüfer:in des AktG; *Sanders u.a.*, GmbH-gebV Gesetzesentwurf, S. 85.

406 Ein zweiter Vorschlag der Referent:innen sieht als Alternative zur oben beschriebenen unabhängigen Einrichtung die Mitgliedschaft der Gesellschaft in einem Prüfverband vor. Dafür benötige es allerdings eigene Regelungen, wie auch die Organisation von Prüfverbänden; § 77j Vorschlag 2; *Sanders u.a.*, GmbH-gebV Gesetzesentwurf, S. 87 f.

Bei Verstößen gegen die eigenen Grundsätze soll die Gesellschaft aufgelöst werden. Des Weiteren ist der Prüfungsbericht gem. § 77j Abs. 2 S. 6 GmbH-gebV auf der Internetseite zu veröffentlichen. Die vorgeschriebene Öffentlichkeit des Berichts der Wirtschaftsprüfer:innen ergibt sich aus § 77j Abs. 2 S. 6 GmbH-gebV.

Besonders die Veröffentlichung auf der Website könnte, weil es zu öffentlichem Druck führen kann, ein effektives Instrument zur Kontrolle darstellen.[407] Des Weiteren muss diese unabhängige Einrichtung bei „grober Verletzung der Vermögensbindung" Auflösungsklage zulasten der Gesellschaft i.S.v. § 77j Abs. 4, S. 5, Abs. 3 GmbH-gebV erheben.

Ob diese Gestaltungsidee als endgültig zu betrachten ist, bleibt fraglich. Allerdings lieferten die Verfasser:innen damit eine mögliche (neue) Kontrolle der Vermögensbindung, über deren Umsetzung diskutiert werden kann.

(3) Das Problem der Verbandssouveränität

Dauerhaft und glaubwürdig kann das Verantwortungseigentum nur umgesetzt werden, wenn Regelungen gefunden werden, die eine persönliche Gewinnausschüttung auf ewig unterbinden und anders als bereits bestehende Gesellschaftsformen nicht dispositiv sind. Dem steht jedoch das Prinzip der Verbandsautonomie gegenüber.

Das Prinzip der Verbandsautonomie stellt eine ungeschriebene und zwingende Regel im Recht der Personen- und Kapitalgesellschaften dar.[408] Der Grundsatz wird definiert als die Selbstregelungsbefugnis der Gesellschafter:innen[409], bis zu dem Punkt, in welchem sie ihre Befugnisse derart einschränken würden, dass eine Ausübung aller Rechte nicht mehr möglich scheint.

Das Prinzip soll folglich die Selbstbestimmung der Gesellschafter:innen bewahren und sie des weiteren vor einer übermächtigen Einflussnahme Dritter und Aushöhlung der eigenen Befugnisse schützen[410]:

> „Ein jeder Verband muss grundsätzlich selbstbestimmt und souverän seinen Verbandswillen bilden und umsetzen können."[411]

---

407 *Sanders u.a.*, GmbH-gebV Gesetzesentwurf, S. 83.

408 So beispielsweise auch beim Verein oder der OHG; *Born*, Joost/Strohn/HGB, § 109, Rn. 16; *Leuschner*, MüKo/BGB, § 25, Rn. 34 f.; *Zöllner/Noack*, Baumbach/Hueck/GmbHG, § 45, Rn. 7.

409 *Zöllner/Noack*, Baumbach/Hueck/GmbHG, § 53, Rn. 3.

410 *Born*, Joost/Strohn/HGB, § 109, Rn. 16; *Lieder*, Oetker/HGB, § 109, Rn. 24; *Römermann*, Heidinger/GmbHG, § 45, Rn. 19 ff.

411 *Liebscher*, MüKo/GmbHG, § 45, Rn. 41.

Die Vermögensbindung im Verantwortungseigentum zielt jedoch nicht auf eine Beteiligung oder Bestimmung durch Dritte ab, sondern die Perpetuierung des Vermögens durch alleinige Entscheidung der Gesellschafter:innen.

Der Grundsatz der Verbandsautonomie geht allerdings darüber hinaus und bedeutet, dass den Gesellschafter:innen auch das Recht zur Satzungsänderung des Gesellschaftsvertrages, i.S.v. § 53 GmbHG, nicht genommen werden darf.[412] Wie weit genau diese Verbandsautonomie reicht, ist umstritten.[413]

Die Vermögensbindung des Verantwortungseigentums soll grundsätzlich bei Gründung der Gesellschaft oder durch gemeinsamen notariellen Beschluss aller (!) Gesellschafter:innen entstehen. Der Verbandswille würde damit durch die Gesellschafter:innen gemeinsam gebildet und nicht fremdbeeinflusst werden.[414] Die Gesellschafter:innen entscheiden sich selbst für die Vermögensbindung und treffen diesen Beschluss gemeinsam.[415]

Kommt es zur Aufnahme neuer Gesellschafter:innen, haben diese dagegen keine Entscheidungsprärogative in Hinblick auf etwaige Vermögensbindungen. Sie behalten dabei zwar die übliche Satzungshoheit, allerdings keine Änderungsprärogative hinsichtlich der Vermögensbindung. Die neuen Gesellschafter:innen erhalten, im Gegensatz zur ersten Generation, eingeschränkte Rechte, weil die Gründungsmitglieder von ihrem Wahlrecht, ein Unternehmen in Verantwortungseigentum zu gründen, Gebrauch machen konnten.[416]

Des Weiteren bleibt anzumerken, dass es sich bei einem Vermögensbindungsbeschluss, wie jenem der GmbH-gebV, nicht um potentielle Satzungsänderungen i.S.d. §§ 45, 53 GmbHG handeln soll, sondern eine vorherige, die Gesellschaft begründende Abrede.[417] Demzufolge handelt es sich beim Vermögensbindungsbeschluss der GmbH-gebV möglicherweise gar nicht um einen Eingriff in die Satzungshoheit, die Verbandsautonomie *per se*, da diese unberührt bleibt. Gesellschaftsvertragliche Regelungen und Änderungen wären weiterhin möglich. Betrachtet man andere Kapital- und Personengesellschaften, die ebenfalls dem Grundsatz der Satzungsautonomie unterworfen sind, unterliegen auch diese eigenen Prinzipien, die nicht durch Satzungsbeschluss geändert

---

412 *Zöllner/Noack*, Baumbach/Hueck/GmbHG, § 45, Rn. 7.

413 *Liebscher*, MüKo/GmbHG, § 45, Rn. 43.

414 *Liebscher*, MüKo/GmbHG, § 45, Rn. 41.

415 Vgl. auch § 77b Abs. 1 S. 1 GmbH-gebV.

416 So unter anderem *Lomfeld/Neitzel*, Verfassungsblog.

417 In diesem Zusammenhang missverständlich bezeichnet als „Vermögensbindungsbeschluss" gem. § 77b Abs. 4 GmbH-gebV.

werden können, da sie die signifikanten Elemente der jeweiligen Gesellschaftsform darstellen.

Vor diesem Hintergrund ist mindestens zweifelhaft, ob die Vermögensbindung tatsächlich im Konflikt zur Verbandsautonomie steht und obige Vorwürfe nicht einen falschen Ansatz wählen.[418]

f. Auflösung, Austritt, Liquidation und steuerliche Aspekte[419]

Die Gesellschafter:innen hätten auch bei Austritt aus der Gesellschaft einen Anspruch auf Erstattung ihrer Einlage i.S.d. § 77k GmbH-gebV. Ein Anspruch auf Abfindungszahlungen entfällt allerdings.[420]

Oberste Prämisse aller Regelungen betreffend die Austritte, Auslösungen etc. soll auch hier jeweils die Sicherstellung der Vermögensbindung vor Umgehungen sein.[421]

Anfallendes Restvermögen, insoweit bei Liquidation noch vorhanden, soll gemeinnützigen Zwecken oder einer anderen Gesellschaft mit gebundenem Vermögen zufließen, vgl. § 77l Abs. 2 GmbH-gebV – nicht aber den Gesellschafter:innen.

Weiter unterliegt die GmbH-gebV den gängigen Steuerregelungen.[422] Die Erbschaftssteuer und mangels Versorgung einer Familie, die Erbersatzsteuer, dürften niedriger ausfallen als die Steuerlast einer ‚normalen' GmbH.[423] Während Kritiker:innen meinen, es würde sich dabei um Privilegien handeln, sind diese Regelungen nur die Folge des, mangels Ausschüttung von Dividenden, niedrigeren Vermögens.[424]

---

418 So ähnlich *Fleischer,* ZIP 2022, S. 350; *Loritz/Weinmann,* DStR 2021, S. 2207; *Sanders,* NZG 2021, S. 1576.

419 Ausführlich: *Kempny,* NWB 2023; *Kempny,* Steuerboard 2020.

420 *Sanders u.a.*, GmbH-gebV Gesetzesentwurf, S. 90.

421 Das gilt auch für die Regelungen der Insolvenz der Gesellschafter:innen (§ 77m GmbH-gebV), der Umwandlung der Gesellschaft (§ 77n GmbH-gebV) sowie der Verschmelzung (§ 77o GmbH-gebV) und der Spaltung (§ 77p GmbH-gebV).

422 *Kempny,* Steuerboard 2020.

423 *Kempny,* Steuerboard 2020.

424 So auch *Kempny,* Steuerboard 2020. Ausführlich nachzulesen in *Kempny/Sanders,* NWB 2021, S. 3124 ff. Ähnlich formulierte auch die Ampel-Regierung diesen Punkt im Koalitionsvertrag, wonach Steuerprivilegierungen und Sparkonstruktionen solcher Gesellschaften vermieden werden sollen; *SPD/Bündnis 90/Die Grünen/FDP,* Koalitionsvertrag, S. 30. Zu den steuerrechtlichen Aspekten auch: *Kempny,* DB 2024, S. 617 ff.; *Roth,* Grosskommentar BGB, § 80, Rn. 614.

g. *Fazit*

Mit dem Gesetzesentwurf zur GmbH-gebV haben die Professor:innen ein Rechtskonzept vorgelegt, welches den Prinzipien des Verantwortungseigentums einen diskussionsfähigen rechtlichen Rahmen gab. Viele der Gedanken, die charakteristisch für das Verantwortungseigentum sind, enthält der Entwurf.

Trotzdem stoßen die Expert:innen auf Probleme, die auch aus der vorangeschrittenen Kodifizierung des Rechts resultieren: Grundsätze des Erbrechts[425], des Unionsrechts[426] oder der Verbände[427] erschweren solche Einführungen. Eine Lösung dieser Probleme kann hier angesichts des Untersuchungsgegenstandes nicht erfolgen.

Anders als *Ernst Abbe*, der Ende des 19. Jahrhunderts mit individuellen Errichtungshürden im Hinblick auf die Rechtsformen konfrontiert war[428], muss sich die hier untersuchte Gesellschaftsform in das heutige Gesellschaftsrecht ‚fügen' und ‚anpassen'. Dabei sollte nicht vergessen werden, dass solche Entscheidungen letztlich dem Gesetzgeber obliegen, genauso wie die Weiterentwicklung von Prinzipien und Grundsätze des Gesellschaftsrechts.

Durch die Veröffentlichung des Gesetzesentwurfes für eine GmbH-gebV hat das Verantwortungseigentums allerdings eine Grundlage erhalten, die diese Merkmale rechtlich widerspiegelt, zur Debatte und Weiterentwicklung anregt. Für die hiesige Untersuchung gilt der Entwurf als Beispiel für den späteren Vergleich.

IV. Zwischenergebnis

Das Verantwortungseigentum stellt nicht mehr nur ein Nischenthema dar. Die Forderungen sind keine „vogue" Idee einer Szene[429], sondern vielmehr das Bedürfnis vieler Unternehmer:innen.[430]

Der Umstand, dass in Deutschland ein *Numerus Clausus* der Gesellschaftsformen besteht, bedeutet nicht, dass es keine neue Gesellschaftsrechtsformen geben darf.

---

425 Seite 79.

426 Fn. 364.

427 Seite 87.

428 Auf Seite 94 wird die Rechtslage im ausgehenden 19. Jahrhundert untersucht; auf Seite 179 folgt der Vergleich der Rechts- und Ausgangslage beider Untersuchungsobjekte.

429 Auch auf Seite 53.

430 Das zeigte sich nicht nur jüngst durch die Veröffentlichung des Verbändepapiers verschiedenster Unternehmen, sondern auch bereits zuvor; https://www.neue-rechtsform.de/verbände-allianz/; https://stiftung-verantwortungseigentum.de/unternehmen-netzwerk.

Vielmehr bedeutet dieser *Numerus Clausus*, dass aus Gründen der Rechtssicherheit ein Rechtsformzwang für Verbände gilt.[431] Dieser *Numerus Clausus* ist nicht unveränderbar, sondern entwicklungsoffen.[432] Der vorliegende Gesetzesentwurf für die GmbH-gebV ist nicht die finale Idee zur Umsetzung von Verantwortungseigentum in das Gesellschaftsrecht, sondern stellt einen Ansatzpunkt und Grundlage zur Weiterentwicklung dar.

Stiftungskonstruktionen und Veto-Anteil-Modelle dienen bereits heute als Umsetzungsmöglichkeit für Unternehmen in Verantwortungseigentum. Allerdings fügen sich diese nicht problemlos in das deutsche Gesellschaftsrecht ein.[433] Unternehmer:innen stolpern immer wieder über Errichtungshürden.[434] Auch eine Öffnung und Weiterentwicklung des Stiftungsrechts, auch mit Blick auf das Verantwortungseigentum, ist trotz der Reform des Stiftungsrechts nicht zu erwarten. Deswegen benötigt es eigene Lösungen.

Eine eigene Rechtsform für das Verantwortungseigentum könnte schließlich, trotz der Gegenstimmen und Kritik, eine Chance zur Versöhnung von Kapitalgesellschaften und Körperschaften (Stiftungen) ermöglichen.[435] Sie könnte Chancen für Gründer:innen, insbesondere mit philanthropischen Zielsetzungen bieten und eine brauchbare Alternative zu Unternehmensträgerstiftungen darstellen. Anders als Stiftungen wären Unternehmen in Verantwortungseigentum in ihrem Gesellschaftszweck flexibel.[436] Damit würde dem perpetuierenden Gründungsgedanken der Unternehmer:innen nachhaltige Wirkung beschert werden, ohne dass die Gesellschaft ‚versilbert' wird. Durch die Offenheit des Zwecks kann das Unternehmen trotzdem zukunftsfähig weiterentwickelt und angepasst werden.

Mit Blick auf ein neu einzuführendes Gesetz sollte, neben der Absicherung der Vermögensbindung, auch der Zweck der Gesellschaften[437] diskutiert werden. Dieser Diskus könnte durch den das rechtsgeschichtliche Beispiel des Stiftungsstatuts unter *Ernst Abbe* unterstützt werden.[438] Auch der Schutz angemessener Gehälter sowie verstärkte Mitspracherechte und Beteiligungen von Arbeitnehmer:innen sollten in der Diskussion zum Verantwortungseigentum Beachtung finden.

---

431 *Schmidt,* Gesellschaftsrecht 2002, S. 96 f.

432 *Schmidt,* Gesellschaftsrecht 2002, S. 97.

433 Siehe dazu Seite 64 ff.; Seite 73.

434 Zu den Selbstzweckstiftungen Seite 64; näheres zur Verbandssouveränität auf Seite 87.

435 Zu diesem Fazit kommt auch *Veil,* notar 2021, S. 2.

436 *Teichmann,* Audit Committee Quarterly, S. 78.

437 80.

438 Seite 186 f.

Das wäre ein Schritt in Richtung Modernisierung und nachhaltigen Unternehmertum.[439] Dass Unternehmen in Verantwortungseigentum zukunftsfähig, krisenresistent und wettbewerbsfähig sind, wird die folgende Untersuchung der Stiftungsbetriebe Zeiss und Schott zeigen.

439 So auch *Fleischer,* ZIP 2022, S. 350.

D. Die Carl-Zeiss-Stiftung

I. Einführung

Die Carl-Zeiss-Stiftung und ihre Stiftungsbetriebe blicken heute auf eine mehr als 130-jährige Geschichte zurück. Wie aus der kleinen Werkstatt zur Fertigung von Mikroskopen durch *Carl Zeiss*, in der damals noch unbedeutenden Stadt Jena, unter Zuhilfenahme innovativer Rechtsgestaltungen ein national sowie international florierender Betrieb werden konnte und inwieweit das mit dem Verantwortungseigentum zusammenhängt, wird im Folgenden untersucht.

Die Rechtskonzepte, die *Abbe* ohne Vorbilder gestaltete und seine Motivation stehen im Fokus der Untersuchung. Im Ergebnis soll damit die Frage beantwortet werden, ob und inwieweit aus der ersten „unmittelbaren"[440] Unternehmensträgerstiftung[441] die (vermeintlich) ersten Unternehmen in Verantwortungseigentum werden konnten.

Ziel des Wissenschaftlers und Unternehmers *Ernst Abbe*, der gemeinsam mit *Carl Zeiss* den Betrieb Zeiss und mit *Otto Schott* die Firma Schott & Genossen zu ‚Global Playern' machte, war es, die Unternehmen langfristig und generationenübergreifend abzusichern. Dazu diente das Recht als Instrument zur Umsetzung seiner Ideen.

Der Ansatzpunkt der folgenden Untersuchung sind auch die Entwicklungen der Stiftung und der Stiftungsbetriebe Zeiss und Schott sowie das Statut der Carl-Zeiss-Stiftung. Auf weitere Werke, die sich ausschließlich mit der Stiftung, den Betrieben oder *Abbe* befassen, kann dabei nur verwiesen werden.[442] Der Vergleich zum Verantwortungseigentum auf Gemeinsamkeiten und Unterschiede folgt nach der Untersuchung der Carl-Zeiss-Stiftung.

Im Fokus der Untersuchung stehen nun die 1889 gegründete Carl-Zeiss-Stiftung, die stets im Zusammenhang mit den Firmen Zeiss und Schott zu betrachten ist und *Ernst Abbe* als Gründer der Stiftung und vermeintlicher Verantwortungseigentümer.

---

440 So *Herberger*, Stiftungsunternehmen, S. 182; *Heuel*, Die Entwicklung der Unternehmensträgerstiftung, S. 15, 19; *Kollascheck*, Die Geschichte des deutschen Stiftungswesens am Beispiel der Carl-Zeiss-Stiftung, S. 40.

441 Zu den Stiftungsmodellen Seite 67 ff.

442 Dazu bereits oben auf Seite 23 f.

II. Vorbemerkungen zur Rechtslage

Um zu verstehen, mit welchen rechtlichen Herausforderungen *Ernst Abbe* konfrontiert war, als er begann, eine Stiftung zu planen, ist es unerlässlich, sich mit den geltenden Landesrecht zwischen 1880 und 1900 auseinanderzusetzen.[443]

Die Gründung einer Unternehmensträgerstiftung erfordert nicht nur heute kostspielige, komplizierte und aufwendige Planung.[444]Bereits vor 130 Jahren war die Gründung eine Herausforderung, nicht zuletzt mangels kodifizierten Rechts und aufgrund der Reichszersplitterung. Die Rechtslage im Großherzogtum Sachsen-Weimar-Eisenach und die konzeptionelle Einbindung, die *Abbe* vornahm, wird im Folgenden dargestellt.

Die Carl-Zeiss-Stiftung wurde 1889 in der damaligen Kleinstadt Jena gegründet. Jena liegt heute im Bundesland Thüringen. Zur Zeit der Stiftungsgründung gehörte die Stadt zum Großherzogtum Sachsen-Weimar-Eisenach, welches zu den Thüringischen Staaten gehörte. Unter dem Einfluss von *Carl Zeiss* und *Ernst Abbe* florierte die Stadt und wuchs innerhalb kürzester Zeit zur Industriestadt heran.[445]

1. Das Stiftungsrecht im ausgehenden 19. Jahrhundert

Das Stiftungsrecht des 19. Jahrhunderts war vor allem gewohnheitsrechtlich geprägt. Eine einheitliche Normierung folgte erst durch die Einführung des Bürgerlichen Gesetzbuches im Jahr 1900. Die verschiedenen Ausgestaltungen der Stiftungen, die vor allem religiösen oder philanthropischen Zwecken dienten[446], unterscheiden sich dabei deutlich von der Zwecksetzung der späteren Carl-Zeiss-Stiftung.

Während *Abbe* begann sich mit der Umsetzung seiner Pläne – auch im Stiftungsrecht – zu befassen, befand sich das Bürgerliche Gesetzbuch noch in Ausarbeitung. Ein Rückgriff darauf war ihm nicht möglich.

Zur Zeit der Gründung der Carl-Zeiss-Stiftung war die ‚juristische Person‘ noch nicht‘ im Recht kodifiziert worden. Sie wurde erst Ende des 19. Jahrhunderts gesetzlich normiert. Vorherige Kodifikationen, wie das Allgemeine Bürgerliche Gesetzbuch in Österreich (ABGB) oder das Allgemeine Preußische Landrecht (ALR) hatten dazu auch noch keine konkreten Regelungen getroffen.[447] *Ernst*

443 Auf die oben dargestellte Rechtslage im 19. Jahrhundert und den Umstand, dass hier und zuvor noch kein Verantwortungseigentum umgesetzt wurde, sei verwiesen; Seite 35 ff.

444 Siehe auch Fn. 326.

445 Ausführlicher auf Seite 99.

446 Näheres Seite 39 f.

447 *Coing*, Europäisches Privatrecht II, § 59, S. 336 f.

Abbe benötigte vermutlich auch aus diesem Grund ein Jahrzehnt für die Ausarbeitung des Konstrukts.

Die Normierung der juristischen Person führte in der Rechtswissenschaft zu Streitigkeiten. Einige Rechtswissenschaftler verwiesen auf die Notwendigkeit der Normierung und die Traditionen der historisch gewachsenen ‚moralischen' Person. Andere sprachen der juristischen Person hingegen das Existenzrecht ab, vor allem wegen der künstlichen Fingierung einer nicht real existierenden Person.[448]

Dagegen setzte sich *Savingy* für die staatliche Genehmigung von Stiftungen, als juristische Person, gegen die Annahmen des römischen Rechts, ein.[449] *Savingy* über die Stiftungszwecke:

> „Die hauptsächlichsten Zwecke derselben bestehen in: Religionsausübung (wohin die höchst mannigfaltigen kirchlichen Institute gehören), Geistesbildung, Wohltätigkeit."[450]

Stiftungen, die auf Unternehmensgründungen und -führungen ausgerichtet waren, wurden dabei weder von der Kommission zum BGB, noch von *Savingy* oder Weiteren mitbedacht.[451]

Anders als *Steinfeld*, die schreibt, dass die Unternehmensträgerstiftung „[...] zu diesem Zeitpunkt bekannt, aber äußerst selten"[452] war, kann hier festgehalten werden, dass eine solche Rechtsgestaltung neu und das Ergebnis eines langwierigen Bearbeitungsprozesses *Abbes* und seiner Berater war.[453] Aus diesem Grund wird die Carl-Zeiss-Stiftung auch als die erste Unternehmensträgerstiftung bezeichnet.[454]

Es sind keine anderen juristischen Quellen bekannt, die Stiftungen in Verbindung mit Unternehmen nennen.[455] Das zeigte sich auch innerhalb der

---

448 *Dernburg*, Pandekten, S. 139 f., stellt die Argumente der Gegner dar: „In diesem Vermögen fänden sich Eigenthum ohne Eigenthümer, Forderung ohne Gläubiger, Schulden ohne Schuldner - subjektlose Rechte." *Coing*, Europäisches Privatrecht II, § 59, S. 339 ff.

449 Begründungen sind nachzulesen bei *Savingy*, System des heutigen Römischen Rechts, § 88, S. 276 ff.; auch in *Coing*, Europäisches Privatrecht II, § 61, S. 352 f.

450 *Savingy*, System des heutigen Römischen Rechts, § 86, S. 244.

451 Zu Stiftungen in den Beratungen der Kommission auf Seite 39.

452 *Steinfeld*, Unternehmen ohne Eigentümer, S. 60 f.

453 Zum Prozess und dem entscheidenden Vorstoß mehr ab Seite 111.

454 *Herberger*, Stiftungsunternehmen, S. 182; *Heuel*, Die Entwicklung der Unternehmensträgerstiftung, S. 15, 19; *Kollascheck*, Die Geschichte des deutschen Stiftungswesens am Beispiel der Carl-Zeiss-Stiftung, S. 40.

455 Auch *Heuel* meint, dass die Unternehmensträgerstiftungen sich erst später entwickelt hätten; *Heuel*, Die Entwicklung der Unternehmensträgerstiftung, S. 15, 19.

Beratungen der Kommission zum BGB, die Verbindungen von Unternehmen und Stiftungen nicht von vornherein als verboten betrachteten, was allerdings auch daran gelegen haben könnte, dass eine Debatte dazu nicht stattgefunden hat.[456]

2. Das Bürgerliche Recht im Großherzogtum Sachsen-Weimar-Eisenach

Regelungen zu den Stiftungen galten erst mit der Einführung des BGB. Die einzelnen Staaten regelten das Stiftungsrecht bis dahin durch Landesgesetze oder griffen auf das gemeine römische Recht zurück. Parallel kam es zu vereinzelten Kodifikationen, wie z.B. dem Sächsische Gesetzbuch, das im Jahr 1865 in Kraft trat.[457]

Jena, geographisch im Großherzogtum Sachsen-Weimar-Eisenach, unmittelbar neben Sachsen gelegen, unterfiel der sächsischen Gesetzgebung jedoch nicht. Das Sächsische Gesetzbuch kann deshalb nur als beispielhafte Kodifikation, mit nicht zu unterschätzender Wirkung für die nachbarschaftlichen Reichskreise und die spätere Kodifikation des BGB betrachtet werden.[458] Eine Stiftung konnte in Sachsen nach staatlicher Genehmigung gegründet werden.[459] Konkretisierte Stiftungszwecke, wie die Verbindungen aus Unternehmen und Stiftungen, sind allerdings auch hier nicht zu finden.[460]

Das Allgemeine Deutsche Handelsgesetzbuch (ADHGB), mit Normierungen zu den Offenen Handelsgesellschaften, den Kaufleuten, stillen Gesellschaften sowie der Aktien- und Kommanditgesellschaft wurde im Jahr 1861 eingeführt. Am 18. August 1862 wurde das Gesetz durch Einführungsgesetz auch im

---

456 Dazu Ausführungen auf Seite 39.

457 *Wesenberg/Wesener*, Neuere deutsche Privatrechtsgeschichte, S. 207 f.

458 Das Sächsische BGB beinhaltete in §§ 52 – 57 bereits eigens Vorschriften zu juristischen Personen. In der Kommentierung dieser Gesetzespassage wird die Stiftung als Unterfall der juristischen Personen behandelt. § 54: „Träger der Rechte und Verbindlichkeiten ist [...] die juristische Person als solche. Dieser letzteren können andere Personen, namentlich aber auch bei den Stiftungen die Perceptionsberechtigten [...] als berechtigt gegenüberstehen." *Siebenhaar*, Commentar zu dem bürgerlichen Gesetzbuche Sachsens, §§ 52, 54.

459 § 52 des Sächsischen Gesetzbuches; *Siebenhaar*, Commentar zu dem bürgerlichen Gesetzbuche Sachsens, § 52.

460 Derartige Regelungen oder ein kodifiziertes Gesetzesbuch gab es im Großherzogtum Sachsen-Weimar-Eisenach nicht.

Großherzogtum Sachsen-Weimar-Eisenach verordnet.[461] Regelungen zu Stiftungen sind aber auch hier nicht zu finden.

In vielen Teilen des Reiches galt darüber hinaus das Preußische Landesrecht. Im Großherzogtum Sachsen-Weimar-Eisenach hatte dies zumindest zeitweise gegolten.[462] Das Großherzogtum Sachsen-Weimar-Eisenach unterfiel zum Zeitpunkt der Stiftungsgründung unter *Abbe* jedoch weder diesem[463], noch dem Sächsischen BGB.

In früheren Diskussionen des Deutschen Bundes wurde auch über die Einführung des französischen *Code Civil* in den deutschen Gebieten debattiert, wofür sich insbesondere das Großherzogtum Sachsen-Weimar-Eisenach aussprach.[464] Die Pläne wurden jedoch nicht umgesetzt, sodass es nicht zu einer solchen Einführung kam.[465]

Den ständigen Umstrukturierungen des 19. Jahrhunderts zur Folge herrschte insbesondere im Großherzogtum eine unübersichtliche Menge an geschriebenen und ungeschriebenen Gesetzen, die weder einheitlich noch strukturiert waren.[466]

Zur Zeit der Stiftungsgründung im Großherzogtum galt noch gemeines römisches Recht. Das deutsche Privatrecht dieser Zeit stellte zum Teil eine Modifikation des Privatrechts römischen Ursprungs dar.[467] Jenes wurde auf deutschem Gebiet im 18. und 19. Jahrhundert teilweise durch einzelne Landes- oder spätere Reichsgesetze ersetzt.[468]

461 Es hieß: „Mit welchem das allgemeine deutsche Handels-Gesetzbuch in Kraft tritt, durch landesherrliche Verordnung bestimmt werden soll, zu verordnen beschlossen, und verordnen, wie folgt: Das allgemeine deutsche Handels-Gesetzbuch tritt mit dem ersten April 1863 für das Großherzogtum in Kraft." *Goeckel*, Sammlung Großherzogl. S. Weimar-Eisenacher Gesetze, S. 63, 313.

462 *Ortloff*, Bocks Handbuch, S. 8 f.

463 *Coing*, Handbuch der Quellen, S. 1492 f.

464 *Coing*, Handbuch der Quellen, S. 1457.

465 Vielmehr gingen die fachlichen und öffentlichen Forderungen in Richtung reichseinheitlicher Kodifikation i.S.d. BGB. Zu den Plänen und Ideen der Kodifikation des *Code Civil* Anfang des 19. Jahrhunderts ausführlicher *Coing*, Handbuch der Quellen, S. 1441 ff.

466 Nachzulesen auch in *Sachse*, Handbuch des Großherzoglich-Sächsischen Privatrechts, S. 62 ff.

467 *Sachse*, Handbuch des Großherzoglich-Sächsischen Privatrechts, S. 62 ff.; *Windscheid*, Lehrbuch des Pandektenrechts, S. 1.

468 *Dernburg*, Lehrbuch des Preußischen Privatrechts, S. 1.

Das Großherzogtum Sachsen-Weimar-Eisenach war seit dem Jahr 1816 eine konstitutionelle Monarchie. Die Gesetze des Landes wurden durch den bestehenden Landtag verabschiedet.[469] Neben dem gemeinem Recht galten somit auch mittelalterliche Quellen wie die Kursächsischen Constiutionen des Jahres 1572 weiter.[470] Aber auch diese beinhalteten keine detaillierten Regelungen zu Gesellschaftsformen oder Stiftungen. Nur die Ehestiftungen wurden erwähnt.[471]

Die juristische Person wurde allerdings im Jahr bereits 1824 von *Sachse* in seinem Handbuch über das Privatrecht des Großherzogtums Sachsen-Weimar-Eisenach benannt. Er beschreibt diese als ein nicht körperlich vorhandenes Subjekt, welches durch mehrere Personen gemeinschaftlich geschaffen, mit öffentlichem Zweck ausgestattet und vom Staat zu genehmigen sei.[472] Als Beispiel dafür benennt er die milden Stiftungen.[473]

Die Landesgesetze und Verordnungen des Großherzogtums Sachsen-Weimar-Eisenach weisen, im Gegensatz zum Sächsischen BGB oder dem Preußischen Landesrecht, nicht die Struktur einer umfassenden Kodifizierung auf. Eine genaue Trennung der Rechtsgebiete fand nicht statt. Der überwiegende Teil der Gesetze, Bekanntmachungen oder Verordnungen ist außerdem recht kurzgefasst.

Im Jahr 1833 wurden dann erstmals Regelungen zu den Stiftungen per Landesgesetz erlassen: das Gesetz vom 22. April 1833 über die bei Errichtung von Fideikommissen und ähnlichen Stiftungen zu beobachtender Form.[474] Unter § 1 heißt es:

> „Verträge und letztwillige Verordnungen, welche ein ganzes Vermögen oder einzelne Theile desselben […]
> 3) zu einem gemeinnützigen oder frommen Zwecke bestimmen, ingleichen solche, welche
> 4) unbenannte Personen aus Rücksicht auf das allgemeine Beste successiv zum Eigenthum oder Genuße eines Vermögens oder einzelner Theile desselben berufen (Stiftungen)
> […] erlange jederzeit, vorbehältlich der im § 2 enthaltenen Ausnahme, erst durch landesherrliche Genehmigung verbindende Kraft."

469 *Landesarchiv Thüringen*, Thüringen Legislativ & Exekutiv.

470 *Ortloff*, Bocks Handbuch, S. 9.

471 Nachzulesen in den *Kursächsischen Constitutionen* von 1572; *Ortloff*, Bocks Handbuch, S. 9.

472 *Sachse*, Handbuch des Großherzoglich-Sächsischen Privatrechts, § 241.

473 Ebd.

474 Nachzulesen in *Göckel*, Großherzogl. S. Weimar-Eisenacher Gesetze, S. 279.

§ 6 führt weiter aus:

> „Der Staat erkennt die Unveräußerlichkeit, wie sie überhaupt ein dingliches Recht der Nachfolger in ein Fideikommiß als solcher, dritten Personen, d.h. den Gläubigern oder Erwerbern von Fideikommiß oder Stiftungs-Gütern, gegenüber, nur insoweit an, das der Gegenstand des Fideikimmisses oder der Stiftung in liegenden Gütern (Gebäuden und Grundstücken), hypothekarisch versicherten Kapitalen, Erbzinsen und anderen auf liegenden Gütern haftenden Gefällen besteht."

Damit waren vereinzelte Regelungen zu den Stiftungen auch im Großherzogtum Sachsen-Weimar-Eisenach eingeführt worden. Die Ziele dieser Stiftungen noch primär waren auf „gemeinnützige" oder „fromme" Zwecke begrenzt.[475] Die staatliche Anerkennung oblag dem Großherzogtum Sachsen-Weimar-Eisenach, vgl. § 1.[476]

Damit waren die Stiftungen bereits Jahrzehnte vor der Gründung der Carl-Zeiss-Stiftung im Großherzogtum Sachsen-Weimar-Eisenach gesetzlich anerkannt worden. Die recht rudimentär ausgestalteten Normen des Großherzogtums boten *Abbe* und seinen Beratern dabei zumindest einen Ansatzpunkt. Erst durch Einführung des BGB am 01. Januar 1900 wurde besonders in den kleinen Gebieten des Deutschen Reiches, wie dem Großherzogtum, ein geordnetes, einheitliches Rechtssystem zur Verfügung gestellt, welches ferner das Stiftungsrecht beinhaltete.

III. Vorgeschichte der Carl-Zeiss-Stiftung

1. Die Stadt Jena

Ernst Abbe trat ungefähr 1866 in den geschäftlichen Kontakt mit *Carl Zeiss*, dem Namensgeber der Stiftung. Zu diesem Zeitpunkt bestand das Zeisswerk in Jena bereits seit 20 Jahren.[477]

---

475 Anschaulich in § 1.

476 Zu einem anderen Ergebnis kommt *Demel.* Er meint, dass man sich vor Gründung der Carl-Zeiss-Stiftung nur auf die Praxis der kirchlichen Stiftungen berufen hätte. Dass dies nur zum Teil richtig ist, zeigen aber die vorliegenden Ergebnisse und Ausführungen von *Sachse*, wonach auch gemeinnützige Zwecke verfolgt werden konnten; Seite 96 ff.; *Demel,* in Auf dem Weg zur Verantwortungsgesellschaft, S. 186; ausführlicher dazu *Pahlow,* Eine Vision – zwei Unternehmen, S. 70.

477 *Schomerus,* Geschichte des Jenaer Zeisswerkes 1846-1946, S. 32, S. 8 f.

Jena war bei Gründung der Optischen Werkstätte um 1846 eine Kleinstadt mit 6300 Einwohnern, ohne Eisenbahnverbindung oder günstige Verkehrslage.[478] Im Hochmittelalter hatte die Stadt zur eigenen Versorgung Weinanbau betrieben und war ein Mühlenstandort gewesen. Zur Zeit der Gründung der Optischen Werkstätte durch *Carl Zeiss* waren Weinanbau und -vertrieb jedoch rückläufig – bis kaum noch vorhanden.

Trotz der fortschreitenden industriellen Revolution kam es bis in die Mitte des 19. Jahrhunderts zu keinem Aufschwung in Jena. Die Stadt war hauptsächlich durch ihre Universität und die wissenschaftlichen Einrichtungen geprägt.[479]

Industrien, die in Jena zumindest zum Teil Fuß gefasst hatten, waren die Spinnereien und Tuchwebereien. Neben diesen Industrien gab es zwei, seit 1860 nur noch eine Zigarrenfabrik, eine Tischlerei, zwei Fischereien und eine Druckerei, wobei letztere zum Teil sogar überregional produzierte.[480] Allerdings konnten die Betriebe der Kleinstadt nicht in Konkurrenz zu denen der umliegenden Städte treten: Im Vergleich zu Gera, Greiz, Weida und Weimar –Städte des Großherzogtums Sachsen-Weimar-Eisenach – galten die Betriebe Jenas als Kleinbetriebe.[481]

Prägend für die Stadt war bis 1874, in diesem Jahr wurde Jena an das Eisenbahnnetz angebunden, damit fast ausschließlich die Universität.[482] Bis dahin waren die kleinen Betriebe der Stadt wie Bäckereien, Fleischereien, Schneidereien oder die Handwerksbetriebe vor allem auf die Bedürfnisse der Universität und ihrer Angehörigen ausgerichtet. Das gilt auch für die Werkstatt von *Carl Zeiss.*

Dieses nicht ausgeschöpfte Potential der Stadt, welche Jahrzehnte lang abgeschnitten war von den wirtschaftlichen Entwicklungen der anderen umliegenden Städte, sollte für *Zeiss* und *Abbe* einige Jahre später zur Chance werden: Der ungesättigte Arbeitsmarkt, die Universitätsnähe und die späte Industrialisierung ermöglichten eine rasche Entwicklung der Zeissschen Werkstätte ab 1872.[483]

---

478 *Schomerus,* Geschichte des Jenaer Zeisswerkes 1846-1946, S. 32, S. 8 f.; *Plumpe,* Eine Vision – zwei Unternehmen, S. 94.

479 *Lange,* Carl Zeiss und Ernst Abbe, S 37 ff.

480 *Lange,* Carl Zeiss und Ernst Abbe, S. 43 f.

481 In Jena verfügte die Spinnerei über 1800 Spindeln und 16 Webstühle. Im Vergleich dazu gab es in den Betrieben in Weimar und Eisenach mehr als 3700 bis 5000 Spindeln. *Lange,* Carl Zeiss und Ernst Abbe, S. 42.

482 So auch jüngst *Wulf* in Magnificent Rebels, S. 13.

483 *Lange,* Carl Zeiss und Ernst Abbe, S. 46 f. Die weiteren Verläufe und Einflüsse auf die Stadt, insbesondere durch *Abbe,* im Laufe der Untersuchung.

Unausgeschöpft galt Jena jedoch nur aus einer rein industriellen Perspektive. Betrachtet man die intellektuellen, universitären Kreise der Stadt, so stellt man mit *Wulf* jüngst fest: Rund 100 Jahre bevor *Abbe* maßgebliche Veränderungen in Jena vollzog, kamen Wissenschaftler und Philosophen der Romantik hier zusammen, wozu *Goethe, Schiller, Novalis, Alexander von Humboldt, Fichte, Schelling* und *Hegel* zählen.[484]

Den Grund dafür, dass diese Menschen Ende des 18. Jahrhunderts gerade in Jena zusammengekommen waren, führt *Wulf* auf die liberale Atmosphäre der Stadt und die Freiheit an der Universität Jena zurück.[485] Während die Philosophen die Rolle des ‚Ich' untersuchten, schufen sie mitunter einen fruchtbaren Nährboden für *Abbe,* der sich seiner Position als Unternehmer, seinem ‚Ich' und seinem Einfluss, auf die Stadt später ebenso bewusst war.[486]

Damit war das Potential der Stadt weniger unausgeschöpft, als die industrielle Entwicklung wirkte, sondern bot vielmehr Chancen, die bis dato noch niemand ausgeschöpft hatte. Diese Möglichkeiten nahm 100 Jahre nach den philosophischen Durchbrüchen *Ernst Abbe* wahr.

2. Die Gründung der Optischen Werkstätte unter *Carl Zeiss*

Carl Zeiss wurde 1816 in Weimar geboren. Nachdem er die Staatsprüfung zum Mechaniker vor der Großherzoglichen Oberbaubehörde bestanden hatte, erhielt er 1846 die Konzession zur Fertigung und zum Verkauf mechanischer und optischer Instrumente sowie zur Errichtung eines Ateliers für Mechanik in Jena. Seit dem 19. November 1846 konnte er sich in Jena niederlassen, wo er eine feinmechanische Werkstatt für den Bau von Mikroskopen gründete.[487] *Zeiss* begann als Feinmechaniker zu arbeiten und stellte nur kurze Zeit später erste Mikroskope her, die er vertrieb.[488]

Die Gründung der Firma Zeiss im Jahr 1846 fiel dabei in eine Zeit des beginnenden wirtschaftlichen Aufschwungs.[489] 1874 erhielt Jena die erste

---

484 Dargestellt und beschrieben in *Wulf,* Magnificent Rebels.

485 *Wulf,* Magnificent Rebels, S. 16 f.

486 Diese Gedanken *Abbes* finden sich auch in seiner Denkschrift wieder; Seite 108 und Seite 151. Dabei nimmt er zwar keinen Bezug auf die hier benannten philosophischen Ströme oder Vordenker, war möglicherweise jedoch durch diese beeinflusst.

487 *Auerbach,* Das Zeisswerk, S. 4, 8; *Schomerus,* Geschichte des Jenaer Zeisswerkes 1846-1946, S. 1 ff.

488 *Schomerus,* Geschichte des Jenaer Zeisswerkes 1846-1946, S. 11.

489 Seite 99 f.

Eisenbahnverbindung und auch die Binnenzollschranken waren 1834 gefallen. Dazu kam das wachsende Interesse für die praktische Optik, insbesondere aus wissenschaftlicher Perspektive der ansässigen Universität.[490]

Dadurch konnte auch die Werkstatt von *Zeiss* wachsen. *Carl Zeiss* verkaufte jährlich 25 bis 70 Mikroskope, vorrangig auf deutschem Gebiet, zum Teil aber auch über nationale Grenzen hinaus.[491] In das Handelsregister wurde der Betrieb von *Zeiss* im Jahr 1863 eingetragen. Konkrete handels- oder gesellschaftsrechtliche Firmierungen sind dabei nicht vorgenommen worden.[492]

3. Zur Person: Ernst Abbe

Ernst Abbe wurde am 23. Januar 1840 in Eisenach geboren. Er wuchs als Arbeiterkind eines schwer körperlich arbeitenden Vaters und unter einfach Verhältnissen auf.[493] Als sehr guter Schüler konnte er 1857 in Jena das Studium der Physik, Mathematik, Astronomie und Philosophie beginnen. Nach seinem Studium begann *Abbe* als Privatdozent an der Universität Jena zu lehren.[494]

Im Jahr 1866 trafen *Ernst Abbe* und *Carl Zeiss* aufeinander.[495] *Zeiss* unterbreitete *Abbe* das Angebot, nebenberuflich als Wissenschaftler in den Zeissschen Werkstätten zur Herstellung von Mikroskopen mitzuarbeiten.[496] *Abbe* nahm das Angebot an. Gemeinsam mit *Zeiss* wollte er versuchen, das „Arbeitsfeld des ‚Mikroskopbau[*s*]' wissenschaftlich zu kultivieren."[497]

Die Firma Zeiss weitete später in Zusammenarbeit mit *Otto Schott* ihre Forschung auf die Gebiete der Fotografie, Astronomie, Mathematik und den Glasbau aus. Die Firma lieferte fortan Vorstöße und Erkenntnisse auf dem Gebiet der praktischen Optik, Elektrotechnik und Feinmechanik.[498] Im Laufe der Jahrzehnte wurde so, nicht zuletzt durch die Zusammenarbeit mit *Abbe*, aus dem

---

490 Vgl. *Schomerus*, Geschichte des Jenaer Zeisswerkes 1846-1946, S. 8 f.

491 Tabelle über den Verkauf in *Auerbach*, Das Zeisswerk, S.12.

492 Die Eintragung erfolgte also ohne Nennung einer konkreten Handels- oder Gesellschaftsform; ZEISS Archiv, Abschrift aus dem alten Handelsregister, Band I Fol. 49.

493 *Abbe*, Verkürzung des Arbeitstages, S. 240 f.; *Wittig*, Ernst Abbe, S. 8.

494 *Auerbach*, Das Zeisswerk, S. 31; *Wittig*, Ernst Abbe, S. 17.

495 *Auerbach*, Das Zeisswerk, S. 24.

496 *Schomerus*, Geschichte des Jenaer Zeisswerkes 1846-1946, S. 24, 32 f.

497 *Wittig*, Ernst Abbe, S. 43.

498 Detaillierter zu den Vorstößen, Erkenntnissen und Beiträgen *Abbes* in *Auerbach*, Das Zeisswerk und in *Wittig*, Ernst Abbe.

Kleinbetrieb Zeiss eines der größten deutschen Unternehmen auf dem Gebiet der Optik.

4. Zur Person: Otto Schott

Das „Glastechnische Laboratorium Schott und Genossen" (Kurz: Schott & Gen.) ist bis heute eines der beiden Stiftungsunternehmen der Carl-Zeiss-Stiftung. 1884 wurde die Firma in Jena gegründet. Zu ihrem Betrieb gehörten die Fabrikation, Schmelzung und Verarbeitung optischen Glases.[499]

Otto Schott, Gründer des Betriebes Schott & Gen., wurde im Jahr 1851 in Witten als Sohn einer Glasmacherfamilie geboren. Er war gemeinsam mit seinem Freund *Ernst Abbe* an der Errichtung und Entwicklung von Schott & Gen. beteiligt.[500]

Noch bevor die Glaswerke in Jena überhaupt gegründet waren, begannen *Abbe* und *Schott* im Jahr 1881 ihre Zusammenarbeit.[501] Für die praktische Optik war die Glastechnik eine wichtige Industrie. (Spezial)Glas, welches in den Werkstätten von *Schott* gefertigt wurde, stellte ein unverzichtbares Element für die Optischen Werkstätte von Zeiss dar. Die Zusammenarbeit der Firmen Zeiss und Schott beflügelte die Entwicklung beider Unternehmen.[502]

Die positive Entwicklung und Zusammenarbeit bewegte *Abbe*, *Schott*, *Carl Zeiss* und dessen Sohn *Roderich Zeiss* zur Errichtung einer glastechnischen Versuchsstation im Jahr 1884.[503] Die Unternehmer wurden zu je einem Drittel beteiligt. 1885 erhielt der Betrieb dann die gerichtlich eingetragene Firmenbezeichnung: Glastechnisches Laboratorium Schott & Gen.[504] Von der Entwicklung dieses Betriebes profitierte die gesamte optische Industrie Deutschlands.[505]

5. Abbes Einstieg in die Firma Zeiss

Abbes Erfindungen und Theorien wirken bis heute nach.[506] Davon profitierte auch *Carl Zeiss*, für den *Abbe* als wissenschaftlicher Mitarbeiter arbeitete. Im Jahr 1875 schlossen *Zeiss* und *Abbe* deswegen einen Gesellschaftsvertrag ab.

---

499 *Schomerus*, Geschichte des Jenaer Zeisswerkes 1846-1946, S. 48 f.

500 *Wittig*, Ernst Abbe, S. 104.

501 Ebd. S. 105.

502 *Schomerus*, Geschichte des Jenaer Zeisswerkes 1846-1946, S. 48 ff., 53.

503 *Schomerus*, Geschichte des Jenaer Zeisswerkes 1846-1946, S. 62; *Wittig*, Ernst Abbe, S. 106.

504 Mit ‚Genossen' waren die Familie *Zeiss* und *Abbe* gemeint.

505 *Schomerus*, Geschichte des Jenaer Zeisswerkes 1846-1946, S. 62, 66 f.

506 Detaillierter zum Beispiel *Wittig*, Ernst Abbe, S. 89 ff.

Bis zum Abschluss dieses Vertrages hatte *Abbe* lediglich Tantiemen für hergestellte Mikroskope erhalten.[507] Durch den Vertrag wurde *Abbe* nun stiller Gesellschafter. Im Austausch dazu musste er allerdings auf die Ausführung seiner Lehrtätigkeit an der Universität Jena verzichten. Er sollte seine Zeit und Fähigkeiten ganz der Firma Zeiss widmen.[508] Durch den Gesellschaftsvertrag wurde *Abbe* mit einem Drittel des Gesellschaftsvermögens der Firma Zeiss beteiligt[509], wodurch sich auch die finanzielle Lage *Abbes* maßgeblich verbesserte.[510]

Im Jahr 1883 wurde der Gesellschaftsvertrag bereits ersetzt. Grund dafür war die Neuaufnahme des Gesellschafters *Roderich Zeiss*, des Sohnes von *Carl Zeiss.*[511] Seit 1879 hatte dieser für die Firma Zeiss gearbeitet und sollte Gesellschafter werden.

Fortan führten damit *Carl Zeiss, Roderich Zeiss* und *Ernst Abbe* die Firma Zeiss unter gleichmäßiger Beteiligung und auf gemeinsame Rechnung.[512] Dabei entfielen auf *Carl Zeiss* und *Roderich Zeiss* etwas mehr als die Hälfte der Reingewinne der Firma.[513]

Bereits in dieser Phase entschlossen sich die Gesellschafter zu folgender Handlung: Die ihnen zustehenden Gewinne der Firma sollte, abzüglich der eigenen Lebenshaltungskosten, zur Erweiterung und Entwicklung der Firma in dieser verbleiben und in diese reinvestiert werden.[514] Der 1883 geschlossene Gesellschaftsvertrag ist damit ein erstes Zeugnis der Vermögensthesaurierungen des Betriebes Zeiss.

---

507 *Schomerus,* Geschichte des Jenaer Zeisswerkes 1846-1946, S. 38 ff.

508 Arch. 30273 (VEB); *Schomerus,* Geschichte des Jenaer Zeisswerkes 1846-1946, S. 42.

509 Arch. 30273 (VEB*); Schomerus,* Geschichte des Jenaer Zeisswerkes 1846-1946, S. 41.

510 Erst später konnte er wieder als Honorarprofessor tätig werden; *Schomerus,* Geschichte des Jenaer Zeisswerkes 1846-1946, S. 42; *Schomerus,* Werden und Wesen der Carl-Zeiss-Stiftung, S. 4.

511 Arch. 30273 (VEB*); Schomerus,* Geschichte des Jenaer Zeisswerkes 1846-1946, S. 43.

512 Arch. 30273 (VEB*); Schomerus,* Geschichte des Jenaer Zeisswerkes 1846-1946, S. 43; *Schomerus,* Werden und Wesen der Carl-Zeiss-Stiftung, S. 4.

513 *Ernst Abbe* erhielt 45% der Reingewinne, Familie *Zeiss* 55% dieser; Arch. 30273 (VEB*); Schomerus,* Geschichte des Jenaer Zeisswerkes 1846-1946, S. 43; *Schomerus,* Werden und Wesen der Carl-Zeiss-Stiftung, S. 4 f.

514 *Schomerus,* Werden und Wesen der Carl-Zeiss-Stiftung, S. 5.

6. Gründung des Ministerialfonds

Eine weiterer Zwischenschritt *Abbes* auf dem Weg zur Stiftungsgründung war die Errichtung des „Ministerialfonds für wissenschaftliche Zwecke" 1886.[515] Fonds werden heute in den verschiedensten Bereichen eingesetzt. Sie enthalten in der Regel ein Sondervermögen, welches außerhalb des regulären Haushaltes vor allem als Investment gebraucht wird.[516] Die Vermögenseinzahlungen dienen einem festgelegten Zweck, ähnlich wie bei Stiftungen.

Ernst Abbe hatte als Student an der Universität Jena gelernt und später dort gelehrt. Die Universität Jena war jedoch mit finanziellen Engpässen, Unterbezahlung sowie Mittellosigkeit konfrontiert. *Abbe* entschloss sich, den wissenschaftlichen und wirtschaftlichen Fortschritt der Universität und der Stadt Jena voranzutreiben und errichtete den sogenannten Ministerialfonds[517], einen Fond zur Sammlung und Ausschüttung von Vermögen zugunsten der Universität.

In der Erklärung zum Ministerialfonds für wissenschaftliche Zwecke hieß es:

> „1. Der Unterzeichnete verpflichtet sich hierdurch für sich und seine Rechtsnachfolger, nach Maßgabe der folgenden Bestimmungen vom 1. April d.J. ab jährlich die Summe von 6000 Mark (sechstausend Mark) für Zwecke der hiesigen Universität dem Großherzogl. Sächsischen Staatsministerium oder auf dessen Anweisung dem Universitäts-Curatorium zu Jena regelmäßig zur Verfügung zu stellen.
> 2. Dieser Beitrag hätte zu dienen für persönliche und sachliche Aufwendungen zur Förderung der Lehrtätigkeit und der wissenschaftlichen Forschung innerhalb des mathematisch-naturwissenschaftlichen Lehrgebietes [...].
> 3. Der angebotene Zuschuß für Zwecke der Universität würde unter dem Namen ‚Ministerialfonds für wissenschaftliche Zwecke' von dem Großherzogl. Staatsministerium mit besonderer Rechnungsführung zu verwalten sein."[518]

Die Universität profitierte nun von dem Kapital des Ministerialfonds, welches ihr außerhalb des Geschäftsbetriebes zur Verfügung stand. *Abbe* traf weitere präzise Regelungen für den Fall eines frühen Ablebens, wie z.B. die Übernahme des Fonds durch die Erben, die Möglichkeit der Erhöhung des Vermögens und die Geheimhaltung des Fonds.[519]

515 *Schomerus,* Geschichte des Jenaer Zeisswerkes 1846-1946, S. 102 f.; *Abbe,* Ministerialfonds, S. 8 f.

516 *Hakenberg,* Creifelds kompakt, Fonds.

517 *Abbe,* Ministerialfonds, S. 7.

518 *Abbe,* Ministerialfonds, S. 8 ff.

519 Ebd., S. 8 ff.

7. Weitere Ereignisse

Kurz nachdem *Abbe* den Ministerialfonds errichtet hatte, begann er Gespräche über seine Vermögensanlagen zu führen. Ziel war es, finale Regelungen über seine Anteile und sein Vermögen über den Tod hinaus festzulegen. [520]

Dafür stand er seit Ende des Jahres 1887 mit dem Universitätskurator *Eggeling*, dem Ministerialdirektor *Guyet* und Staatsminister *Stichling*, die ihn bereits bei der Errichtung des Ministerialfonds unterstützt hatten, in Kontakt.[521] Neu zum Beraterkreis gestoßen war der Regierungsrat *Rothe*.[522] Ihnen gemeinsam oblag die Aufgabe einen rechtlichen Boden für *Abbes* Ideen zu finden.

Nach einigen Treffen setzte *Abbe* seine Denkschrift aus dem Jahr 1887 auf.[523] Diese Denkschrift sollte die Grundlage für die spätere Stiftungsgründung werden und seine Ziele und Forderungen konkretisieren. *Eggeling* schrieb dazu an *Stichling*, dass *Abbe* mit dieser Denkschrift den Versuch wagte, eine „rechtliche Form seiner edlen Absicht zu finden."[524] Die Gestaltung der rechtlichen Form sollte jedoch die größten Schwierigkeiten darstellen.

IV. Die Denkschrift *Abbes*

Abbes Denkschrift vom 4. Dezember 1887 war an den Universitätskurator *Eggeling* und den Staatsminister *Stichling* adressiert. Die Motive sind später in die Stiftungsstatute von 1889 und 1896 eingeflossen und deswegen von großer Bedeutung. Im Folgenden werden sie dargestellt.

1. Das Vermögen und die Verwaltung

Abbe wollte eine Teilung seines Vermögens vornehmen. Dazu teilte er es in Privat- und Geschäftsvermögen ein. Auf sein sogenanntes Privatvermögen hatten nach dem Wortlaut der Denkschrift seine ‚natürlichen Erben' Anspruch, seine Ehefrau und Kinder.[525]

---

520 *Demel*, Auf dem Weg zur Verantwortungsgesellschaft, S. 167 f.; *Abbe*, Denkschrift 1887, S. 28 ff.

521 Die Briefkorrespondenz findet sich abgedruckt in *Schomerus*, Werden und Wesen der Carl-Zeiss-Stiftung, S. 18 ff.

522 *Abbe*, Denkschrift 1887, S. 25 ff.

523 *Abbe*, Denkschrift 1887, S. 18 f.; 25.

524 Schreiben des Universitätskurators *Eggeling* an Staatsminister Dr. *Stichling*, am 11. Dezember 1887; *Abbe*, Denkschrift 1887, S. 27 f.

525 *Abbe*, Denkschrift 1887, S. 29 f.

Das ‚Geschäftsvermögen' bestand nach *Abbe* aus den Geschäftsbeziehungen und Vertragsverhältnissen mit den Firmen Zeiss und Schott & Gen. Diese Einteilung des Vermögens in ‚Privat'- und ‚Geschäftsvermögen' führte auch dazu, dass alles Vermögen, das über einen angemessenen Lohn hinausging, als öffentliches Gut verstanden wurde und zum Vorteil weiterer Zwecke gebunden werden sollte.[526] Der Staat Weimar sollte dabei, zugunsten der Universität Jenas, in eine verwaltende Position zu treten.[527]

Um sicherzustellen, dass das überschüssige Vermögen in *Abbes* Sinne eingesetzt werden würde, legte er Richtlinien zur Verwendung der Mittel fest: Vorrangig seien diese im mathematischen-naturwissenschaftlichen Bereich zu verwenden.[528] Diese Verteilung sollte die Verwaltung des Ministeriums „instruierend", „überwachend" oder „sorgend" vornehmen, jedoch nicht leitend in den geschäftlichen Betrieb eingreifen.[529]

Dieser Gedanke ist auch den Prinzipien des Verantwortungseigentums gemein: Während der Staat, im Falle des Verantwortungseigentums eine noch nicht genauer bestimmte Institution[530], eine Wachfunktion einnehmen und das Vermögen, die Gewinne und das Unternehmen langfristig absichern soll, obliegen die konkreten unternehmerischen Entscheidungen den Unternehmen.

In einem weiteren Schritt stellte *Abbe* seine Motive zur Absicherung der Unternehmen und Finanzierung der Universität Jena dar:

> „Der Besitz, über den ich gegenwärtig verfüge, und der Erwerb, den ich auf Grund bestehender Verträge in Zukunft erwarten kann, [kam] ganz wesentlich nur dadurch zustande gekommen [...], daß es mir und meinen Genossen möglich war, die Tätigkeit vieler anderer Personen dauernd in unsern Dienst zu stellen und den Ertrag ihrer Arbeit uneingeschränkt uns zunutze zu machen.
> Die gegenwärtige Rechtsordnung erklärt auch solchen Besitz bedingungslos für freies Privateigentum des erfolgreichen Unternehmers. Nach meiner persönlichen Überzeugung aber will ein Erwerb dieses Ursprungs vor einem strengeren Sittlichkeitsideen genügenden Eigentumsbegriff als ‚öffentliches Gut' betrachtet und behandelt sein, soweit er hinausgeht über das Maß eines angemessenen Lohnes für die persönliche Tätigkeit."[531]

526 Ebd.
527 Ebd.
528 Ebd., S. 30.
529 Ebd. S. 60.
530 Dazu mehr auf Seite 85 f.
531 *Abbe*, Denkschrift 1887, S. 32.

Abbe widersetzte sich damit der zuspitzenden Vermögensansammlung anderer Unternehmer und der fortschreitenden Kapitalisierung:

> „Der gewöhnliche Zweck privater Geschäftsfähigkeit, der bloße Gelderwerb, [darf] niemals die maßgebende Richtschnur der Verwaltung dieser Institute werde[n].“[532]

Wie aus früheren Handlungen, z.B. der Errichtung des Ministerialfonds, erkennbar, betrachtete *Abbe* es als seine unternehmerische Pflicht, Gewinne und Vermögen einem weiteren Zweck zuzuführen. Dabei stieß er jedoch immer wieder an rechtliche Grenzen:

> „Die Rechtsordnung hat keinen Weg eröffnet, auf welchem solches in geregeltem Verfahren erfolgen könnte. Ich kann und muß daher meiner Pflicht nach eigenem besten Ermessen zu genügen suchen.“[533]

Die genaue Ausgestaltung seiner Forderungen und Ideen sollte deswegen durch die Unterstützung seiner Berater erfolgen. Er versprach sich davon ein ‚Abkommen‘, durch welches seine Vorstellungen umgesetzt werden würden.

2. Die Rolle der Firmen und der Universität Jena

Abbe plante die Einsetzung der Unternehmen und der Universität als Destinatäre. Eine Rechtsform sollte hierbei nur als Korrektiv seiner Ideen dienen.

Folgende Punkte und Ideen wollte *Abbe* zugunsten der Unternehmen und der Universität abgesichert wissen:

> „Ausgiebige Fürsorge für das Wohl aller derer, welche zur Gewinnung jener Mittel bisher mitgewirkt haben oder in Zukunft werden – und Förderung der Wissenschaften auf deren Boden die betreffenden Unternehmungen erwachsen sind“[534]

Abbe begründete die Forderung damit, dass die Universität Jena die „eigentliche Nährmutter derselben“ sei. Und betonte, dass „wenn die Universität nicht wäre, [...] auch nichts von diesen Unternehmungen [bestünde].“[535]

Primär die Universität in ihrer Rolle als ‚Ausbilderin‘, aber auch die Beschäftigten der Unternehmen hatten zur Gewinnung der Mittel und das Wachstum der Betriebe beigetragen. Dass diese nun auch davon profitieren sollten, war für *Abbe* Voraussetzung aller weiteren Schritte. Die Firmen, in denen er

---

532 Ebd., S. 37.
533 Ebd., S. 33 ff.
534 Ebd.
535 Ebd.

als Gesellschafter beteiligt war, Zeiss und Schott & Gen., stellten für *Abbe* eine ‚Staatseinrichtung' dar, die dem öffentlichen Interesse diente.

Da das Staatsministerium Weimar *Abbes* Forderungen genehmigen und umsetzen musste, benannte er Vorzüge, Sicherheiten und Innovationen, über welche die Unternehmen verfügten. Beispielsweise nannte *Abbe* die „tüchtige und sesshafte Arbeiterschaft" oder die bis zum Ausbau der Glasschmelzerei herrschende Abhängigkeit vom Ausland Deutschlands. Auch die Universität, die maßgeblich von der Tätigkeit der Unternehmen profitierte, benannte er.[536] Durch seine Ausführungen hoffte er, den Staat zur Genehmigung und Umsetzung seiner Ideen zu überzeugen.

3. Der vorläufige ‚Zeitrahmen'

Aus der Denkschrift *Abbes*, die zu seinen Lebzeiten unter Geheimhaltung stand und erst nach seinem Tod in Archiven und Quellensammlungen eingesehen werden konnte, gehen *Abbes* Forderungen deutlich hervor.

Vor dem Hintergrund der Erosion der *Fraunhofer* Betriebe wollte *Abbe* dem Zerfall seiner eigenen Unternehmen vorbeugen.[537] Seinen persönlichen Eindruck davon beschrieb er wie folgt:

> „Die Nachfolger Fraunhofers aber haben es nach dessen frühzeitigem Tode wohl fertig gebracht, in kurzer Zeit Millionäre zu werden – jene fruchtbaren Anlagen aber haben sie dabei sämtlich verkümmern lassen."

Die grundlegenden Ideen, dass Gewinne nicht als persönliches Vermögen betrachtet werden und die Unternehmen langfristig sowie generationenübergreifend in die Zukunft befördert werden müssten, zeichnete sich hier bereits ab.

Deswegen plante *Abbe* zu dieser Zeit, bevor er schließlich die Stiftung gründete[538], seine gesetzliche Erbfolge zu ändern. Lediglich die formalen Rechtsgestaltungen und ihre Umsetzung schienen ihm Sorgen zu bereiten.[539] Nach seinem Ableben wollte *Abbe,* dass die Universität von ihm beerbt wird. Er hatte dabei nicht allerdings nicht nur die Erbschaft der Folgegeneration im Blick, sondern dachte weiter:

536 Ebd., S. 39 ff.
537 Ebd. S. 38 f.
538 Seite 125 ff.
539 Ebd. S. 63.

„Umso mehr muß unter diesen Verhältnissen der Gedanke in den Vordergrund treten: daß der einzige, der eine wirkliche Gewähr für die dauernde Verfolgung jener Richtschnur über den Wechsel der Personen hinaus bieten kann, der Staat ist."[540]

Unter dem so bezeichneten ‚Zeitrahmen' verstand *Abbe* mithin die Dauer und den Beginn des Inkrafttretens seiner Regelungen. Die Universität sollte nach seinem Ableben[541] und zugunsten mehrerer Generationen von seinen Ausschüttungen profitieren.

4. Die Gesellschafter

Im Jahr 1886 stand *Abbe* noch mit *Roderich Zeiss, Carl Zeiss* und *Otto Schott* in einem Gesellschaftsverhältnis. Die bereits geäußerten Ideen und geplanten Gestaltungen *Abbes* stießen nicht bei allen Gesellschaftern der Betriebe auf Zustimmung.

Im Erbfall wären die Gesellschaftsanteile an den Unternehmen an die gesetzlichen Erben gegangen. Der Denkschrift zufolge plante *Abbe* jedoch die Universität Jena als Universalerbin einzusetzen.[542] Dadurch schien er sich eine langfristige Sicherung der Unternehmen zu versprechen. Durch die verwaltende Rolle des Staates, würde die Universität als Destinatarin in den Genuss der Ausschüttungen kommen.

Abbe verstand aber, dass eine solche Normierung den Konflikt persönlicher Nachfolge nicht lösen würde, da es immer noch durch die anderen Gesellschafter zum Erbfall kommen können. Deswegen versuchte er, die weiteren Gesellschafter von der Idee, die Universität als alleinige Erbin einzusetzen, zu überzeugen.

Über die rechtliche Umsetzung dessen bestanden für *Abbe* weiterhin Unsicherheiten:

„[Es kann] zur Zeit nicht rechtskräftig festgestellt werden, da einstweilen die bestehenden Verträge dem anderen Teil das Recht beilegen, von meinen Erben die Beteiligung als ‚offener Gesellschafter' [zu] verlangen. Ich hoffe jedoch, daß es mir noch bei Lebzeiten möglich sein wird, auf dem Wege der Verständigung mit meinen Genossen, jene andere den späteren Verhältnissen angemessenere Form sicherzustellen."[543]

---

540 Ebd. S. 38.

541 *Abbe* sah sich beim Schreiben der Denkschrift noch mit der Situation konfrontiert, dass er keine Alternative sah, seine Pläne bereits zu Lebzeiten umzusetzen. Erst kurze Zeit später erhellte sich sein Blick dahingehend, dass er die Stiftung gründete und seine Pläne, die Ausschüttung des Vermögens mit seinem Ableben vorzunehmen, änderte. Siehe Seite 111; Seite 125 ff.

542 Ebd.

543 *Abbe*, Denkschrift 1887, S. 58.

Angesichts des freundschaftlichen Verhältnisses, welches *Abbe* mit den anderen Gesellschaftern führte, hoffte er, sie von seiner Idee überzeugen zu können.[544]

Die Denkschrift war an den Universitätskurator *Eggeling* und den Staatsminister *Stichling* adressiert. Sie sollten *Abbe* bei der Suche nach einer geeigneten Rechtsform helfen.

5. Der entscheidende rechtliche Vorstoß

Mit der Denkschrift und *Abbes* Ideen standen die Berater und *Abbe* vor einer juristisch anspruchsvollen Aufgabe: Sie hatten zu eruieren, wie aus der Einführung des Ministerialfonds, dem Wunsch, die Universität als persönliche Erben einzusetzen, ein rechtliches Konstrukt werden konnte, dass diese Vorstellungen vereinte.

Trotz dieser Mammutaufgabe unterstützten die Berater *Abbe*. Insbesondere die Hinzuziehung des Regierungsrates *Karl Rothe* zum Kreis der Berater sollte sich für *Abbe* positiv auswirken:

> „Meinem verehrten Freund Rothe bin ich jeden Tag dankbar dafür, daß er vor zehn Jahren einen ziemlich chaotischen Gedankenkreis bei mir auf einmal erleuchtete mit dem Wort ‚Juristische Person'."[545]

Rothe riet *Abbe*, eine Stiftung zu errichten, welche durch Genehmigung des Staates eine juristische Person werden sollte. In einem weiteren Schritt sollte *Abbe* seine Anteile an den Betrieben an die Stiftung übertragen. Dieser entscheidende Vorstoß, die Überlegung, eine Stiftung zu errichten, wurde sodann die Basis aller weiteren Schritte.[546]

Zur Feier des 50-jährigen Bestehens der Optischen Werkstätte sagte *Abbe* über *Rothe*:

> „Er hat damit die Wege anbahnen und befestigen helfen, auf welchen die Angelegenheiten unseres Unternehmens in Zukunft zu leiten sind [...]. Ihm aber steht noch ein besonderer Anteil auch an der Gestaltung der jetzigen Einrichtungen selbst zu. Denn sein weitausblickender Rat hat die früher bezeichneten Bestrebungen zuerst in die Richtung gelenkt, in welcher der entscheidende Schritt nachher geschehen konnte: die Konstituierung der selbstständigen juristischen Person als Träger der hiesigen Unternehmungen."[547]

---

544 Ebd. S. 59.

545 *Abbe*, Grundlagen der Lohnregelung, S. 127.

546 *Schomerus*, Werden und Wesen der Carl-Zeiss-Stiftung, S. 65 f.

547 *Abbe*, Gedächtnisrede, S. 91.

Die Verbindung einer Stiftung mit wirtschaftlichen Unternehmen war zum Zeitpunkt der Gründung neu und ohne rechtliche Vorbilder. Der unerschütterlicher Umsetzungswille *Abbes* sollte die Carl-Zeiss-Stiftung zur ersten Unternehmensträgerstiftung Deutschlands machen.[548] Aus jeder Perspektive war diese rechtliche Gestaltung etwas Besonderes.

Abbe war derart begeistert von der Idee einer solchen Stiftungsgründung, dass er sich sogleich an die Umsetzung machte.[549] Im März 1888 erklärte er deswegen folgendes:

> „1. Ich errichte eine Stiftung zum Zweck der Förderung der Naturwissenschaften und mathematischen Studien an der Universität Jena, welcher die Rechte einer milden Stiftung und die juristische Persönlichkeit von Seiten der Großherzoglichen Staatsregierung zu verleihen sein würde, jedoch ohne daß eine Veröffentlichung bei meinen Lebzeiten erfolgen dürfte."[550]

Allerdings mussten diese Ideen noch vom Großherzogtum genehmigt werden. Bereits zwei Tage später bestätigte Ministerialdirektor *Guyet* an *Abbe*, dass der Großherzog die Stiftung und Verwirklichung des Planes gern genehmigen würde.[551] Grundlage einer dafür zu errichtenden Urkunde sollten die Denkschrift und die obige Erklärung vom 5. März 1888 werden.[552]

Das Staatsministerium empfahl *Abbe*, die Stiftung als Erbin seiner Geschäftsanteile einzusetzen.[553] Dieser Hinweis führte wenig später zum Erbeinsetzungsvertrag *Abbes*.

Für *Abbe* war die Überwindung der rechtlichen Probleme, welche er zu diesem Zeitpunkt erreicht zu haben glaubte, ein immenser Fortschritt. Ohne die

548 *Herberger*, Stiftungsunternehmen, S. 182; *Heuel*, Die Entwicklung der Unternehmensträgerstiftung, S. 15, 19; *Kollascheck*, Die Geschichte des deutschen Stiftungswesens am Beispiel der Carl-Zeiss-Stiftung, S. 40.

549 *Schomerus*, Werden und Wesen der Carl-Zeiss-Stiftung, S. 66.

550 *Abbe* am 5. März 1888 in *Schomerus*, Werden und Wesen der Carl-Zeiss-Stiftung, S. 66 f.

551 *Guyet*, in *Schomerus*, Werden und Wesen der Carl-Zeiss-Stiftung, S. 67 f.; sowie das Staatsministerium an *Abbe* am 10. März 1888 in *Schomerus*, Werden und Wesen der Carl-Zeiss-Stiftung, S. 68.

552 *Guyet*, in *Schomerus*, Werden und Wesen der Carl-Zeiss-Stiftung, S. 68; sowie das Staatsministerium an *Abbe* am 10. März 1888 in *Schomerus*, Werden und Wesen der Carl-Zeiss-Stiftung, S. 68.

553 Das Staatsministerium an *Abbe* am 10. März 1888 in *Schomerus*, Werden und Wesen der Carl-Zeiss-Stiftung, S. 68.

Ratschläge und Hilfe der Berater sei dies nicht möglich gewesen, schrieb *Abbe*.[554] Die Berater selbst zeigten sich bei der weiteren Ausarbeitung der Stiftung ergriffen von der Güte und ausschweifenden Gemeinnützigkeit *Abbes*.[555]

Die Bestätigung durch den Großherzog führten zu vielen weiteren Sitzungen und Besprechungen in den Jahren 1888 und 1889, die sich nun mit der Gestaltung einer Stiftungsurkunde und eines Erbeinsetzungsvertrages beschäftigten. Im Mai 1889 wurde die Carl-Zeiss-Stiftung gegründet:

> „Se. Königliche Hoheit der Großherzog haben in der heutigen Sitzung des Großh. Gesamtministeriums folgendes zu beschließen geruht:
> 1. Die vom Professor Dr. Abbe in Jena unter dem Namen ‚Carl-Zeiss-Stiftung' errichtete Stiftung, […], erhält die höchste Genehmigung und es wird ihr die juristische Persönlichkeit verliehen.
> 2. Ebenso wird der mit vorgelegte Erbeinsetzungsvertrag mit Vorbehalt dereinstiger Entschließung über den Antritt der Erbschaft genehmigt."[556]

Am 19. Mai 1889 unterzeichneten *Ernst Abbe* und seine Ehefrau *Elise Abbe* die Stiftungsurkunde zur Errichtung der Carl-Zeiss-Stiftung.

Außerdem wurde der Erbeinsetzungsvertrag eingeführt, durch welchen der Staat Weimar und die Universität Jena zu Erben der Stiftung wurden. Die Carl-Zeiss-Stiftung ratifizierte diesen Vertrag in ihrem ersten Akt.[557] Damit war die Stiftung als eine landesherrlich bestätigte juristische Person mit dem Erbeinsetzungsvertrag durch Familie *Abbe* gegründet worden.

6. Fazit

Seit der Errichtung des Ministerialfonds im Mai 1886 waren drei, seit der ersten Gewinnthesaurierung der Firma Zeiss 1883, sechs Jahre vergangen. *Abbe* hatte jede denkbare Alternative zur Umsetzung seiner Ideen in Betracht gezogen. Die Suche nach einer passenden Rechtsform, die Besprechungen und Planung dieser sind von enormem Zeitaufwand geprägt gewesen.

Ob und inwieweit andere Rechtsformen der Stiftung vorausgingen, bleibt fraglich. *Steinfeld* meint, dass *Abbe* die Genossenschaft und die Aktiengesellschaft in seine Überlegungen miteingezogen hätte, ehe er sich für die Stiftungsgründung

---

554 Die genauen Worte u.a. in *Abbe* an *Stichling* am 17. März 1888 in *Schomerus,* Werden und Wesen der Carl-Zeiss-Stiftung, S. 69.

555 *Schomerus,* Werden und Wesen der Carl-Zeiss-Stiftung, S. 70 ff.

556 Nachricht von *Guyet* aus dem Protokoll am 10. Mai 1889 in *Schomerus,* Werden und Wesen der Carl-Zeiss-Stiftung, S. 75.

557 *Schomerus,* Werden und Wesen der Carl-Zeiss-Stiftung, S. 77.

entschieden hätte.[558] Die dazu herangezogenen Quellen stammen allerdings aus Vorträgen und Erklärungen *Abbes,* die er nach der Stiftungsgründung veröffentlichte.[559] Aus den Quellen und Briefkorrespondenzen *Abbes* mit seinen Beratern ergeben sich solche Überlegungen nicht.

Es bleibt nur zu vermuten, dass die Genossenschaft unter anderem wegen der verbleibenden Satzungsautonomie und des Demokratieprinzips der Mitglieder im Ergebnis nicht in Betracht gezogen wurde.[560]

Es kann nur vermutet werden, dass *Abbe* und sein Beraterkreis auch über die Aktiengesellschaft als Rechtsform beraten hatten. Allerdings war die Satzung dieser nach der gesetzlichen Gestaltung dispositiv[561] und geleitet vom „Diktat des Kapitals."[562] Ob Aktiengesellschaften als rein kapitalistische Unternehmensformen ernsthaft in Betracht gezogen wurden, muss hier unbeantwortet bleiben.[563] Diese Rechtsformen hätten *Abbes* Ziele zu diesem Zeitpunkt nicht dauerhaft absichern können.

Die Gestaltung einer Stiftungskonstruktion war nach damaliger Rechtslage und angesichts der Motive *Abbes* die beste Lösung. Besonders spannend ist, dass die Carl-Zeiss-Stiftung in ihrem Entstehungsprozess zwar von der Genehmigung des Staates abhängig war, ihre Ausgestaltung aber *Abbe* ‚allein' oblag. Diese Freiheit könnte auch darauf zurückgeführt werden, dass die Regelungen, die für die Carl-Zeiss-Stiftung, die Betriebe und die Familie *Abbe* getroffen wurden, weder wirtschaftliche noch juristische Beispiele zum Vorbild hatten.

Im Ergebnis war die Carl-Zeiss-Stiftung im Jahr 1889 eingeführt worden. Durch den Erbeinsetzungsvertrag wurde sie zur Erbin der Familie *Abbe* und *Ernst Abbe* hatte (vorerst) eine Lösung gefunden.

---

558 *Steinfeld*, Unternehmen ohne Eigentümer, S. 68 ff.

559 Beispielsweise wird als Grundlage der Überlegungen zur Genossenschaft der Vortrag *Abbes* „Über Gewinnbeteiligung (…)" vom 28. Januar 1897 in Jena herangezogen. Die Quelle ist nachzulesen in *Schomerus,* Werden und Wesen der Carl-Zeiss-Stiftung, S. 102 ff.

560 Zu diesen Merkmalen Seite 71.

561 Dazu Seite 72.

562 *Steinfeld*, Unternehmen ohne Eigentümer, S. 71.

563 Als eine Quelle dient die Gedächtnisrede *Abbes* aus dem Jahr 1896 zur Feier des 50jährigen Bestehens der Optischen Werkstätte und zum anderen die Motive und Erläuterungen zum Entwurf des Stiftungsstatuts der Carl-Zeiss-Stiftung. Letztere sind jedoch ebenfalls im Nachhinein, im Mai 1895, von *Abbe* veröffentlicht worden; *Abbe,* Gedächtnisrede, S. 60 ff.; *Steinfeld*, Unternehmen ohne Eigentümer, S. 70 ff.

V. Die Gründung der Carl-Zeiss-Stiftung 1889

Die Stiftung Verantwortungseigentum beruft sich gegenwärtig häufig auf die Carl-Zeiss-Stiftung als Verantwortungseigentümerin seit dem Jahr 1889.[564] Das ist indes nicht ganz richtig.

Die Stiftung verfügte 1889 nur zum Teil über die Prinzipien, auf die sich Verantwortungseigentümer:innen heute berufen. Die Besonderheit der Stiftung, ihre unternehmerischen Ausrichtungen, erhielt die Stiftung erst durch das spätere Stiftungsstaut von 1896. In einigen Werken wird sogar davon ausgegangen, dass die Errichtung der Stiftung mit der Urkunde von 1889 nur ein vorübergehender Akt war.[565]

Ob und inwieweit das Statut von 1889 tatsächlich nur überbrückend angesetzt war, ergibt sich aus diesem selbst nicht. Das Stiftungsstatut des Jahres 1896 nahm aus rechtswissenschaftlicher Perspektive, wie auch im Hinblick auf die Sozialpolitik, eine wesentlich entscheidendere Rolle ein. Auf das Statut des Jahres 1889 soll im Folgenden deswegen nur kurz eingegangen werden.

1. Inhalt des Stiftungsstatuts von 1889

Mit dem Stiftungsstatut von 1889 erhielt die Carl-Zeiss-Stiftung ihre erste Verfassung. In Paragraph eins des Statuts von 1889 wurde der Zweck der Stiftung festgelegt. Darin heißt es:

> „Die Zwecke dieser Stiftung sollen sein:
> A. Pflege der Zweige wissenschaftlicher Industrie, welche durch die Optische Werkstätte von Carl Zeiss und die Glasschmelzerei der Firma Schott & Gen. unter meiner Mitwirkung in Jena eingebürgert worden sind – durch Anteilnahme an der späteren Verwaltung dieser beiden Institute nach Maßgabe der bestehenden Verträge und der im Folgenden enthaltenen Anordnungen.
> B. Förderung mathematisch-wissenschaftlicher Studien in Forschung und Lehre durch Zuwendung von Mitteln hierfür an die Universität Jena gemäß den nachfolgenden besonderen Bestimmungen."

Hier wird erkennbar, dass die Stiftung, der stiftungsrechtlichen Tradition folgend, noch primär gemeinnützig agierte. Wirtschaftliche Zwecke, nach § 1 A, waren wenig konkretisiert worden.

Die Verwaltung der Stiftung und die Verteilung der Gelder übernahm das Großherzogliche Sächsische Staatsministerium.[566] Das Vermögen der Stiftung

564 Siehe in Fn. 37.
565 So *Auerbach*, Das Zeisswerk, S. 154.
566 §§ 1, 4, 5 Statut der Carl-Zeiss-Stiftung von 1889.

stammte zum einen aus dem Ministerialfonds von 1886 und zum anderen aus den Geldern, die *Abbe* persönlich zu Lebzeiten und durch letztwillige Verfügung an die Stiftung übertrug.[567] *Abbes* Vermögen sollte der Stiftung fortan dienen, § 6 b) des Stiftungsstatuts von 1889:

> „Für meine Lebenszeit verpflichte ich mich, der Stiftung anstatt der bisherigen Leistungen an den Ministerialfonds für wissenschaftliche Zwecke von jährlich 6000 Mark, vom 1. Oktober 1888 jährlich 20000 Mark bar zuzuwenden."

Die jährlichen Zahlungen *Abbes* an die Stiftung sollten diese bereits zu Lebzeiten unterstützen und finanziell ausstatten. Der größte Vermögenszuwachs war jedoch erst mit dem Ableben *Abbes*, durch den Erbfall, geplant.[568] Abgesehen von den Zahlungen *Abbes* zu Lebzeiten musste das Vermögen durch die Reinerträge der Betriebe und deren Überschüsse finanziell ausgestattet werden.[569]

Gemäß § 7 des Statuts von 1889 sollte die Stiftung außerdem Universalerbin *Abbes* werden und hätte mithin seine geschäftlichen Anteile an den Unternehmen erhalten. Nach § 8 des Statuts hieß es:

> „Die Stiftung soll an der Geschäftsführung bei beiden gewerblichen Unternehmungen nach Maßgabe der Gesellschaftsverträge stets selbsttätigen Anteil nehmen, sofern nicht zeitweilig der Mangel einer zu ihrer Vertretung geeigneten Person ein Provisorium nötig macht."

Sodann traf *Abbe* konkrete Vorgaben zu den einzelnen Betrieben, den Optischen Werkstätten und der Glasschmelzerei und führte aus:

> „Soll aber bei der einen oder anderen der beiden Anstalten der Fall eintreten, daß die Stiftung für die Geschäftsführung allein zu sorgen hätte, so muß diese Geschäftsführung in der Weise organisiert werden, daß die wissenschaftlichen, technischen und kaufmännischen Interessen dabei gleichmäßig zu ihrem Rechte kommen. […]
> Insofern die Stiftungsverwaltung in die Lage kommt, sich im unmittelbaren Verkehr mit den anderen Gesellschaftern eines Vertreters zu bedienen, z.B. bei der jährlichen Beratung über die Bilanz und die Gewinnverteilung, bei u.a.m., hat solche Vertretung durch einen höheren Staatsbeamten zu erfolgen."[570]

Seine Ausführungen über die Rolle der Stiftung in der Geschäftsführung sind darauf zurückzuführen, dass *Abbe* zu diesem Zeitpunkt nicht alleiniger Inhaber,

567 §§ 5, 6, 7 Statut der Carl-Zeiss-Stiftung von 1889.

568 Seite 109.

569 Die Gelder, die *Abbe* zu Lebzeiten spendete, flossen in einen Rücklagenfonds; § 11 Statut der Carl-Zeiss-Stiftung von 1889.

570 § 8 Statut der Carl-Zeiss-Stiftung von 1889.

sondern nur hälftiger Anteilsinhaber der Firmen Zeiss und der Firma Schott zu einem Drittel war.[571] Eine wirtschaftliche Ausrichtung der Stiftung war damit zwar teilweise möglich, jedoch nur in Höhe der Anteile *Abbes.*

Dadurch entstanden für *Abbe* erneut rechtliche Unsicherheiten, die unter anderem auf die (noch) bestehenden gesellschaftsvertraglichen Beziehungen zu *Roderich Zeiss* und *Otto Schott* zurückzuführen waren. Die Situation bot keine Garantie dafür, dass das Unternehmen langfristig gesichert war und nicht doch irgendwann persönlichen Interessen zum Opfer fiel.

Bezüglich der Betriebe führte *Abbe* gemäß § 9 weiter aus, dass der Erhalt der Betriebe über sein Ableben und das seiner Geschäftspartner hinaus oberste Prämisse sein sollte. Die Anteile, die die Stiftung in diesem Fall erwerben sollte, würden in jedem Fall unveräußerlich bei dieser verbleiben.[572]

Der Fortschritt der Unternehmen sollte durch die technische Vervollkommnung in Unterstützung tüchtigen, technischen, wissenschaftlichen und kaufmännischen Personals durchgesetzt werden.[573] Wie diese rechtlich offenen Formulierungen konkret umgesetzt werden sollten, schrieb *Abbe* hingegen nicht.

Des Weiteren hatte die Stiftung soziale Pflichten den Betrieben insbesondere der Belegschaft gegenüber wahrzunehmen. Für Invalide und Hinterbliebene hatte *Abbe* bereits 1888 einen Pensionsfonds eingeführt. Die Fürsorge betrachtet er als seine unternehmerische Pflicht innerhalb der Betriebe.

In den 17 Paragraphen des Stiftungsstatuts wird deutlich, was *Abbe* durch die Gründung der Stiftung zu manifestieren suchte: Ein generationenübergreifendes juristisches Modell, welches die Vorstellungen der gesellschaftlichen und sozialen Fürsorge parallel zu wirtschaftlich wachsenden Betrieben und deren Belangen, absichern konnte.

Immer wieder stieß *Abbe* jedoch auf persönliche gesellschaftsvertragliche Probleme. Da weder er noch die Stiftung über die gesamten Anteile der Firmen verfügte, blieb ihm zu diesem Zeitpunkt nur die Hoffnung, dass die Leitung der Betriebe in dieser Konstellation aus natürlichen Personen und Stiftung gelingen würde. Auch aus diesem Grund vereinbarte er folgenden Erbeinsetzungsvertrag.

---

571 *Carl Zeiss* war 1888 gestorben und somit nicht mehr Gesellschafter der Unternehmen.

572 Eine Ausnahme sei nur dann zulässig gewesen, wenn die Betriebe ihrerseits unter 12 % des gesamten Betriebskapitals fallen würden; § 12 Statut der Carl-Zeiss-Stiftung von 1889.

573 § 9 Statut der Carl-Zeiss-Stiftung von 1889.

2. Der Erbeinsetzungsvertrag von 1889

Abbe versuchte seinen Nachlass möglichst nachhaltig zu regeln. Gegenwärtigen Gestaltungsmöglichkeiten wie Erbverträge (heute in §§ 2274 ff., 2278 BGB) gab es bereits zum Ende des 19. Jahrhunderts.

Mittels des Erbeinsetzungsvertrags mit der Carl-Zeiss-Stiftung ernannte *Ernst Abbe* die Stiftung, die kurz zuvor genehmigt wurde, „[*z*]ur alleinigen Erbin seines gesamten dereinstigen Nachlasses, soweit nicht nachstehend etwas anderes bestimmt [*war*].“[574]

Mittels Vertrag regelte er, dass die Anteile der Firmen Schott und Zeiss, die Forderungen seiner Lebensversicherung sowie die Grundstücke, die ihm zur Zeit seines Ablebens zustünden, auf die Stiftung übergehen sollten.[575]

Ausgeklammert davon blieben das private Wohnhaus und das Konto *Abbes*. Darüber hinaus sollte die Stiftung eine Auszahlung zugunsten der Angehörigen *Abbes* vornehmen, namentlich seiner Ehefrau *Elise Abbe* und seiner Töchter.

Auch nach dem Tod *Abbes* sollte *Elise Abbe* jährlich ein Zehntel der Reingewinne seiner Anteile zur Ausschüttung zustehen. Das Vermögen konnte Frau *Elise Abbe* sodann nach eigenem Ermessen zugunsten solcher Zwecke investieren, die nicht „ihr oder den Töchtern Vermögensvorteile“ brächten, sondern weitere Zwecke verfolgten.[576] Abbe hatte bei der Verfolgung seiner Ziele ein zum Teil angespanntes Verhältnis zu den anderen Gesellschaftern entwickelt:

> „Meine beiden Genossen aber, die Herren Dr. R. Zeiss und Dr. O. Schott, bitte ich, zu einer angemessenen Regelung ihrer Gesellschaftsverhältnisse mit der Carl-Zeiss-Stiftung freundlichst die Hand bieten zu wollen. Ihre Bereitwilligkeit hierzu halte ich mich umso mehr versichert, als sie beide schon bei meinen Lebzeiten meine Entschließungen betreffs meiner Rechtsnachfolge in unseren Verträgen gebilligt und ausdrücklich anerkannt haben, daß durch diese Entschließungen weder ihre Parteiinteressen noch das Interesse der von ihnen vertretenen Institute in ungünstigem Sinne berührt werden.“[577]

Dazu führte *Abbe* an *Roderich Zeiss* am 05. Februar 1891 aus:

> „Denn das geltende Familien- und Erbrecht gestattet mir zwar, beliebige Summen auf die törichste Art zu verschwenden […] – es gestattet mir aber nicht, mehr als die Hälfte,

574 *Abbe,* Stiftungsurkunde 1889, S. 90 ff.

575 Ebd. S. 91.

576 Ebd. S. 92 f.

577 *Abbe,* Stiftungsurkunde 1889, S. 95.

> sei es auch für die vernünftigsten und anständigsten Zwecke, durch Schenkung oder testamentarische Verfügung meinen natürlichen Erben zu entziehen."[578]

Abbe befürchtete, dass die Auszahlung der Beiträge von der Stiftung an die Erben in ein weniger ertragreiches Geschäftsjahr fallen könnten und die Zukunft der Stiftung gefährdet wäre.[579] Dafür konnte auch der Erbeinsetzungsvertrag weder Gewähr bieten noch Regelungen treffen. Er nahm an, dass zum Zeitpunkt seines Ablebens der dauerhafte und sichere Fortbestand der Stiftung unter persönlichen Interessen der Gesellschafter leiden könnte.

Des Weiteren befürchtete er den ‚Groll' seiner eigenen Familienmitglieder. Wahrscheinlich unter dem Eindruck der Fraunhofer Betriebe[580] formulierte *Abbe* die Bitte an seine Familie, die „Teilung [des] Besitzes zwischen Familie und einer gemeinnützigen Stiftung nicht als eine Beeinträchtigung ihrer eigenen Rechte an[zu]sehen."[581]

Im Ergebnis rundete der Erbeinsetzungsvertrag die Ziele der Stiftung gemeinsam mit dem Stiftungsstatut des Jahres 1889 ab. Dass die Weitergabe der Gesellschaftsanteile an die Stiftung, das Stiftungsstatut und der Erbeinsetzungsvertrag dazu erforderlich waren, zeigt deutlich, dass bereits im 19. Jahrhundert komplizierte und aufwendige Konstrukte notwendig waren, um generationenübergreifende und vermögensbindende Unternehmen abzusichern. Das Statut aus dem Jahr 1889 wurde im Jahr 1896 vom neuen Stiftungsstatut ersetzt, welches die Motive *Abbes* endgültig absichern sollte.

3. Fazit

Das Stiftungsstatut aus dem Jahr 1889 sowie der Erbeinsetzungsvertrag haben, wie auch *Schomerus* feststellt, vor allem historische Bedeutung.[582] Das Statut von 1889 folgt in erster Linie gemeinnützigen Zwecken, die vor allem soziale und gesellschaftliche Ziele forcieren. Ausführlicher umschrieb *Abbe* hingegen die Mittelverwendung durch die Universität als Destinatären.

Die 17 Paragraphen machen deutlich, was *Abbe* durch die Gründung der Stiftung zu manifestieren suchte: Ein generationenübergreifendes juristisches

578 *Abbe* an *Zeiss* am 5. Februar 1891 in *Schomerus*, Werden und Wesen der Carl-Zeiss-Stiftung, S. 127.

579 *Schomerus*, Werden und Wesen der Carl-Zeiss-Stiftung, S. 127.

580 Ausführungen dazu auf Seite 109.

581 *Abbe* im Erbeinsetzungsvertrag vom 28. Mai 1889 in *Schomerus*, Werden und Wesen der Carl-Zeiss-Stiftung, S. 95.

582 *Schomerus* in *Abbe*, Stiftungsurkunde 1889, S. 77 ff.

Modell, welches die Vorstellungen der gesellschaftlichen und sozialen Fürsorge, parallel zu wirtschaftlich wachsenden Betrieben und deren Belangen, absichern konnte.

Pflege, Erhalt und Verwaltung der Betriebe waren mit dem Statut des Jahres 1889 allerdings noch nicht in den Vordergrund getreten. Der Umstand, dass die Stiftung zum Zeitpunkt der Bekanntmachung dieses ersten Statuts von 1889 noch nicht über alle Gesellschaftsanteile verfügte, machte eine unmittelbare Ausrichtung auf- und eine Übergabe der Betriebe an die Stiftung juristisch noch unmöglich.

Darüber hinaus waren die Normierungen unkonkret und der juristischen Auslegung gegenüber zugänglich. Damit blieben rechtliche Unsicherheiten bestehen, die insbesondere aus der Verbindung natürlicher Personen, namentlich *Roderich Zeiss* und *Schott,* mit einer juristischen Person, der Stiftung, resultierten. Die Carl-Zeiss-Stiftung war im Jahr 1889 noch keine Unternehmensträgerstiftung.[583] *De jure* standen ihre Anteile an den Betrieben zum Großteil noch den Gesellschaftern zu.

Damit war noch kein Unternehmen in Verantwortungseigentum entstanden. Lediglich die Ziele *Abbes* zur Thesaurierung seiner Anteile und die damit einhergehende langfristige Sicherung, die jenseits der gängigen Erbfolge vorgenommen werden sollte, stimmten bereits mit dem heutigen Modell des Unternehmens in Verantwortungseigentum überein.

Dass *Abbe* dabei bereits große Teile des Gewinnes der Universität zuführte und nicht als persönliches Vermögen betrachtete, befördert ihn zwar noch nicht zum Verantwortungseigentümer, unterstreicht gleichwohl jene Prinzipien, die er wenig später umsetzen sollte. Die Durchsetzung weiterer Ziele hing jedoch maßgeblich von der Mitarbeit der Gesellschafter *Schott* und *Roderich Zeiss* ab, die *Abbe* in einem weiteren Schritt forcierte.

VI. Die Übertragung der Unternehmensanteile

Für die Verkettung der unternehmerischen und philanthropischen Zwecke ist die Carl-Zeiss-Stiftung und *Ernst Abbe* im Rahmen des Verantwortungseigentums bekannt geworden. Bis zur Verkündung des Stiftungsstatuts der Carl-Zeiss-Stiftung im Jahr 1896 sollte das traditionell stiftungsrechtliche[584] Statut von 1889

583 Erklärungen dazu ausführlicher ab Seite 67.

584 Mit ‚traditionell stiftungsrechtlich' ist hier die Ausrichtung auf gemeinnützige Zwecke gemeint.

ausreichend juristische Sicherheit für *Abbes* Motive bieten. Eine stärkere wirtschaftliche Ausrichtung der Stiftung wurde, um *Abbes* Ideen gerecht zu werden, jedoch notwendig. Der Weg dorthin und die juristischen Schritte werden im Folgenden beleuchtet.

1. Das Ausscheiden von Roderich Zeiss

Im Jahr 1888 war *Carl Zeiss* gestorben. Die Führung der Betriebe als Gesellschafter oblag nun *Roderich Zeiss* gemeinsam mit *Ernst Abbe* und *Otto Schott*.[585] *Abbe* hatte seine eigenen Geschäftsanteile an den Firmen Zeiss und Schott 1889 mittels Stiftungsstatut (gemäß §§ 7, 8, 10) und durch Erbeinsetzungsvertrag an die Stiftung übertragen.

Im Jahr 1889 korrespondierten *Abbe* und *Roderich Zeiss* in zahlreichen Briefen über das Fortwirken von *Roderich Zeiss* in den Firmen.[586] *Abbe* und *Zeiss*, ursprünglich freundschaftlich verbunden, entzweiten sich durch diese Auseinandersetzungen.

Aus *Abbes* Perspektive schien *Roderich Zeiss* eine ‚Bremse' für zukünftige Unternehmungen zu sein.[587] Er sah in ihm einen „nur kapitalistisch beteiligten Nutznießer"[588], der aus *Abbes* Sicht über wenig Mitarbeit, Unternehmensgeist und Innovationswillen verfügte. Außerdem sah er die Betriebsführung der Unternehmen durch diese Mitarbeit in Gefahr:

> „Für den gedeihlichen Fortbestand des Unternehmens ist meiner Überzeugung nach einem derartigen Schwanken in allen Entschlüssen, großen und kleinen, wie es seit ziemlich einem Jahr bei uns die Regel geworden [*ist*], geradezu verhängnisvoll."[589]

Für die Durchsetzung seiner Ziele sah *Abbe* es als notwendigen Schritt, dass sich die geschäftlichen Verhältnisse veränderten.

Aber nicht nur *Abbe* sorgte sich um die Zukunft der Stiftung. Auch die Stiftungsverwaltung, vertreten durch Berater *Guyet* und den Universitätskurator

---

585 Im Handelsregister ist das Ausscheiden *Carl Zeiss* infolge seines Ablebens aus der Firma Carl Zeiss erst mit Beschluss vom 17. April 1889 bestätigt worden; ZEISS Archiv, Abschrift aus dem alten Handelsregister, Band I Fol. 49.

586 Nachzulesen sind die Briefe an und von *Abbe* in *Schomerus,* Werden und Wesen der Carl-Zeiss-Stiftung, S. 99 ff.; gut dargestellt auch von *Demel,* Auf dem Weg zur Verantwortungsgesellschaft, S. 202 ff.

587 So auch *Demel,* in Auf dem Weg zur Verantwortungsgesellschaft, S. 208.

588 *Schomerus,* Geschichte des Jenaer Zeisswerkes 1846-1946, S. 113.

589 *Abbe* an *Roderich Zeiss* am 23. November 1889 in *Schomerus,* Werden und Wesen der Carl-Zeiss-Stiftung, S. 102.

Eggeling, hatte Zweifel an der finanziellen Widerstandskraft der Stiftung im Erbfalle.[590]

Abbe betrachtete einen Verbleib beider Gesellschafter, sich selbst und *Roderich Zeiss*, in den Unternehmen als nicht zukunftsfähig und schrieb an *Roderich Zeiss*:

> „Um Ihnen nun gleich einige Unterlagen zu bieten zur Erwägung der verschiedenen Modalitäten, unter denen wir eine Trennung in der Geschäftsleitung herbeiführen können – auf das Ziel gerichtet, entweder Sie allein, oder ich allein."[591]

Deswegen kam es zu Verhandlungen zwischen *Roderich Zeiss* und *Abbe*, die erst 1891 einen Abschluss fanden. *Abbes* Zweifel an der Stiftungsgestaltung hatten sich nach ihrer Errichtung verfestigt. Auch für *Roderich Zeiss* schienen die rechtlichen Unsicherheiten und das mangelnde Vertrauen keinen wünschenswerten Zustand darzustellen. Er schrieb an *Abbe*:

> „Das einzige Mittel, welches ich habe, um innerhalb des geltenden Rechts die Erfüllung meiner Absichten sicherzustellen, besteht darin, daß ich bei Lebzeiten – und zwar jetzt – die Vermögensobjekte (meine beiden Geschäftsanteile bei Firma Zeiss und Firma Schott einschließlich meines Anteils am Pensionfonds und einschließlich der von mir schon angesammelten privaten Geschäftsreserven) an die Stiftung durch Kaufvertrag abtrete und dabei auf fernere Gewinnbeteiligung verzichte."[592]

Nachdem es Ende des Jahres 1889 bereits den Versuch einer Einigung zwischen *Roderich Zeiss*, *Abbe* und der Stiftungsverwaltung gegeben hatte, gab es im Jahr 1891 den Vorstoß: Die bestehenden Verträge zwischen *Roderich Zeiss*, *Abbe* und *Schott* sollten aufgelöst werden und *Roderich Zeiss* von seiner Position als Gesellschafter zurücktreten.

Im Juni 1891 trat *Roderich Zeiss* daraufhin seine Geschäftsanteile ab und aus seiner Stellung als offener Gesellschafter[593] der Firmen Zeiss und Schott

---

590 Erkennbar im Brief von *Eggeling* an *Guyet* in *Schomerus*, Werden und Wesen der Carl-Zeiss-Stiftung, S. 138 f.

591 *Abbe* an *Zeiss* am 23. November 1889 in *Schomerus*, Werden und Wesen der Carl-Zeiss-Stiftung, S. 101 ff.

592 *Roderich Zeiss* an *Abbe* am 5. Februar 1891 in *Schomerus*, Werden und Wesen der Carl-Zeiss-Stiftung, S. 127 f.

593 Innerhalb der Quellen und Verträge zum Ausscheiden der Gesellschafter aus den Betrieben ist stets die Rede von der „offenen Gesellschafterstellung." Die offene Handelsgesellschaft gab es auch im 19. Jahrhundert gemäß Art. 85 ff. ADHGB im Großherzogtum Sachsen-Weimar-Eisenach. Die Betriebe selbst wurden jedoch nie als eine solche OHG rechtlich definiert. Bis zur Reform 2004 verfügten die Betriebe *de jure* über keine Rechtsform. Warum es hier zu einer solchen Bezeichnung kam ist unklar.

zurück.[594] Dafür erhielt er Abfindungszahlungen für die Abtretung der Geschäftsanteile beider Firmen.[595]

> „Indem ich Ihnen auch meinerseits danke für die in Ihrem geehrten Schreiben ausgesprochene Anerkennung bitte ich Sie, meine aufrichtigen Segenwünsche für die gedeihliche Weiterentwicklung eines Unternehmens, in welchem weiter mitzuwirken mir leider versagt ist, entgegennehmen zu wollen."[596]

Während dieser Schritt für *Roderich Zeiss* sehr schwer schien, bedeutete dies für *Abbe*, dass er nun die Ausgestaltung der Stiftung, jenseits persönlicher Gesellschafter, vornehmen konnte.

2. Vollendung der Übertragung

Im Sommer des Jahres 1891 kam es zu den langersehnten Verträgen zwischen *Roderich Zeiss*, *Schott*, *Abbe* und der Carl-Zeiss-Stiftung. Früher als im Erbeinsetzungsvertrag und im Stiftungsstatut von 1889 geplant, trat auch *Abbe* alle Anteile an den Unternehmen an die Stiftung ab, der bis zu diesem Zeitpunkt ebenfalls Gesellschafter gewesen war.

Im Detail bedeutete dies, dass *Abbe* und *Roderich Zeiss* alle ihnen zustehenden Anteile an den Firmen Zeiss und Schott an die Stiftung abtraten. Dafür erhielten sie Abfindungen. *Abbe* erhielt eine Abfindung in Höhe von 300.000 Mark. Der Erbeinsetzungsvertrag, der dadurch obsolet war, wurde aufgehoben.[597]

> „Die Carl-Zeiss-Stiftung übernimmt nach dem Stand der Eingangsbilanz vom 1. Oktober 1890 die Optische Werkstätte mit ihrem gesamten beweglichen und unbeweglichen Inventar, den vorhandenen Waren und baren Vorräten, sämtlichen Außenständen und allem, was sonst noch der Firma Carl Zeiss gehörte, zum Zweck der Fortführung des Geschäftes auf eigene Rechnung in alleinige Verwaltung, erkennt die seit dem 1. Oktober 1890 bewirkten Geschäfte als auf ihre Rechnung gehend an und tritt in alle entstehenden Rechts- und Schuldverhältnisse der Firma als alleinige Gläubigerin und Schuldnerin ein.

---

594 *Schomerus,* Werden und Wesen der Carl-Zeiss-Stiftung, S. 100, 116, 136.

595 *Schomerus,* Werden und Wesen der Carl-Zeiss-Stiftung, S. 100; sowie Verträge *Abbes* und *R. Zeiss* mit der Carl-Zeiss-Stiftung in *Schomerus,* Werden und Wesen der Carl-Zeiss-Stiftung, S. 174.

596 *Zeiss* an *Abbe* am 20. Juni 1891 in *Demel,* Auf dem Weg zur Verantwortungsgesellschaft, S. 221.

597 Verträge *Abbes* und *R. Zeiss* mit der Carl-Zeiss-Stiftung in *Schomerus,* Werden und Wesen der Carl-Zeiss-Stiftung, S. 167 ff.

Ingleichen übernimmt die Carl-Zeiss-Stiftung die Geschäftsanteile der Herren Dr. *Abbe* und Dr. *Roderich Zeiss* an der Firma Schott & Gen. nach dem Stande der Eingangsbilanz vom 1. Oktober 1890 zur aktiven und passiven Vertretung, indem sie sich verpflichtet, ihre Beziehungen zu dem in der Firma verbleibenden Gesellschafter Herrn Dr. *Schott* vom 1. Oktober 1891 ab auf dem Fuße gleicher Beteiligung beider Teile vertragsgemäß zu regeln."[598]

Am 30. Juni 1891 schieden *Roderich Zeiss* und *Abbe* offiziell aus dem Betrieb Zeiss aus. Am gleichen Tag wurde die Stiftung als Eigentümerin des Betriebes bekannt gegeben:

„6. 30. Juni 1891:
Die ‚Carl-Zeiss-Stiftung' in Jena ist alleinige Inhaberin der Firma"[599]

Damit war die Firma Zeiss ein Stiftungsbetrieb.

Der Gesellschaftsvertrag der Unternehmen Zeiss und Schott sollte nur noch und auf absehbare Zeit zwischen *Otto Schott* und der Stiftung bestehen. *Otto Schott* hatte seine Zustimmung zum Verkauf der Anteile an den Betrieben zugunsten der Stiftung bereits erteilt. Er selbst verblieb vorerst als Gesellschafter in der Firma Schott & Gen[600] und war damit die einzig verbleibende natürliche Person, die eine Gesellschafterstellung innehatte.

Schott ging mit der Carl-Zeiss-Stiftung einen Gesellschaftsvertrag ein. Er räumte der Stiftung vertraglich ein, dass die Firma Schott & Gen. nach seinem Ableben, aber spätestens zum 30. September 1921 in den alleinigen Besitz der Stiftung fallen würde.[601] Bereits 1919, einige Jahre vor seinem Tod, unternahm er selbst diesen finalen Schritt und übertrug die Gesellschaftsanteile an die Stiftung.[602]

Die Geheimhaltung, um die sich *Abbe* im Stiftungsstatut von 1889 bemüht hatte, war mit Übertragung aller Gesellschaftsanteile auf die Stiftung, die fortan über alle Anteile des Betriebes Zeiss verfügte, hinfällig. Am 30. Juni 1891, dem Tag der amtlichen Eintragung, teilte *Abbe* in der Position als

598 Verträge *Abbes* und *R. Zeiss* mit der Carl-Zeiss-Stiftung in *Schomerus,* Werden und Wesen der Carl-Zeiss-Stiftung, S. 172.

599 ZEISS Archiv, Abschrift aus dem alten Handelsregister, Band I Fol. 49.

600 Ebd., S. 176.

601 § 17 des Vertrages zwischen *Otto Schott* und der Carl-Zeiss-Stiftung in *Schomerus,* Werden und Wesen der Carl-Zeiss-Stiftung, S. 198 f.

602 *Schomerus,* Geschichte des Jenaer Zeisswerkes 1846-1946, S. 114 f.; *Schomerus,* Werden und Wesen der Carl-Zeiss-Stiftung, S. 200.

Stiftungsbevollmächtigter die Veränderungen auch der Belegschaft der Firma Zeiss mit.[603] Erste Reaktionen der Angestellten gegenüber *Abbe* sollen positiv gewesen sein.[604]

Die Carl-Zeiss-Stiftung war im Jahr 1891 damit zwar nicht alleinige Eigentümerin[605] beider Unternehmen, allerdings die erste unmittelbare Unternehmensträgerstiftung der Firma Carl Zeiss[606] und zur Hälfte, das heißt eine sogenannte Beteiligungsträgerstiftung[607] der Firma Schott & Gen. (bis 1919). Damit konnte *Abbe*, früher als geplant, den Gesellschafterkreis auf ein Minimum beschränken.

Diese Veränderungen führten auch zur Gestaltung des finalen Stiftungsstatuts von 1896. Hier war es wiederholt *Abbes* Motivation, der die weitere Regelung von Stiftung und Betrieben antrieb und bereits 1891 an *Roderich Zeiss* schrieb:

> „Das Statut der Stiftung, wie es in der Stiftungsurkunde einstweilen gegeben ist, bedarf angesichts der schon jetzt wesentlich veränderten Verhältnisse auf alle Fälle einer baldigen Reform."[608]

VII. Das Stiftungsstatut der Carl-Zeiss-Stiftung von 1896

1. Einführung und Vorgehensweise

Das Stiftungsstatut von 1896[609], welches *Abbes* Gedanken und Motive rechtlich implementierte, trat im August 1896 in Kraft. Nach der Übertragung der Unternehmensanteile, dauerte die Ausarbeitung fünf Jahre, schließlich gab es zu diesem Zeitpunkt noch keine konkreten Regelungen über die Handlungsfähigkeit von Stiftungen im Zusammenhang mit wirtschaftlich agierenden Unternehmen.

---

603 *Schomerus*, Werden und Wesen der Carl-Zeiss-Stiftung, S. 177; außerdem Anlage A, Ministerialbekanntmachung in *Schomerus*, Werden und Wesen der Carl-Zeiss-Stiftung, S. 181.

604 So zumindest die persönliche Schilderung *Abbes* am 8. Juli 1891 an das Staatsministerium in *Schomerus*, Werden und Wesen der Carl-Zeiss-Stiftung, S. 177 f.

605 Die Verwendung des Begriffes der Eigentümerin könnte zu Verwirrung führen. Die Stiftung war Inhaberin aller Anteile.

606 Zu diesem Ergebnis kommen auch *Herberger*, Stiftungsunternehmen, S. 182; *Heuel*, Die Entwicklung der Unternehmensträgerstiftung, S. 15, 19; *Kollascheck*, Die Geschichte des deutschen Stiftungswesens am Beispiel der Carl-Zeiss-Stiftung, S. 40.

607 Dazu bereits Fn. 311.

608 *Abbe* an *Zeiss* am 5. Februar 1891 in *Schomerus*, Werden und Wesen der Carl-Zeiss-Stiftung, S. 130.

609 Vollständig abgedruckt ist das Statut der Carl-Zeiss-Stiftung von 1896 in *Abbe*, Gesammelte Abhandlungen III, S. 262 ff.

Für die Stiftungsbetriebe bedeutete das Stiftungsstatut von 1896 große Veränderungen. Das neue Stiftungsstatut von 1896 umfasst 100 ausführliche Regelungen betreffend die Belange der Betriebe, der (Aufsichts)Organe, der Verwaltung, der Belegschaft, der Universität und zur Förderung der Stiftungszwecke.

Mit dem Statut wurde die Carl-Zeiss-Stiftung zur ersten Unternehmensträgerstiftung auf deutschem Boden, die gleichzeitig als Einzelkauffrau für die Betriebe auftrat.[610] Das bedeutete gleichzeitig, dass jedes Geschäft und jede Geschäftshandlung mit Verbrauchern oder Handelspartnern über die Carl-Zeiss-Stiftung als Geschäftspartnerin abgewickelt wurde.[611]

Das Stiftungsstatut von 1896 wurde zum 50-jährigen Bestehen der Firma Zeiss verkündet.[612] Das Statut von 1896 ersetzte das vorherige Stiftungsstatut von 1889.

Die Handlungsweisen und Aufgaben der Stiftung werden im Folgenden anhand des Stiftungsstatuts von 1896 untersucht und dargestellt. Die nachfolgenden Ausführungen und Erläuterungen des Stiftungsstatuts von 1896 erfolgen dabei in Abschnitten und orientieren sich an der Reihenfolge der Titel in die das Stiftungsstatut von 1896 aufgeteilt ist.

Die Untersuchung des Stiftungsstatuts von 1896 ist für den rechtlichen Vergleich und die Gegenüberstellung mit dem Konzept des Verantwortungseigentums entscheidend.

2. Titel I. Konstituierende Bestimmungen

a. Zwecke der Stiftung

Die Zwecke der Stiftung wurden mit der Verkündung des neuen Stiftungsstatuts von 1896 maßgeblich verändert. Durch die Übergabe der Gesellschafterrechte von *Roderich Zeiss* und *Abbe* an die Stiftung war diese bereits anteilig zur Unternehmensträgerin geworden.

Das Statut von 1889 hatte primär, der Tradition des Ministerialfonds folgend[613], die Ausschüttungen zugunsten der Universität und die Sicherstellung der Förderung von Wissenschaft und Forschung forciert.[614] Die Entwicklung der

610 Zuerst für Zeiss und später auch für Schott; *Herberger*, Stiftungsunternehmen, S. 183.

611 Dieser Umstand führte später zu Problemen. Zur Reform des Stiftungsstatuts ab Seite 143.

612 *Abbe*, Gesammelte Abhandlungen III, S. 262 f.

613 Seite 105.

614 Seite 115 ff.

Unternehmen wurde darin zwar zum Teil geregelt, war durch die Verwendung unkonkreter Rechtsbegriffe und die persönlichen Gesellschafterverhältnisse noch recht unter- und undefiniert. Der Zweck und die Tätigkeit der Stiftung mussten an diese Veränderungen angepasst werden.

Dies erfolgte in § 1 des Stiftungsstatuts von 1896, der diese Zwecke benennt und sie in „A. im Rahmen der Stiftungsbetriebe" und „B. außerhalb der Stiftungsbetriebe" aufteilt.

Die Stiftungsbetriebe sollten „durch Fortführung dieser Gewerbsanstalten unter unpersönlichen Besitztiteln"[615] geleitet werden. Unter ‚unpersönlichen Besitztiteln' war die Inhaberschaft aller Anteile der Firmen durch die Stiftung gemeint. Die Anteile der Unternehmen bezeichnete *Abbe* wiederholt als sogenannte Besitztitel.

Die Aufgaben und Zwecke der Stiftung waren gemäß § 1 A des Stiftungsstatuts von 1896, die:

> „2. Dauernde Fürsorge für die wirtschaftliche Sicherung der genannten Unternehmungen sowie für Erhaltung und Weiterbildung der in ihnen gewonnenen industriellen Arbeitsorganisation – als der Nahrungsquelle eines zahlreichen Personenkreises und als eines nützlichen Gliedes im Dienst wissenschaftlicher und praktischer Interessen,
> 3. Erfüllung größerer sozialer Pflichten, als persönlicher Inhaber dauernd gewährleisten würden, gegenüber der Gesamtheit der in ihnen tätigen Mitarbeiter, behufs Verbesserung ihrer persönlichen und wirtschaftlichen Rechtslage."[616]

Die neue unternehmerische Ausrichtung der Stiftung tritt hier recht deutlich hervor. Die Stiftung, als Inhaberin und Treuhänderin der Betriebe, konnte durch die ‚unpersönlichen Besitztitel'[617] an den Unternehmen, als Inhaberin dieser, agieren.

Unter § 1 B. des Stiftungsstatuts von 1896 wurden die Zwecke der Stiftung weiter geregelt. Diese waren unter anderem die:

> „1. Förderung allgemeiner Interessen der obengenannten Zweige feintechnischer Industrie im eigenen Wirkungskreis der Stiftungsbetriebe wie außerhalb desselben;
> 2. Betätigung in gemeinnützigen Einrichtungen und Maßnahmen zugunsten der arbeitenden Bevölkerung Jenas und seiner nächsten Umgebung;

---

615 § 1 A. 1. Statut der Carl-Zeiss-Stiftung von 1896.

616 § 1 A. 2., 3. Statut der Carl-Zeiss-Stiftung von 1896.

617 § 1 A. 1. Statut der Carl-Zeiss-Stiftung von 1896.

3. Förderung naturwissenschaftlicher und mathematischer Studien in Forschung und Lehre."

Des Weiteren wird in § 1 B. des Stiftungsstatuts von 1896 ausgeführt:

> „Die unter A. bezeichneten Zwecke sind durch die Stiftung ausschließlich vermöge statutenmäßiger Verwaltung ihrer Gewerbsinstitute und innerhalb dieser zur erfüllen.
> Die unter B. benannten Aufgaben sollen der Stiftung obliegen als Nutznießer der Erträgnisse, welche ihre Unternehmungen übrig lassen mögen, nachdem den erstgenannten Aufgaben in ihnen genügt ist."

Dabei sind mit „Erträgnisse, welche ihre Unternehmungen übrig lassen" die Gewinne, die nach Reinvestition und Ausgaben für die Unternehmen und die Belegschaft übrig waren, gemeint.

Traditionelle Stiftungszwecke, die bis hierhin fast ausschließlich gemeinnützig gestaltet waren[618], wurden den Betrieben untergeordnet. Das bedeutete, dass § 1 A. nicht nur systematisch, sondern auch inhaltlich dem § 1 B. vorausging. Unternehmerische Sicherheit stellte die Grundlage für die die Ausschüttungen zugunsten gemeinnütziger Zwecke dar. Die Rentabilität der Unternehmen bedingte damit alles andere.

Durch Reinvestitionen und Verbesserungen, auch im Hinblick auf die Situation der Angestellten, konnten die Betriebe langfristig profitieren, wachsen und im Ergebnis höhere Ausschüttungen erzielen. Damit waren die Unternehmen und ihre Wirtschaftlichkeit notwendigerweise die Grundlage für gemeinnützige Dividenden.

Als Richtlinie der zu fördernden gemeinnützigen Zwecke führte *Abbe* im Jahr 1900 das sogenannte Ergänzungsstatut zum Statut der Carl-Zeiss-Stiftung ein, in welchem die Anlagen und Verwendungen des Vermögens zugunsten der Forschung, Wissenschaft und Universität ausführlich beschrieben wurden. Danach sollten die sogenannten Jahresüberschüsse des Universitätsfonds zugunsten weiterer Professuren, Institute, der Bibliothek und anderen gemeinnützigen universitätsnahen Zwecken ausgeschüttet werden.[619]

b. Organe und Organisation

Die wirtschaftliche Ausrichtung der Stiftung erforderte auch eine vollständige Änderung der Leitung und Organisation von Stiftung und Betrieben. Zur Sicherung des Statuts mussten Kontrollinstanzen und -Gremien gefunden werden.

---

618 Ausführungen dazu auf Seite 28 f. und Seite 39 f.

619 Art. 1 ff. Ergänzungsstatut zum Statut der Carl-Zeiss-Stiftung.

Gemäß § 4 des Stiftungsstatuts von 1896 bestand die Organstruktur aus der Stiftungsverwaltung, den Vorständen der Betriebe (auch Geschäftsleitungen genannt) sowie dem Stiftungskommissar.

Stiftungskommissar und Stiftungsverwaltung können dabei als oberste Organe der Stiftung bezeichnet werden. Sie beschäftigten sich ausschließlich mit den Belangen und Aufgaben der Stiftung. Parallel dazu überwachte die Stiftungsverwaltung den Reservefonds[620] sowie alle weiteren Mittel der Carl-Zeiss-Stiftung.[621] Über diese Angelegenheiten musste die Stiftungsverwaltung Rechnung ablegen.[622]

Die Stiftungsverwaltung ernannte auch die Mitglieder der Betriebsvorstände (der Geschäftsleitung) gemäß § 25 des Stiftungsstatuts von 1896. Die Vorstände der Betriebe Zeiss und Schott nahmen eine ‚Doppelrolle' ein, einerseits durch die Wahrnehmung betrieblicher Interessen und andererseits durch die Aufgabenerfüllung zugunsten der Stiftung.

Die Stiftungsverwaltung und der Stiftungskommissar wurden nach § 5 des Stiftungsstatuts von 1896 vom Großherzoglichen Sächsischen Staatsministerium besetzt. Der Staat sollte allerdings nur als ein Organ der Stiftung, nicht in eigener Staatsverwaltung, für die Stiftung auftreten.[623] Seine Aufgabe lag damit in der Verwaltung und Überwachung der Stiftung und ihrer Organe. Die Einbindung der Stiftung beim Staat war dabei zwingende landesgesetzliche Voraussetzung.[624]

Die Stiftungsverwaltung hatte einen oberen Beamten des Staatsministeriums oder eine andere externe Stelle zum Stiftungskommissar zu ernennen.[625] Die Stiftungsverwaltung und der Stiftungskommissar unterlagen trotz ihrer Anstellung im Öffentlichen Dienst des Großherzogtums Sachsen-Weimar-Eisenach den Normierungen des Stiftungsstatuts:

> „Stiftungsverwaltung und Stiftungskommissar sind verpflichtet, die Angelegenheiten der Carl-Zeiss-Stiftung in allem nach den Vorschriften dieses Statuts gemäß den aus ihm erkennbaren Absichten des Stifters zu leiten. Sie dürfen dabei auf Staatsinteressen, welche den ausgesprochenen Zwecken der Stiftung fremd sind, nicht weitergehend Rücksicht nehmen, als auch für Privatpersonen gesetzlich geboten ist."[626]

620 Dazu Seite 135 f.
621 §§ 55, 108 Statut der Carl-Zeiss-Stiftung von 1896; sowie im Ergänzungsstatut.
622 §§ 110 ff. Statut der Carl-Zeiss-Stiftung von 1896.
623 *Abbe*, Verfassung der Carl Zeiss-Stiftung, S. 389.
624 *Pahlow*, Eine Vision – zwei Unternehmen, S. 72.
625 § 5 Statut der Carl-Zeiss-Stiftung von 1896.
626 § 5 Statut der Carl-Zeiss-Stiftung von 1896.

Da *Abbe* den Umstand, dass der Staat irgendwann nach eigenem Belieben mit der Stiftung verfahren würde unterbinden wollte, forderte er diesen dazu auf, die Wahrnehmung der Stiftungsaufgaben als ein Nebenamt zu betrachten:

> „Den Anordnungen des Statuts in Hinsicht auf das Verhältnis der Stiftung zum Staat steht der Umstand keineswegs entgegen, daß die Bestimmung in § 5 nicht einseitig durch den Stifter getroffen werden konnte, sondern eine Vereinbarung mit der obersten Staatsverwaltung zur Voraussetzung hat.
> [*Deswegen solle sie*] von Staats wegen die genannte Behörde zu ermächtigen, daß sie, dem Antrag des Stifters entsprechend, die Verwaltung der Stiftung dauernd übernehme, und diese Verwaltung im Sinne eines ständigen Nebenamtes, zwar in denselben geordneten Formen, in denen sie ihre staatliche Funktionen ausübt, aber im Sachlichen auf Grund und in Gemäßheit des Stiftungsstatuts, also nach dem Mandat des Stifter, führe."[627]

Weiterhin ist der ‚Staat', in Gestalt der Bundesländer, Aufgabenträger der Carl-Zeiss-Stiftung. Dabei sollen die Minister, die zur Stiftungsverwaltung berufen sind, diese Aufgabe weiterhin als ein Amt *ad personam*, betrachten.[628] Nicht zu verwechseln ist dieses Amt mit der gesetzlichen Stiftungsaufsicht der Länder.

Die Organisation, Leitung und Führung der Betriebe verblieben, unabhängig von ihrer Zugehörigkeit zur Stiftung, weiterhin bei den Unternehmen. Im Sinne des § 7 des Status von 1896 übernahmen die Vorstände der Unternehmen Zeiss und Schott diese Leitung in kollegialer Ausübung.

Die Vorstände bestanden aus drei bis maximal vier Mitgliedern der Betriebe.[629] Der Vorstand der Stiftungsbetriebe war gemäß § 8 des Stiftungsstatuts für folgende Aufgaben zuständig:

> „Dem Vorstand eines jeden Stiftungsbetriebes untersteht die gesamte innere Betriebsleitung, die kaufmännische Verwaltung und die ganze äußere geschäftliche Aktion der Firma, einschließlich der Bestellung und Abberufung von Prokuristen und anderen Bevollmächtigten, der Anstellung Entlassung und Pensionierung der Beamten, Geschäftsgehilfen und Arbeiter, der Regelung ihrer Obliegenheiten und ihrer Bezüge und der Ordnung ihrer Rechtsverhältnisse zur Firma."

Sie übernahmen damit selbständig ihre Betriebsführung. Außerdem ermöglichte das Zusammenspiel mit der Stiftung eine verzahnte Kontrolle.

Die Vorstände der Betriebe wurden vom Stiftungskommissar kontrolliert. Diesem war die Aufgabe übertragen worden, die „Ordnungsmäßigkeit der Verwaltung und Statutenmäßigkeit im Verfahren der Geschäftsleitung zu

---

627 *Abbe*, Verfassung der Carl Zeiss-Stiftung, S. 391.
628 So *Herberger* im Interview; ausführlich ab Seite 192.
629 § 7 Statut der Carl-Zeiss-Stiftung von 1896.

überwachen“ und an den Beratungen dieser mitzuwirken.[630] Dazu hatte der Stiftungskommissar ein vollumfassendes Einsichts- und Auskunftsrecht über alle Geschäftsvorgänge, Korrespondenzen und Niederschriften.[631]

Darüber hinaus musste der Stiftungskommissar dem Vorstand seine Zustimmung zu besonderen Angelegenheiten erteilen[632] und bei Unstimmigkeiten des Vorstandes eine Entscheidung treffen[633]. Seine ausdrückliche Zustimmung für besondere Geschäfte betraf zum Beispiel die Erweiterungen der Firmen, Veräußerungen oder Belastungen von Immobilien oder Bestimmungen über Gehaltsbezüge des Vorstandes.[634] Gewöhnliche Geschäfte konnten vom Vorstand hingegen selbständig entschieden werden.[635]

3. Titel II. Organisation der industriellen Tätigkeit der Stiftung

In Titel II. wurden erstmals die Rechte und Pflichten der Stiftungsbetriebe geregelt. In § 6 des Stiftungsstatuts von 1896 heißt es dazu:

> „Die gegenwärtigen Geschäftsunternehmungen der Carl Zeiss- Stiftung – die Optische Werkstätte (Firma Carl Zeiss) und das Glaswerk (Firma Schott & Gen.) zu Jena – sind dauernd jede unter ihrer eigenen Handelsfirma, mit abgesondertem Vermögenskomplex für ihr Betriebskapital und in selbstständiger Verwaltung unter ihrem besonderen Vorstand fortzuführen.“

Obwohl die Betriebe noch immer keine rechtlich normierten Gesellschaften des Handelsgesetzbuches waren, wurden sie als solche behandelt. Dieser Umstand hatte sich auch mit dem Stiftungsstatut von 1896 nicht geändert. Erst mehr als 100 Jahre später, im Jahr 2004, änderte sich dieser Umstand durch die Stiftungsreform der Carl-Zeiss-Stiftung.[636]

Die Verwaltung der Betriebe wurde gem. § 21 des Stiftungsstatuts von 1896 von den Stiftungsbetrieben übernommen. Die „innere Verwaltung, die Buchführung und die Rechnungslegung“ sowie die „jährlichen Inventuren und Bilanzen“

630 § 11 Statut der Carl-Zeiss-Stiftung von 1896.
631 § 12 Statut der Carl-Zeiss-Stiftung von 1896.
632 § 16 Statut der Carl-Zeiss-Stiftung von 1896.
633 §§ 14, 15 Statut der Carl-Zeiss-Stiftung von 1896.
634 § 16 Statut der Carl-Zeiss-Stiftung von 1896.
635 §§ 13, 14 Statut der Carl-Zeiss-Stiftung von 1896.
636 Ausführlicher zur Stiftungsreform auf Seite 166 f. Die Unternehmen standen im gegenseitigen Haftungsverbund und mussten damit füreinander eintreten; *Streiter* und *Herberger* im Interview; Seite 191 ff.

sollten dabei ordnungsgemäß den geltenden handelsrechtlichen Bestimmungen folgen.[637]

Die Kontrolle weiterer Kosten, welche weder den laufenden Kosten der Betriebe noch den normierten Stiftungszwecken zuzuordnen sind, mussten im Einzelnen aufgestellt und nachgewiesen werden.[638]

Die Vorstände der Betriebe ihrerseits agierten stets unabhängig von den staatlichen Behörden. Interne Betriebshandlungen wurden vom Staat nicht stärker kontrolliert als in jedem anderen Betrieb.[639] Die Unternehmen agierten weiterhin autonom und selbstständig. Für die Kontrolle und Einhaltung des Stiftungsstatuts von 1896 waren die Organe der Stiftung, insbesondere die Vorstände der Betriebe und der Stiftungskommissar, zuständig.

Die Vorstände der Betriebe (die sogenannten Geschäftsleitungen) wurde von der Stiftungsverwaltung ernannt. Sie sollten sich zusammensetzen aus:

> „Fachmänner[n] in Ansehung entweder wissenschaftlicher oder technischer oder kaufmännischer Interessen des betreffenden Betriebs [die] mindestens schon zwei Jahre innerhalb der letzten vier Jahre bei einem der Betriebe als obere Beamte oder als Sozien der Stiftung tätig waren."[640]

Die zu ernennenden Vorstandsmitglieder eines Betriebes sollten bereits vor ihrer Tätigkeit im Vorstand umfangreiche Erfahrungen innerhalb der Betriebe gesammelt haben. Außerdem waren sie laut § 28 des Stiftungsstatuts von 1896 dazu verpflichtet, eine eigene betriebliche Tätigkeit außerhalb ihrer Stellung als Vorstandsmitglied weiterzuführen.

Weitere vertragliche Abreden zwischen der Stiftung und einzelnen Vorstandsmitgliedern sollten, abgesehen vom Stiftungsstatut von 1896 nicht getroffen werden, Mitglieder des Vorstands insbesondere keine Sonderrechte erhalten.[641]

Die Vorstände der Stiftungsbetriebe nahmen im Gegensatz dazu die Führung, sowie die Kontrolle der Betriebe und die Rechenschaftslegung vor der Stiftungsverwaltung wahr. Sie ermöglichten die Durchsetzung des Stiftungsstatuts von 1896 und die betriebliche Einflussnahme. Die Verzahnung mit dem Stiftungskommissar und der Stiftungsverwaltung ermöglichte gegenseitige Kontrolle der Institutionen und Organe.

---

637 § 22 Statut der Carl-Zeiss-Stiftung von 1896.

638 Ebd.

639 *Abbe*, Verfassung der Carl Zeiss-Stiftung, S. 393.

640 § 26 Statut der Carl-Zeiss-Stiftung von 1896.

641 § 30 Statut der Carl-Zeiss-Stiftung von 1896.

Für die Firma Schott & Gen. galten gem. § 32 des Stiftungsstatuts von 1896 die Vorschriften des Statuts teilweise:

> „Die Vorschriften der §§ 13 bis 20 dieses Statuts gelten dieser Zeit auch für die Geschäftsführung des Glaswerks, nur bezüglich des § 15 mit dem Zusatz: daß in Angelegenheiten der Firma Schott & Gen. nichts gegen den Willen des Mitinhabers geschehen kann."

Ein Bevollmächtigter der Optischen Werke und *Otto Schott*, Leiter des Glaswerkes bis 1919, hatten die Vertretung gemeinsam zu übernehmen. Auch sie waren den Vorschriften des Stiftungsstatuts von 1896 zum Großteil unterworfen.

Die Stiftungsbetriebe waren damit wirtschaftlich selbständig, ihre unternehmerische Freiheit kaum eingeschränkt. Die Einführung des Stiftungsstatuts von 1896 verlangte von ihnen jedoch auch die Wahrnehmung weiterer Aufgaben.[642] Im Ausgleich dazu wurde die Stiftung für die Unternehmen tätig: Letztere profitierten von den Normierungen der „dauernde[n] Fürsorge für die wirtschaftliche Sicherung" als oberstes Ziel der Stiftung. So wurden die Gewinne, die durch die Betriebe erlangt wurden, reinvestiert, bevor sie der Stiftung zugutekamen. Damit war stets für eine gewisse Stabilität gesorgt.

Im Ergebnis konnten die Betriebe ihre Selbständigkeit, trotz des Einflusses der Stiftung, beibehalten und davon profitieren.

4. Titel III. Allgemeine Normen für die geschäftliche Tätigkeit der Stiftung

Die folgenden Normen regelten die Ausrichtung und betriebliche Führung durch die Stiftung und die Betriebe. Gemäß § 35 des Stiftungsstatuts von 1896 hieß es:

> „Die gewerbliche Tätigkeit der Carl Zeiss-Stiftung soll jederzeit auf dasjenige Arbeitsgebiet beschränkt bleiben, dem die jetzigen Geschäftsunternehmungen angehören. Sie darf also, abgesehen von jeweils erforderlichen Hilfsbetrieben irgend welcher Art, fortgesetzt nur in solchen Zweigen der Optik, der Glastechnik, des Instrumentenbaues und verwandter Industrien gewerblich sich betätigen."

Nicht davon erfasst waren Erweiterungen, Errichtungen und Übernahmen im In- und Ausland, die den Regelungen des § 35 des Stiftungsstatuts von 1896 entsprachen.[643] Hervorzuheben ist indes § 37 des Stiftungsstatuts von 1896:

642 § 1 A auf Seite 126 ff.

643 § 36 Statut der Carl-Zeiss-Stiftung von 1896.

„Nach Sinn und Zweck der Stiftung ist unbedingt ausgeschlossen, daß sie ihrer Besitztitel auf die gegenwärtigen Stiftungsbetriebe oder der diesbezüglich vertragsmäßig gegebenen Anrechte durch Verkauf oder Abtretung, oder der Last eigener Verwaltung derselben durch Verpachtung, Aufnahme neuer Sozien oder dergleichen jemals ganz oder teilweise entledigen dürfte. [...]
Sollte zu irgend einer Zeit die weitere Fortführung eines [...] Stiftungsbetriebs ohne Schädigung oder Gefährdung der übrigen oder der Stiftung selbst unmöglich, so ist dieser Betrieb unter tunlichster Schonung der beteiligten Interessen zu löschen."

Gemäß § 37 des Stiftungsstatuts von 1896 wurde festgeschrieben, dass die Betriebe und die Stiftung maßgeblich von der Erfüllung ihrer Zwecke abhingen und ohne diese obsolet werden würde. Diese Regel konnte sich indes nicht halten und wurde ca. 100 Jahre später durch die Reform des Statuts geändert.[644]

Außerdem sollte abgesichert sein, dass die Gesellschaftsanteile an den Unternehmen stets in Stiftungshand verbleiben würden. Mit der Normierung des Ausschlusses sollte im Ergebnis die ‚Personalisierung der Besitztitel' ausgeschlossen werden. Oberstes Ziel der Führung der Unternehmen sei danach:

„Nicht sowohl möglichste Mehrung der Reingewinne oder Betriebsüberschüsse ihrer Unternehmungen, als vielmehr die Steigerung des wirtschaftlichen Gesamtertrages [...], mit Aussicht auf längeren Fortbestand."[645]

Wie in der Denkschrift vom 4. Dezember 1887 angekündigt[646], durfte die Gewinnsteigerung der Unternehmen nicht die einzige - vor allem nicht die oberste - Prämisse sein. Die Steigerung des technischen und wissenschaftlichen Fortschritts und das wirtschaftliche Wachstum der Unternehmen, mussten stets im Vordergrund stehen.

Im Zusammenhang mit dem Verbot des Verkaufs und der Abtretung der Betriebe aus § 37 des Stiftungsstatuts von 1896 sind hier die, bereits in der Denkschrift angestoßenen, Ideen und Parallelen zum Verantwortungseigentum erkennbar: Langfristige Sicherung und Entwicklung des Unternehmens unter unpersönlichem ‚Besitz'.

§ 42 des Stiftungsstatuts von 1896 unterstreicht diesen Gesichtspunkt weiter dadurch:

„[...] daß gemäß den in § 1 A. bezeichneten Stiftungszwecken ihre Unternehmungen neben dem Erwerb auch dem allgemeinen Fortschritt der in ihnen vertretenen technischen Künste, der Steigerung ihrer Leistung und dadurch mittelbar den Interessen der

644 Ausführlicher dazu auch die Reform des Stiftungsstatuts 2004 ab Seite 166 ff.
645 § 40 Statut der Carl-Zeiss-Stiftung von 1896.
646 Seite 106 ff.

> wissenschaftlichen Forschung, sowie erhöhter Befriedigung der auf diese Künste angewiesenen Bedürfnisse der Technik und des bürgerlichen Lebens dienen sollen.
> Im Aufgabenkreis [...] liegt es also, auch solcher Zwecke nach Kräften sich anzunehmen, deren Verfolgung unmittelbaren Vorteil nicht verspricht, aber geeignet erscheint, allgemeine Interessen der feintechnischen Industrie [...] zu befördern."

Nicht nur die Stiftung, sondern auch die Betriebe sollten wissenschaftliche und technische Innovationen fördern. Davon versprach sich *Abbe* nicht nur langfristig höhere Schaffenskraft, sondern auch ein „Gegengewicht gegen die Routinetendenz", entgegen betrieblicher Stagnation, welche er schon bei *Roderich Zeiss* bemängelt hatte.[647]

Gleichzeitig sollten die Förderung und alle dadurch erlangten Vorstöße auf wissenschaftlichem Gebiet nicht nur den Betrieben vorbehalten sein. Entwicklungen und Innovationen, welche innerhalb der Unternehmen erlangt wurden, sollten ihre Wirkung über diese hinaus entfalten können. Infolgedessen gab es keine Patente an Forschungserkenntnisse. Sie sollten für jeden erhältlich sein und die Forschung vorantreiben.[648]

Die geschäftliche Tätigkeit der Stiftung lag mithin vor allem in der Aufsicht der Betriebe. Das eigenständige Gewerbe der Betriebe war dabei an die Einhaltung der Voraussetzungen des Stiftungsstatuts von 1896 gebunden. Eine Rückkehr zum persönlichen ‚Besitz' war ausgeschlossen. Oberste Prämisse der Betriebe und der Stiftung sollten ihre Weiterentwicklung und ihr Fortbestand sein.

5. Titel IV. Reservefonds

Die Regelungen des Titel IV behandeln den Umgang der Stiftung und der Stiftungsbetriebe mit dem Vermögen. Das Vermögen der Unternehmen floss zur Erfüllung der normierten Zwecke in einen sogenannten Reservefonds. Dieser setzte sich zusammen aus:

> „Den Überschüssen der Geschäftsunternehmungen und den sonstigen Erträgnissen ihres jeweiligen Vermögens, [...] daß in ihm enthalten ist:
> I. Das Deckungskapital für alle [...] erwachsenen Rentenverpflichtungen [...].
> II. An Rücklagen:
> a) eine Personallasten-Reserve [...]
> b) ein Erneuerungs- und Betriebserweiterungs-Fonds für die Geschäftsunternehmungen [...]

647 § 43 Statut der Carl-Zeiss-Stiftung von 1896.
648 § 44 Statut der Carl-Zeiss-Stiftung von 1896.

c) eine allgemeine Rücklage zur Sicherung der Aktionsfähigkeit der Stiftung und ihrer Geschäftsfirmen."[649]

Das gesamte Vermögen der Betriebe, unabhängig der späteren Zwecke, wurde im Reservefonds der Stiftung gesammelt.[650] Insbesondere die sogenannten Überschüsse der Geschäftsunternehmungen, die Gewinne der Firmen Zeiss und Schott, wurden, nach Abzug des erforderlichen Betriebskapitals, dem Reservefonds gewidmet.

Eine Entnahme des Geldes aus dem Reservefonds war nur zu den in § 1 A und § 1 B des Stiftungsstatuts von 1896 benannten Zwecken zulässig.[651] Anders durfte zugunsten der Betriebe, ihrem Erhalt, ihrer Funktion, der Deckung ihrer betrieblichen Kosten und Verpflichtungen eine Ausschüttung jederzeit vorgenommen werden.

Die Gelder des Fonds sollten auch dem Pensionsstatut und der Krankenkasse der Angestellten zugutekommen.[652] Hatte der Fonds die in den §§ 45 ff. Stiftungsstatuts geregelte Höhe erreicht, wurde eine weitere Ansammlung von Vermögen beschränkt.[653] In diesem Fall sollte die Stiftung die Betriebs- und Jahresüberschüsse der Unternehmen, nach Versorgung aller Bedürfnisse, an die in § 1 B des Stiftungsstatuts von 1896 normierten Zwecke ausschütten.[654]

Davon profitierten sodann die Universität, die Stadt Jena und ihre sozialen Einrichtungen, wie die Heimstättengenossenschaft und weitere gemeinnützige Einrichtungen.[655] Der Reservefonds sollte gemeinsam mit dem Pensionfonds als Hüter für die Zukunft der Unternehmen bestehen.[656]

Die Verwaltung und Verfügung der Gelder oblag dabei der Stiftungsverwaltung.[657] Liquidität sollte jederzeit gesichert sein.[658] Der Stiftungskommissar und

---

649 § 45 Statut der Carl-Zeiss-Stiftung von 1896.

650 § 46 Statut der Carl-Zeiss-Stiftung von 1896.

651 §§ 47, 48 Statut der Carl-Zeiss-Stiftung von 1896.

652 Ebd. und *Auerbach*, Abbe, S. 398 ff.

653 Das kann nicht pauschal festgelegt werden, sondern richtete sich nach den Pflichten, Aufgaben und Überschüssen der Betriebe; §§ 45 ff., 49, 50 Statut der Carl-Zeiss-Stiftung von 1896.

654 § 51 Statut der Carl-Zeiss-Stiftung von 1896.

655 *Auerbach*, Abbe, S. 409 f.; 415; ab Seite 160 ff.

656 *Auerbach*, Abbe, S. 398.

657 Unter anderen gem. § 53 Statut der Carl-Zeiss-Stiftung von 1896.

658 § 53 Statut der Carl-Zeiss-Stiftung von 1896.

die Geschäftsleitungen waren außerdem jederzeit über die finanziellen Tätigkeiten zu informieren.[659]

Dieses System offenbart die nachhaltige Organisation der Finanzen, der Stiftung und Betriebe: Erst in dem Moment, in dem es die Ausgaben der Betriebe zuließen, flossen die Gewinne in den Reservefonds. Wenn die Kosten der Unternehmen, des Personals und der Stiftung dadurch abgesichert und der Reservefonds eine gewisse Höhe erreicht hatte, wurden Ausschüttungen zugunsten gemeinnütziger Zwecke getätigt. Die Thesaurierung von Vermögen hing maßgeblich von der Wirtschaftlichkeit und dem Geschäftsjahr der Unternehmen ab. So entstand ein wirtschaftlicher Kreislauf, der für gegenseitige Stabilität und Sicherheit sorgte.

Die sogenannten Betriebsüberschüsse[660], d.h. die Gewinne der Unternehmen, wurden im Ergebnis weder personalisiert noch der wahllosen Verfügung des jeweiligen Stiftungsbetriebes überlassen. Der Betriebsfonds ermöglichte den Unternehmen die Erfüllung verschiedener Aufgaben und die Erhaltung eigener Liquidität. Außerdem wurde auch dieser vom Stiftungskommissar, von der Geschäftsleitung sowie der Stiftungsverwaltung kontrolliert.

6. Titel V. Rechtsverhältnisse der Angestellten in den Stiftungsbetrieben

Die sozialpolitischen Gedanken zu den Rechten und Pflichten der Angestellten der Betriebe wurden hier noch nicht weiter erläutert. Aber auch auf diesem Gebiet war *Abbe* Vorreiter. Nicht nur sein Umgang mit dem Vermögen der Unternehmen und die langfristige Planung und Absicherung, sondern auch seine Regelungen zugunsten der Arbeitnehmer[661] waren der Zeit weit voraus.

---

659 § 55 Statut der Carl-Zeiss-Stiftung von 1896.

660 Vgl. § 23 Statut der Carl-Zeiss-Stiftung von 1896.

661 Im Folgenden wird die männliche Form für Beschäftigte der Betriebe und weitere Beteiligte verwendet. Dies soll nicht den Eindruck erwecken weitere Geschlechter ausschließen zu wollen, sondern ist lediglich dem Umstand geschuldet, dass sich die Normierungen primär an männliche Angestellte richtete. Dies wird besonders durch die Normierung des § 99 des Statuts deutlich: „In den Stiftungsbetrieben sollen Lehrlinge, jungendliche Arbeiter und weibliche Personen niemals behufs Erlangung billiger Arbeitskraft beschäftigt werden […]; die letzteren im Betrieb nur für solche Verrichtungen, welche Frauen angemessener sind als Männern.“ Eine Anstellung von Frauen fand grundsätzlich statt. Eine geschlechtergerechte Umstellung des Stiftungsstatuts sowie jeweilige Umschreibungen würden über den Umstand hinwegtäuschen, dass überwiegend männliche Personen in den Stiftungsbetrieben angestellt waren und sich das Statuts vorrangig an jene richtete.

Die Darstellung der Arbeitnehmerrechte erscheint auf den ersten Blick weniger relevant angesichts der Untersuchung des Verantwortungseigentums. Mit Blick auf *Abbes* Rolle als Pionier und Vorreiter sind diese Normierungen für das Ergebnis und die Debatten über den Zweck, den ‚Purpose' der Unternehmen und ihre Angestellten hingegen wichtig.

a. Arbeitnehmerrechte

Die Rechte der Angestellten der Betriebe wurden erstmals im Stiftungsstatut von 1896 geregelt. Dabei regelte *Abbe* in § 56 des Stiftungsstatuts von 1896 einen Gleichbehandlungsgrundsatz, der an das Allgemeine Gleichbehandlungsgesetz (AGG) erinnert:

> „Bei Anstellung [...] muß jederzeit ohne Ansehen der Abstammung, des Bekenntnisses und der Parteistellung verfahren werden.
> Die Fortsetzung der eingegangenen Anstellungs- und Arbeitsverträge, sowie die Beförderung der Angestellten und Arbeiter in Hinsicht auf Funktion und Entlohnung darf nur von ihren Fähigkeiten und Leistungen, der Pflichtmäßigkeit ihres dienstlichen Verhaltens und von Rücksichten auf andere wesentliche Interessen des Betriebes abhängig gemacht werden."

Eine der weitreichendsten Regelungen stellte § 61 des Stiftungsstatuts von 1896 dar. Darin wurde geregelt, dass die tägliche Arbeit der Belegschaft auf eine Maximalarbeitszeit von neun Stunden zu begrenzen sei. Im Vergleich dazu: Ein gewöhnlicher Arbeitstag lag Mitte bis Ende des 19. Jahrhunderts noch bei 10 bis 14 Stunden.[662] Durch Gewerkschaften, sozialdemokratische Forderungen und Unternehmer wurden die Regulierungsforderungen jedoch immer lauter.[663]

Zu den Pionieren der Einführung eines Achtstundentages gehörte im Jahr 1900 neben *Ernst Abbe* auch *Robert Bosch,* der ebenfalls als Vorreiter des Verantwortungseigentums gilt.[664] Besonders *Abbe,* als Sohn eines schwer arbeitenden Vaters, betrachtete es als seine Pflicht, die Lage der Arbeiter zu verbessern.[665]

Darüber hinaus statuierte *Abbe* einen festen Arbeitslohn[666], einen Urlaubsanspruch mit hälftiger Weiterbezahlung[667] sowie das Verbot von Überstunden und

---

662 *Schneider,* Gewerkschaftliche Monatshefte 1984, S. 78 ff.

663 Ebd. S. 80 ff.

664 Ebd. S. 81 f.

665 Eingehend auch ab Seite 148.

666 § 66 Statut der Carl-Zeiss-Stiftung von 1896.

667 §§ 62, 70 Statut der Carl-Zeiss-Stiftung von 1896.

Feiertagsarbeit.[668]

Die Stiftungsbetriebe verfügten über eine eigene Krankenkasse, die gem. § 71 des Stiftungsstatuts von 1896 in Krankheitsfällen ein Minimum an Leistungen für die Angestellten zur Verfügung stellen sollte, z.B. durch anteilige Fortzahlung des Lohnes oder die Mitversicherung der Familienmitglieder.[669]

Auch die Pensionsrechte wurden im Stiftungsstatuts von 1896 normiert. Die Arbeitszeit, Sonn- und Festtagsruhe sowie Regelungen für Lehrlinge oder jugendliche Arbeiter sollten privatrechtlich, d.h. durch Vertrag festgelegt werden.[670]

Da es im Deutschen Reich kaum arbeitsrechtlichen Normen gab, war es auch hier *Abbes* intrinsische Motivation, die gesetzliche Lethargie, zumindest innerhalb der eigenen Betriebe, zu überbrücken.

b. Pensionsrechte

Jenseits der satzungsrechtlichen Regeln wurde im Deutschen Reich unter *Bismarck* am 22. Juni 1889 das Gesetz, betreffend die Invaliditäts- und Altersversicherung eingeführt. Gemäß § 16 des Gesetzes wurde eine sogenannte Wartezeit von 30 Jahren zur Erlangung der Altersversicherung vorausgesetzt. Im Gegensatz dazu hatten die Arbeitnehmer der Firmen Zeiss und Schott bereits nach fünf Jahren Dienstzeit einen Anspruch auf Pensionszahlungen.[671]

Bereits vor Einführung des Stiftungsstatuts von 1896 wurde das Pensionsstatut, welches die finanzielle Absicherung der Arbeitnehmer regelte, im Jahr 1888, für die Betriebe verabschiedet.[672] Dieses beinhaltete einen Pensionsanspruch für:

> „Beamte, Geschäftsgehilfen und Arbeiter, welche vor Vollendung ihres 40. Lebensjahres in den Dienst eines Stiftungsbetriebes eingetreten sind, [...] nach fünfjähriger Dienstzeit."[673]

Die Anspruchshöhe einer Pension hing von der jeweiligen Dienstzeit ab.[674] Darüber hinaus hatten Angestellte gemäß § 72 des Stiftungsstatuts von 1896 einen

---

668 Für „Sonderfälle" oder Ausnahmen sollte es jedoch Zuschläge geben; §§ 61, 68 Statut der Carl-Zeiss-Stiftung von 1896.

669 § 71 Statut der Carl-Zeiss-Stiftung von 1896.

670 Alle Regelungen dazu ab §§ 56 ff. Statut der Carl-Zeiss-Stiftung von 1896.

671 § 72 Statut der Carl-Zeiss-Stiftung von 1896.

672 Im Statut von 1896 wurde noch auf das Pensionsstatut von 1888 verwiesen; vgl. § 72 Statut der Carl-Zeiss-Stiftung von 1896.

673 § 72 Statut der Carl-Zeiss-Stiftung von 1896.

674 § 72 Statut der Carl-Zeiss-Stiftung von 1896.

Anspruch auf Invaliden- und Witwenpension. Der Maximalsatz monatlicher Pension lag 1896 bei ca. 200 Mark.[675]

Der Pensionsanspruch wurde im Falle einer früheren Entlassung wegen Invalidität oder aus anderen unverschuldeten Gründen nicht unterbrochen.[676] Durch diese Pensionsansprüche erlangten die Arbeiter eine Sicherheit, die ihnen mangels gesetzlicher Regelungen vom Staat nicht gewährt wurde.

c. *Gewinnbeteiligung der Arbeitnehmer*

Neben den bereits genannten Regelungen normierte *Abbe* im Stiftungsstatut von 1896 die sogenannte Gewinnbeteiligung. Gemäß § 98 des Stiftungsstatuts von 1896 profitierten davon die Angestellten der Betriebe:

> „Wenn[677] in einem Stiftungsbetrieb den Betriebsangehörigen neben den zum voraus festgesetzten Lohn- und Gehaltsbezügen noch Bezüge eingeräumt werden, deren Höhe in irgend einer Form von Jahresgewinn der Firma abhängig gemacht ist (Lohn- und Gehaltsnachzahlung), so muß die Bemessung und Abgewährung solcher Bezüge nach folgenden Grundsätzen geschehen:
> Sie sind im ganzen für ein Geschäftsjahr auszuwerfen als nachträglicher prozentualer Zuschlag auf die Summe aller Löhne und Gehalte, welche die Firma in dem betreffenden Geschäftsjahr auszubezahlen hat. [...]
> Ein dem ausgeworfenen Prozentsatz entsprechender nachträglicher Lohn- und Gehaltszuschlag ist ganz gleichmäßig an alle abzugewähren, des Geschäftsjahres als Arbeiter oder Beamte – nur die Mitglieder der Geschäftsleitung gemäß § 28 ausgenommen – im Dienst der Firma standen, jedem einzelnen nach Verhältnis des gesamten Lohnes oder Gehaltes, welchen er während des abgelaufenen Geschäftsjahres tatsächlich bezogen hat."

Damit profitierten alle Angestellten von der jährlichen Nachzahlung, unter Ausnahme der Geschäftsleitungen der Betriebe. Einzige Voraussetzung der Ausschüttung war eine positive Bilanz der Betriebe für das Geschäftsjahr.[678] Die Gewinnbeteiligung sollte sich zu einer gerechten und zusätzlichen Anerkennung der Arbeitsleistung für bilanzstarke Jahre entwickeln.

Abbe wollte dadurch keine regulären Löhne einschränken, sondern vielmehr den Wohlstand aller heben.[679] Dazu wurde der Gewinn vom Unternehmen

---

675 § 73 Statut der Carl-Zeiss-Stiftung von 1896.
676 § 75 Statut der Carl-Zeiss-Stiftung von 1896.
677 Mit Rücksicht auf die gesamte Geschäftslage und den vom Reservefonds erreichten Stand.
678 § 98 Statut der Carl-Zeiss-Stiftung von 1896.
679 *Abbe*, Über Gewinnbeteiligung, S. 106 ff.

anteilig an alle Arbeitnehmer, unabhängig ihrer Lohnart, zum Ende eines Geschäftsjahres ausgezahlt.[680] Eine „Gewinnbeteiligung nach anderen Grundsätzen als hier vorgesehen“ durfte bei den Betrieben nicht eingeführt werden.[681]

Während die festgesetzten Löhne unabhängig der Konjunktur gleichbleiben sollten, konnte die Gewinnbeteiligung abhängig von den Schwankungen zur höheren, niedrigeren oder ausbleibenden Ausschüttung führen.

Abbe ging so weit, dass er forderte solche Unternehmensgewinne per Gesetz zur Erfüllung sozialer Aufgaben, zugunsten der Arbeitnehmer, umzusetzen.[682] Er war der Ansicht, dass Einschränkungen und Beschränkungen der Gewinne, unter ‚reichlicher‘ finanzieller Anerkennung der Arbeit, notwendig seien.[683]

Dass die Normen des Stiftungsstauts auch umgesetzt wurden, soll folgender Auszug aus einem Arbeitsvertrag eines Angestellten der Stiftungsbetriebe vom 15. Juli 1897 zeigen:

> „§ 14 Gewinbetheiligung: Jeder Gehilfe und Arbeiter hat nach Verhältniss seines gesammten Arbeitsverdienstes innerhalb eines Geschäftsjahres (1.Oktober bis 30.September) Anspruch auf den nachträglichen Lohnzuschlag, den die Geschäftsleitung der Firma gemäss den Vorschriften des in § 98 des Status der Carl Zeiss-Stiftung und den jeweils geltenden speziellen Normen, für das betreffende Geschäftsjahr feststellt. Die Feststellung und Bekanntgabe des Prozentes dieses nachträglichen Zuschlags erfolgt nach Abschluss der Jahresbilanz spätestes bis zum 15. November, die Auszahlung des Jedem zukommenden Betrages bis zum 15. Dezember.“[684]

Heute sind Weihnachtsgelder, Nachzahlungen sowie 13. Gehälter allgemein bekannt. Mit der Regelung dazu war *Abbe,* ähnlich wie bei Einführung der Arbeitszeitbegrenzung, im 19. Jahrhundert allerdings Vorreiter, was sich vor allem für die Belegschaft der Betriebe positiv auswirkte.

d. Ende der Dienst- und Arbeitsverhältnisse

Die §§ 76 ff. des Stiftungsstatuts von 1896 regeln die Auflösungen der Arbeitsverhältnisse und die Abfindungen der Angestellten. Keinen Anspruch hatten lediglich diejenigen Angestellten, welche aus selbstverschuldeten Gründen aus dem Arbeitsverhältnis ausgetreten oder ausgeschlossen worden waren.[685]

680 § 98 des Statuts der Carl-Zeiss-Stiftung von 1896; § 14 des individuellen Arbeitsvertrags.
681 § 98 Statut der Carl-Zeiss-Stiftung von 1896.
682 *Abbe,* Welche sozialen Forderungen, S. 50 f.
683 *Abbe,* Über Gewinnbeteiligung, S. 111 f.
684 Arch. 786, No. 035.
685 §§ 79 ff. Statut der Carl-Zeiss-Stiftung von 1896.

„Die Anstellungsverträge [...], der allgemeine Arbeitsvertrag und die Betriebsordnungen der Stiftungsbetriebe, sowie alle für die Betriebe erlassenen besonderen Satzungen (Pensionsstatut, Krankenkassenstatut etc.) müssen, vorbehaltlich der durch § 93 Abs. 1 begründeten zeitweiligen Abweichungen, jederzeit mit den Vorschriften des Titels V dieses Statuts in dem Sinne in Einklang stehen, daß sie den Angestellten und Arbeitern in keinem Punkt mindere Rechte und Gerechtsame, als Titel V vorsieht, gewähren dürfen."[686]

Die arbeitsrechtlichen Bestimmungen des Stiftungsstatuts können leicht den Eindruck vermitteln, dass sie einem eigenen Gesetz entsprechen. Mangels staatlicher Regelungen sah sich *Abbe* in der Pflicht, solche Normierungen vorzunehmen. Er behielt sich für den Fall staatlicher Regelungen vor, dass jene „in Anrechnung gebracht" werden, das heißt auf diese verwiesen werden könne.[687]

7. Titel VI. Regelung allgemeiner Interessen des Personals der Stiftungsbetriebe

Titel VI des Stiftungsstatuts von 1896 beinhaltet abschließende Regelungen zum Arbeitsrecht. Angesichts aktueller Diskussionen zu sogenannten Managergehältern, Begrenzungen des Einkommens oder Steuererhöhungen für Spitzengehälter könnte folgende Regelung in § 94 des Stiftungsstatuts von 1896 nicht aktueller sein. In § 94 des Stiftungsstatuts von 1896 heißt es:

„Das höchste Jahreseinkommen, welches einem Beamten, die Mitglieder der Geschäftsleitungen eingeschlossen, für seine vertragsmäßige Dienstleistung gewährt wird, darf zu Zeit der Festsetzung nicht hinausgehen über das Zehnfache vom durchschnittlichen jährlichen Arbeitseinkommen der sämtlichen über 24 Jahre alten und mindestens drei Jahre im Betrieb tätigen, in gewöhnlichem Lohnverhältnis stehenden Arbeiter aller Stiftungsbetriebe, nach dem Durchschnitt der letztverflossenen drei Geschäftsjahre."

Gemäß § 94 des Stiftungsstatuts von 1896 wurde das Maximalgehalt aller Angestellten und Beamten der Betriebe konsequent begrenzt. Schon früh setzte sich *Abbe* damit für eine Begrenzung des Einkommens ein. Das restliche Vermögen sollte bei den Betrieben verbleiben. Diesen Gedanken wurde durch die Normierung Wirkung verliehen.

Weiter noch verstärkte die Regelung die Wirkung der Kreislaufwirtschaft: Sollten die Spitzengehälter der Angestellten innerhalb der Betriebe steigen, mussten

686 Die statuierte Ausnahme des § 93 Abs. 1 des Statuts der Carl-Zeiss-Stiftung von 1896 bezieht sich dabei auf die vorbehaltliche Zustimmung *Otto Schotts* in seiner Position als Gesellschafter von Schott & Gen; § 93 Statut der Carl-Zeiss-Stiftung von 1896.

687 § 86 Statut der Carl-Zeiss-Stiftung von 1896.

die der gesamten Belegschaft folgen – oder umgekehrt. Bedauerlicherweise findet man diese Norm heute nicht mehr im Statut der Carl-Zeiss-Stiftung.[688]

8. Titel VII. Verwendung der Überschüsse

Titel VII. regelt die Verwendung der Betriebsgewinne. Mit Überschüssen meint das Stiftungsstatut von 1896 diejenigen, „welche der Carl-Zeiss-Stiftung aus den Erträgnissen der Stiftungsbetriebe und des Reservefonds jeweils zu freier Verfügung verbleiben"[689], d.h. die Gewinne der Betriebe.

Überschüsse sind demzufolge die sogenannten „umgewidmeten" Gewinne der Betriebe Zeiss und Schott, nach Erfüllung der Zwecke aus § 1 A des Stiftungsstatuts von 1896.[690] Diese Überschüsse sollten „stets für die in § 1 sub B des Statuts bezeichneten Zwecke der Stiftung Verwendung finden".[691] Die Gewinne wurden an die ‚außerhalb der Betriebe liegenden', gemeinnützigen Zwecke ausgeschüttet.

Von den Ausschüttungen der Stiftung profitierten gemäß §§ 101 ff. des Stiftungsstatuts von 1896: Die wissenschaftliche Forschung, die Technik und das Arbeitsfeld der feintechnischen Industrie, die Stadt Jena sowie ihre gemeinnützigen Einrichtungen und Veranstaltungen[692] und die Universität.

Abbe hielt gem. § 103 des Stiftungsstatuts von 1896 fest:

> „[Es] sollen die Aufwendungen gerechtfertigt sein zugunsten gemeinnütziger Einrichtungen oder Veranstaltungen in Jena und seiner nächsten Umgebung, welche geeignet sind, das leibliche Wohl, die wirtschaftliche Lage oder die Lebensannehmlichkeit der in industrieller und kleingewerblicher Arbeit stehenden Volkskreise zu befördern, oder gewerblicher Fortbildung, allgemein bildender Belehrung und geistiger Anregung ihrer Angehörigen zu dienen.
> [Sie] sind immer tunlichst so zu gestalten oder, wenn sie zunächst nur für diese Angehörigen getroffen würden, doch mit der Zeit so auszugestalten, daß sie möglichst weiten Kreisen der hiesigen arbeitenden Bevölkerung zugute kommen."

Möglichst viele Menschen, auch jenseits der Betriebe, sollten am Gewinn teilhaben.[693] Die Verwendungen des Vermögens wurde im Jahr 1900 durch das

688 Gründe dafür unter anderem im Interview mit Herberger ab Seite 192.
689 § 100 Statut der Carl-Zeiss-Stiftung von 1896.
690 Seite 126 ff.
691 § 100 Statut der Carl-Zeiss-Stiftung von 1896.
692 § 103 Statut der Carl-Zeiss-Stiftung von 1896.
693 Erkennbar unter anderem in § 130 Statut der Carl-Zeiss-Stiftung von 1896.

Ergänzungsstatut[694] zum Stiftungsstatut konkretisiert.

Darin wurden auch die konkreten Ausschüttungen zugunsten der Universität durch den Universitätsfonds geregelt.[695] Vorrangig die „Pflege der mathematischen und naturwissenschaftlichen", aber auch anderer „Interessenkreisen der Stiftung nahestehender Lehrfächer" oblagen der Stiftung.[696] Schließlich sollte Jena „mit den anderen deutschen Hochschulen Schritt halten."[697]

9. Titel VIII. Weitere Regelungen

Bis zu *Abbes* Tod im Jahr 1903, musste die Stiftung Rechenschaft vor ihm ablegen. Danach sollten die Prüfung der „Vermögensbewegungen" und der „Vermögensbestand" einer weiteren Kommission, die sodann die Rechnungslegung der Stiftung überprüfte, obliegen.[698] *Abbe* schlug vor, dass diese aus dem Kurator der Universität Jena, einem Vertrauensmann des Senats sowie der Gemeindevertretung und den ältesten Vorstandsmitgliedern der Stiftungsbetriebe bestehen sollte.[699]

Bei deren Durchsicht der Rechnungen oder bei Bedenken war stets der Stiftungskommissar herbeizurufen.[700] Dadurch wurde der Kontrollmechanismus von Stiftung und Betrieben um ein weiteres Organ ergänzt.

Eine Ewigkeitsklausel galt gem. § 121 des Stiftungsstatuts von 1896 für §§ 1 – 4 und §§ 117 – 120 des Statuts. Im Sinne des § 117 waren Statutenänderung innerhalb der ersten zehn Jahre der Stiftung unmöglich. Eine spätere Änderung des Statuts kam nur im seltensten Fall in Betracht, zum Beispiel wenn:

> „Wesentliche Voraussetzungen des gegenwärtigen Status hinsichtlich der rechtlichen Grundlagen oder hinsichtlich der technischen und ökonomischen Bedingungen für die Wirksamkeit der Stiftung in solchem Grad verändert sein, daß die fernere strenge Aufrechterhaltung aller Bestimmungen dieses Statuts entweder direkt unmöglich, oder vermöge ihrer Folgen in absehbarer Zeit undurchführbar, oder angesichts der erkennbaren Absichten des Stifters offenbar zweckwidrig würde, so ermächtigt sein, das Statut den veränderten Verhältnissen entsprechend insoweit abzuändern, als geboten ist, um vorher genannten Anstände zu beseitigen."[701]

---

694 Ergänzungsstatut zum Statut der Carl-Zeiss-Stiftung in *Abbe,* Gesammelte Abhandlungen III, S. 320 ff.

695 Art. 1 ff. Ergänzungsstatut zum Statut der Carl Zeiss-Stiftung.

696 Ebd.

697 Ebd. Die begünstigten Zwecke werden auf Seite 00 ff. näher beleuchtet.

698 § 110 Statut der Carl-Zeiss-Stiftung von 1896.

699 § 110 Statut der Carl-Zeiss-Stiftung von 1896.

700 § 111 Statut der Carl-Zeiss-Stiftung von 1896.

701 § 117 Statut der Carl-Zeiss-Stiftung von 1896.

Ziel einer Statutenänderung musste die Anpassung an die sich verändernden Umstände sein, nicht der bloße persönliche Wille zur Veränderung. Der Gerichtsweg stand etwaigen Änderungen offen und diente der Kontrolle dieser.[702] Wie dringend eine solche Veränderung über 100 Jahre später werden sollte, machte die Reform des Jahres 2004 deutlich.[703]

§§ 1 – 4 des Stiftungsstatuts von 1896 regelten hingegen die Zwecke der Stiftung (§ 1), den Namen (§ 2), das sogenannte Domizil, den Sitz der Stiftung (§ 3) sowie die Organe dieser. Auch sie unterlagen der ‚Ewigkeitsklausel' im Stiftungsstatut.

10. Fazit

Aus den ersten Versuchen *Abbes* in den Jahren 1883, 1886 und 1889 war 1896 ein Stiftungsstatut entstanden, dass alle seine Vorstellungen vereinte: langfristiger Erhalt und Fortentwicklung der Betriebe Zeiss und Schott, Fürsorge für die Wissenschaft, die Forschung und insbesondere die Belegschaft der Unternehmen.

Eine Stiftung, die, im Falle der Carl-Zeiss-Stiftung, auf zwei Unternehmen ausgerichtet ist, wird heute als Unternehmensträgerstiftung bezeichnet und stellt ein sogenanntes Einzelstiftungsmodell dar.[704] Die Carl-Zeiss-Stiftung tritt dabei vor allem wegen ihrer wirtschaftlichen und philanthropischen Ausrichtung und der besonders ausführlichen Rechtsgestaltung hervor.[705]

Ob und auf welche Vorbilder *Abbe* zurückblickte, als er die Stiftung errichtete, ist heute nicht mit Sicherheit festzustellen. *Abbe* verglich die Idee der Carl-Zeiss-Stiftung einmal mit dem Fideikommissen[706]:

> „Geschäftsunternehmungen mit allen daran haftenden Rechten und Anwartschaften im Sinne eines Fideikommisses in unpersönlichem Besitz und zugunsten unpersönlicher Interessen unter dauernde Bindung […].“[707]

Abbe wandte sich allerdings gegen den Zweck der Familienfideikommisse und entwickelten diesen im Hinblick auf die Stiftung und ihre Stiftungsbetriebe

702 *Abbe,* Verfassung der Carl Zeiss-Stiftung, S. 400 f.; vgl. § 119 des Stiftungsstatuts von 1896.

703 Näheres zur Stiftungsreform von 2004 auf Seite 166; weitere Erklärungen von *Herberger* auf Seite 192.

704 Dazu bereits oben auf Seite 67.

705 Hier sei vor allem das Nichtvorliegen von kodifiziertem Recht und der Mangel rechts – und wirtschaftswissenschaftlicher Vorbilder zu nennen; dazu bereits Seite 94 ff.

706 Siehe dazu Seite 31.

707 *Abbe,* Motive und Erläuterungen, S. 330.

weiter. Die Aspekte der Nachfolge umging er durch die Errichtung der Stiftung und schloss persönliche Gewinnansammlungen konsequent aus.

Damit seine Vorstellungen auch dauerhaften Bestand haben konnten, statuierte *Abbe* die Carl-Zeiss-Stiftung für die ‚Ewigkeit', gemäß § 37 des Stiftungsstatuts von 1896.[708] Zu jeder Zeit sollte das allgemeine Wohl, nicht nur aller Angestellten und Beteiligten der Betriebe und der Stiftung, sondern auch das der Stadt, der Universität und des Umkreises, an oberster Stelle stehen.

Der Reingewinn und der finanzielle Aspekt sollten nie alleiniger Zweck der Stiftung oder ihrer Betriebe sein[709]:

> „Die Direktive des § 40 will also besagen: daß die Organe der Stiftung zwar niemals suchen dürfen, den Unternehmergewinn zu steigern oder hochzuhalten durch Herabdrücken oder Niederhalten der Arbeitserträge der einzelnen, vielmehr immer nur durch möglichste Entwicklung der spezifischen Kräfte der Organisation und möglichste Vermehrung der aus ihr fließenden besonderen Wirtschaftsvorteile."[710]

Dabei ist das Stiftungsstatut von 1896 weitaus mehr als die bloße privatrechtliche Normierung eines Einzelindividuums. Als erste Unternehmensträgerstiftung, die über umfangreiche arbeitsrechtliche Regelungen verfügte, überdauerte sie die multiplen Krisen des 20. Jahrhunderts. Damit sicherte sie nicht nur den Fortbestand vieler Arbeitsverhältnisse und damit das Einkommen der Angestellten, sondern auch die Förderung von Forschung und Wissenschaft.

Der tragende Gedanke, der sich durch das Stiftungsstatut zieht, Unternehmen seien auch ein „öffentliches Gut"[711], erlangte nachhaltige Wirkung. Die Idee, dass Unternehmen über öffentlichen Pflichten und Aufgaben verfügen, erscheint heute wichtiger denn je.

Bedeutungsvoll waren neben diesen grundsätzlichen Gedanken auch die Regelungen zugunsten der Angestellten der Betriebe: Die Einführung eines 9-, später 8-Stunden-Tages tritt angesichts der prekären Arbeitsverhältnisse im ausgehenden 19. Jahrhunderts besonders hervor. Darüber hinaus kam die Stiftung bereits für die Pension der Arbeitnehmer auf.

Abbe betrachtete es als seine Aufgabe, als Unternehmer und Gründer der Stiftung, für das Wohl der Angestellten und ihre Hinterbliebenen zu sorgen. Die

---

708 § 37 statuiert das Verbot der Entledigung der Stiftungsbetriebe, sowie die Auflösung dieser.

709 Erkennbar beispielsweise in § 40 des Statuts der Carl-Zeiss-Stiftung von 1896.

710 *Abbe*, Motive und Erläuterungen, S. 342.

711 Auch auf Seite 106.

Einführung von Entschädigungszahlungen sollte auch zur Sicherung der Arbeitnehmer dienen:

> „Sie wissen, daß sie nicht, wie sogar Staatsbetriebe noch verfahren dürfen, überschüssig gewordene Arbeitskräfte jederzeit haufenweise auf die Straße weisen können. [...] Die erhebliche Vermehrung des Personals erfordern ohne begründete Aussicht [...] dauernde Beschäftigung."[712]

Weitere Regelungen, wie die der Gewinnbeteiligung oder diejenigen zur Maximalgrenze aller Einkommen unterstreichen das Bild eines sozialpolitischen und philanthropischen Unternehmers, der mit dem Stiftungsstatut ein singuläres, nachhaltiges Werk geschaffen hat.

Trotz alledem standen das wirtschaftliche Wachstum und die Innovation innerhalb der Unternehmen stets an erster Stelle.[713] Auch dies tritt deutlich im Stiftungsstatut von 1896 hervor. *Abbe* und die Stiftungsbetriebe sind deswegen auch ein Beispiel dafür, dass die Perpetuierung persönlicher Gewinne weder zum wirtschaftlichen Kollaps noch zur Führung durch die ‚tote Hand' führt.

VIII. Ernst Abbe als Gründer: Motive, Gedanken und Hintergründe

Mit der Gründung der Carl-Zeiss-Stiftung hatte *Abbe* nicht nur den Grundstein für ein bis in die Gegenwart rentables und wachsendes Unternehmen in Jena gelegt, sondern konfrontierte mit seiner Vorstellung vom Unternehmertum auch die Kreise der Industriellen des ausgehenden 19. Jahrhunderts.

Aus der Denkschrift von 1887 und dem Wortlaut der Stiftungsstatute von 1889 und 1896 sollten *Abbes* Impulse und Motive erkennbar geworden sein. Bei den viele Regelungen die er bis dahin umgesetzt hatte, erhob *Abbe* hingegen niemals den Anspruch, Wirtschafts- oder Rechtswissenschaftler zu sein. In vielen seiner Aussagen tritt die Demut vor der jeweiligen Wissenschaft und seine Sicht, die eines Praktikers, hervor.

Bevor die Carl-Zeiss-Stiftung und das Verantwortungseigentum zusammengeführt werden, wird zunächst die zukünftige Entwicklung der Stiftung und ihrer Betriebe betrachtet. Dabei werden auch öffentliche Reaktionen auf die Gründung der Stiftung sowie die Gedanken von *Abbe* berücksichtigt, die in das Stiftungsstatut von 1896 eingeflossen sind.

---

712 *Abbe*, Motive und Erläuterungen, S. 360.
713 Seite 133 f.

1. Arbeiter und arbeitsrechtliche Regelungen

Zum Zeitpunkt der Stiftungsgründung im Jahr 1889 war *Abbe* bereits erfolgreicher Unternehmer und Wissenschaftler. Dabei stammt er aus einer Arbeiterfamilie, die nie besonders vermögend gewesen war. Sein Vater arbeitete als Spinnmeister bis Mitte des 19. Jahrhunderts täglich 14 bis 16 Stunden, ohne Pause und Unterbrechung. Mit 48 Jahren habe sein Vater, viele der Kollegen bereits zehn Jahre zuvor, wie ein Greis ausgesehen.[714] Geprägt durch diese Erfahrungen kannte *Abbe* beide Seiten des Unternehmertums.[715]

Die Ursache der Ungleichverteilung und Chancenlosigkeit vieler Angestellten im Reich führte *Abbe* auf die Abhängigkeit dieser vom großindustriellen Arbeitgeber zurück. Zuvor wären die Menschen ‚selbständiger Arbeit'[716], zum Beispiel in kleinen Handwerksbetrieben nachgegangen, während sie nun vom Großunternehmer abhängig seien. Seiner Ansicht zufolge führte dieser Umstand dazu, dass die „die nichts besitzen und viel arbeiten, andererseits von solchen, die viel besitzen und nichts arbeiten" wirtschaftlich abhängig gemacht und ausgebeutet werden würden.[717]

Aus *Abbes* Sicht stellten reines Gewinnstreben, unternehmerischer Egoismus und die Abhängigkeit der Menschen von der Industrie, dem Kapital und den Großunternehmen unhaltbare Arbeitsbedingungen dar. Dazu käme, dass die Bestrebungen vieler Großunternehmer, unter Herabsetzung der Löhne und Maximierung der Arbeitszeit, die Umsätze ihres Unternehmens zu steigern versuchten. Mangels staatlicher Gesetze unterlag dies der rein privatrechtlichen Gestaltung und unternehmerischer Freiheit der Unternehmer, bemängelte *Abbe*.[718]

Um die Dysbalance zwischen den Klassen auszugleichen, forderte *Abbe*, öffentliche Regelungen und Gesetze, die jene Industrielle und Unternehmer verpflichten sollten.[719] Vor allem die rechtliche Weiterentwicklung der Gewerbeordnung und des Arbeitnehmerschutzes sollte im Vordergrund stehen.[720]

---

714 *Abbe*, Verkürzung des Arbeitstages, S. 240 f.; *Wittig*, Ernst Abbe, S. 8.

715 Zum gleichen Ergebnis kommt auch *Steinfeld*, Unternehmen ohne Eigentümer, S. 62.

716 Darunter ist hier jede eigenständige Arbeit ohne größere industrielle Einbindung und Hierarchie zu verstehen.

717 *Abbe*, Welche sozialen Forderungen, S. 26 ff.

718 Ebd.

719 Ebd. S. 44 f.

720 Ebd. S. 44 ff.

Obwohl es im Reich zu einer Kodifizierung kam[721], empfand *Abbe* die Regelungen als nicht ausreichend[722] und forderte den Staat dazu auf, die Situation der Arbeitnehmer zu verbessern:

> „Nicht nach der Idee des einseitigen Vorteils der einen Partei, sondern geregelt nach den Gesichtspunkten der Einhaltung eines kräftigen Mittelstandes."[723]

Die sinkende Gesundheit und schwindende physische Kraft der Arbeiter in der Industrie würde die Einführung von Arbeitsschutznormen notwendig machen.[724]

Abbe, außerdem beeinflusst durch die Entwicklung in Großbritannien, wo bereits der 8-Stunden-Tag[725] in Staatswerkstätten eingeführt worden war, betrachtete eine solche Regelung als Aufgabe des Reiches.[726] In Vorträgen und Reden sprach er sich deutlich für seine Forderungen und Ideen aus.[727]

2. Das Arbeitsmodell

Jenseits dieser Gedanken hielt *Abbe* weiterhin am Zeitarbeits- und Akkordarbeits-Modell fest. Unter Zeitarbeit ist die Arbeit nach festen Zeiten und festem Lohn, beispielsweise für die Beamten der Betriebe, zu verstehen. Akkordarbeit hingegen meint die Entlohnung nach wirtschaftlichem Erfolg und nicht nach verstrichener Zeit.[728]

---

721 Dabei meint er die Sozialgesetzgebung, das heißt die Alters- und Invaliditätsversicherung sowie die Gewerbeordnung, welche angesichts der Zeit bereits umfangreiche Regelungen trafen.

722 *Abbe*, Welche sozialen Forderungen, S. 47.

723 ‚*Ernst Abbe* als Arbeitgeber', Vortrag von *Czapski* am 17. April 1907 in *Flitner/Wittig*, Siegfried Czapski, S. 509.

724 *Abbe*, Welche sozialen Forderungen, S. 48.

725 Damals häufig als ‚Drittelung' des Tages beschrieben.

726 *Abbe*, Welche sozialen Forderungen, S. 48.

727 Einen Vortrag hatte *Abbe* 1894 vor der Freisinnigen Volkspartei gehalten. Die Freisinnige Volkspartei hatte sich Ende des 19. Jahrhunderts neu gegründet und orientierte sich im links- und wirtschaftsliberalen Milieu. Die Partei sollte *Abbes* Forderungen für die Wählenden aufstellen. Kritik übte *Abbe* an der sozialdemokratischen Partei, welche diese Forderung zwar bereits verschriftlicht hätte, aber in ihrer Rolle als Außenseiterin weder Möglichkeiten noch Macht hätte, diese durchzusetzen. Der gesamte Vortrag ist nachzulesen in *Abbe*, Welche sozialen Forderungen, S. 1 ff.

728 Für die sogenannten Akkordlöhner gab es allerdings die Sicherheit eines parallel zum Zeitlohn festgelegten Mindestlohnes; *Auerbach*, Das Zeisswerk, S. 162.

Der Großteil der Arbeiter in den Stiftungsbetrieben waren sogenannte Akkordlöhner. Sie sollten „unter mäßiger Mehranspannung“ höhere Löhne erreichen können und nicht an gleich-feste Zeiten wie ‚Zeitlöhner‘ gebunden sein.[729] Die Arbeiter sollten Leistung erbringen und sich nicht aufgrund eines Zeitlohnes ‚ausruhen‘, so *Abbe*.[730]

Im Vergleich zum Zeitlohn, bei welchem immer gleiche Arbeit geleistet werden würde, führte *Abbe* aus, dass diejenigen, die im Akkordlohn arbeiten würden, 20 Prozent mehr verdienen könnten. Die finanzielle Verteilung zwischen Akkord- und Zeitlohn sollte dabei gerecht und ohne Benachteiligung geschehen.[731]

Im Jahr 1900 wurde sodann der Acht-Stunden-Tag ohne Lohneinbuße in die Stiftungsbetriebe eingeführt. *Abbe* verteidigte die Kürzung des Arbeitstages von neun auf acht Stunden damit, dass täglich keine Minderung der Leistung, sondern sogar eine leichte Erhöhung zu erkennen wäre.[732]

Auch diese Reform war ein Alleinstellungsmerkmal der Betriebe. Lediglich die Sozialdemokraten und die Freisinnige Volkspartei förderten solche Ideen zur Arbeitszeitbeschränkung, im Gegensatz zu anderen Unternehmern, Parteien und dem bürgerlichen Milieu.[733]

Abbes engster Vertrauter und Nachfolger *Siegfried Czapski* beschrieb *Abbes* Einstellung zum Arbeitswesen und als Arbeitgeber wie folgt:

> „Ich habe *Abbe* vor seinem Tod einmal gefragt, mit welchen Anschauungen er wohl ursprünglich [...] an die Gestaltung des Arbeitsverhältnisses herangetreten sei. Da sagte er mir: mit gar keinen. Er habe sich nur das eine gesagt – und das ist so bezeichnend für den Mann: ‚wenn du jetzt Leiter eines Unternehmen wirst, wo so viele von dir abhängig sein werden, so soll das Arbeitsverhältnis in diesem Unternehmen so sein, daß auch ein Mann wie du selber in ihm als Arbeiter tätig sein könnte, ohne daß dein Stolz daran Anstoß nehmen müßte.‘ Das ist der Schlüssel für seine ganze Auffassung!“[734]

Abbe schien sich selbst in einer Schlüsselrolle zu sehen. Er wusste, dass er, als Philanthrop und Unternehmer, mit dem Ausbau der Betriebe und der Stiftung viel für die Angestellten und die Stadt erreichen konnte. Seine Vorstöße auf dem

---

729 *Abbe*, Grundlagen der Lohnregelung, S. 144 ff.
730 Ebd.
731 Ebd. S. 147.
732 *Abbe*, Verkürzung des Arbeitstages, S. 205.
733 Ebd. S. 245.
734 *Ernst Abbe* als Arbeitgeber, Vortrag von *Czapski* am 17. April 1907, *Flitner/Wittig*, Siegfried Czapski, S. 507.

Gebiet des Arbeitsrechts haben, auch insoweit sich ‚nur' für die Stiftungsbetriebe galten, vorbildhafte Wirkung.

3. Die Gewinnbeteiligung

Die Einführung der Gewinnbeteiligung in das Stiftungsstatut von 1896[735] stieß auf heftige Kritik. Während sie den Sozialdemokraten nicht weit genug ging, sahen Vertreter der Konservativen darin eine allmähliche Entwicklung hin zum Kommunismus.[736] Solche Sonderzahlungen, wie die Gewinnbeteiligung eine war, waren 1896 zwar bekannt, praktisch allerdings kaum verbreitet.[737]

Schon kurze Zeit nach der Verkündung des Stiftungsstatuts von 1896 stieß die Regelung allerdings an ihre Grenzen. *Abbe* setzte sich dafür ein, die Akkordlöhne, bei denen es wohl zu ‚Überzahlungen' gekommen sei, prozentual zu schmälern. Nach *Abbe* sollten die Auszahlungen der prozentualen Gewinne am Ende eines Geschäftsjahres nicht nur vier, sondern kontinuierlich acht bis neun Prozent betragen. Er appellierte an die Betriebsangehörigen, dass der Vorteil höherer Gewinnausschüttungen „ihnen der Zufall ein paar Jahre hindurch gewährt hat, auf den Sie aber einen rechtlichen Anspruch nicht hatten."[738] Sein Ziel, die Minderung des Akkordlohnes, diente im Ergebnis jedoch als Korrektiv zugunsten der Gewinnbeteiligung.

Damit hatte *Abbe* mehr oder minder mit seinen eigenen Richtlinien, die Löhne nicht von der Gewinnbeteiligung abhängig zu machen, zumindest teilweise gebrochen. Während der Akkordlohn um ungefähr 12 Prozent sinken sollte[739], wurde an der Gewinnbeteiligung festgehalten.

Im Ergebnis verdiente die Belegschaft, die dem Modell des Akkordlohns folgte, nicht weniger als zuvor. Allerdings profitierten sie über einige Jahre hinweg auch nicht von der Gewinnbeteiligung.

4. Die Rolle des Unternehmertums

Abbe verurteilte die Entwicklung, die er während der Entstehung und fortschreitenden Industrialisierung vieler Unternehmen beobachtet hatte. Die

---

735 Zur Gewinnbeteiligung des Stiftungsstatuts von 1896 bereits auf Seite 140.

736 *Abbe*, Über Gewinnbeteiligung, S. 105; solche Vorwürfe erinnern an gegenwärtige Vorbehalte gegen das Verantwortungseigentum; Seite 53.

737 *Steinfeld*, Unternehmen ohne Eigentümer, S. 135; eine weitere Auseinandersetzung mit der Lohnpolitik ab S. 118 ff.

738 *Abbe*, Grundlagen der Lohnregelung, S. 155.

739 *Abbe*, Grundlagen der Lohnregelung, S. 153.

Unternehmer, zu welchen die Belegschaft in einem Abhängigkeitsverhältnis stünde, könnten ihre Betriebe jederzeit beenden und der Belegschaft kündigen, kritisierte er. Fehlende Schutznormen[740] führten überdies zur Alternativlosigkeit der Arbeitnehmer, die durch die sich zuspitzenden Abhängigkeitsverhältnisse entstehen würde. Dem kapitalistischen Willen vor allem in Aktiengesellschaften seien dabei kaum bis gar keine Grenzen gesetzt. Solche Unternehmer würden die Arbeitnehmer benutzen und verwalten, ohne sich ihrer öffentlichen Funktion, der Fürsorge und ihrer Verantwortung bewusst zu sein, meinte *Abbe*.[741]

Aus vielen Gründen, aber insbesondere aus der Beobachtung des Notstandes der Arbeiter heraus, entschied sich *Abbe* zur Gründung und Umsetzung der Stiftung.[742] Anders als viele Unternehmer war er sich seiner Rolle in der Gesellschaft, seiner Fürsorgepflicht und der Abhängigkeit der Belegschaft gegenüber bewusst. Dabei stieß er immer wieder an rechtliche Grenzen:

> „Im übrigen ist von *Abbe* selbst immer wieder hervorgehoben worden, daß die Gründung der Stiftung, die vollständige Aufgabe des ganzen Vermögens nicht die Regel sein soll. [...] Was er als allgemeine Einrichtung wünschte, ist lediglich, wozu jetzt schon die Arbeitsschutzgesetzgebung die ersten Schritte unternommen hat, daß etwas Entscheidendes geschehe, um die Arbeiter von ihrer Rechtslosigkeit und wirtschaftlichen Unsicherheit in höherem Maße zu befreien, und das hielt er als Gegenleistung für die ungünstigere Lage dem Handwerker gegenüber für notwendig."[743]

5. Öffentliche Wahrnehmung

Abbe selbst, sein Beraterkreis und auch die Vertreter der Ministerien, die die Gründung der Unternehmensträgerstiftung genehmigt hatten, verstanden sich als Förderer der Ideen. Ob auch die breitere Öffentlichkeit derart begeistert von den Unternehmungen war, wird im Folgenden beleuchtet.

Die Jenaische Zeitung berichtete bis in das Jahr 1888 hinein immer wieder über die Firma Zeiss. Berichterstattungen bezogen sich dabei allerdings primär auf geschäftliche Mitteilungen, wie technische Entwicklungen oder Anstellungsangebote.[744] Das gilt auch für die Zeit nach *Carl Zeiss*' Ableben am 03. Dezember

---

740 Jenseits der Gewerbeordnung und den Gesetzen zur Unfalls-, Alten-, und Invalidenversicherung.

741 *Abbe,* Welche sozialen Forderungen, S. 46 f.; *Abbe,* Gedächtnisrede, S. 85 f.

742 Seite 106 ff.; Seite 148 f.

743 Erwiderung *Czapskis* auf die Diskussionen zu *Ernst Abbe* als Arbeitgeber, Vortrag von *Czapski* am 17. April 1907, *Flitner/Wittig,* Siegfried Czapski, S. 522.

744 Eine Zusammenstellung zahlreicher (kurzer) Artikel zur Firma Zeiss von *Stelzner* in *Stolz/Wittig,* Carl Zeiss und Ernst Abbe, S. 99 ff.

1888. Inhaltlich setzte sich die Berichterstattung der Jenaischen Zeitung zu primär lokalen Ereignissen, wie dem späteren Abbe-Denkmal und den Nachrufen *Abbes* nach 1905, fort.

Inhaltliche Auseinandersetzungen mit der Stiftung sind vor allem im Jenaer Volksblatt zu finden. Bereits 1891 hatte das Jenaer Volksblatt bei der Verkündung der Carl-Zeiss-Stiftung von den Erzählungen eines Arbeiternehmers berichtet.[745] Am 02. September 1896 wurde darin, nach Veröffentlichung des Stiftungsstatuts, folgendes geschrieben:

> „[Es ist] ein Werk zum Abschluss gebracht, daß in seiner wirtschaftlichen, wissenschaftlichen und sozialpolitischen Bedeutung nicht hoch genug geschätzt werden kann und in Ansehung des in Frage kommenden Großbetriebes bereits die Lösung großer sozialer Aufgaben unternimmt, wie sie längst nicht nur Unternehmer und Private, sondern Regierungen und Staaten sich stellen sollten.“[746]

Durch solche Artikel versuchten die Berichterstattenden den Lesenden die Veränderungen innerhalb der Betriebe zu erklären und ihnen die Rechtslage näher zu bringen. *Abbe* wurde als Vorbild und seine Ideen als immense Aufgabe bezeichnet.

Nirgends, so hieß es, gäbe es eine ähnliche Organisation, welche die rechtlichen Beziehungen zwischen Institutionen, Arbeitnehmern und Unternehmer derart regele[747]:

> „Vielmehr war es nötig, das Unternehmen aus dem Rahmen des Persönlichen herauszunehmen, ihm einen Organismus zu verleihen, der mehr als die wechselnde Anschauung der Individuen die ungeschwächte Funktion der einzelnen Glieder verbürgte. […] Sicherstellung nicht bloß momentane Besserstellung, so lautete sein Programm.“[748]

Mit Lob, aber in inhaltlicher Aufarbeitung präsentierte die Zeitung allgemein verständliche Inhalte des Statuts und der Motive *Abbes*, die er zu diesem Zeitpunkt bereits öffentlich geäußert hatte. Unter Zustimmung fuhr die Zeitung nach Veröffentlichung des neuen Stiftungsstatuts 1896 mit den Darstellungen dessen und neu eintretenden Regelungen fort.[749] Sie schrieben zum Beispiel:

---

745 Carl Zeiß-Stiftung in Jena in Jenaer Volksblatt, am 02. Juli 1891.

746 *Thieme*, Jenaer Volksblatt, 02.09.1896.

747 Ebd.

748 Ebd.

749 Weitere Veröffentlichungen von Artikeln u.a. zur Carl-Zeiss-Stiftung am 02.09., 04.09., 05.09., 08.09. und 09.09.1896.

„Das Gewerberecht der Carl Zeiß-Stiftung greift, wie wir schon eingangs aussprachen, den Einrichtungen der Zukunft vor.“[750]

Aber nicht nur der unternehmerische Geist und die Premiere einer solchen Rechtsgestaltung trafen auf Zuspruch, sondern auch die weitgehenden und grundlegenden Änderungen der Arbeitsverhältnisse. Es hieß, dass *Abbe* endlich mit dem althergebrachten Verhältnis zwischen Arbeitgebern und Arbeitnehmern brechen würde.[751] *Abbes* Werk wurde durchaus positiv umschrieben:

„Zum ersten Male finden wir hier die sozialpolitische Notwendigkeit dargelegt, die Hunderte und Tausenden, welche alljährlich in das Proletariat versinken, gegen die Konsequenzen eines Prozesses zu schützen, an dem sie unschuldig sind und diejenigen zur Mitverantwortung heranzuziehen, welche den wirtschaftlichen Vorteil davon haben. Ihre wirtschaftliche Selbständigkeit kann man ihnen bei besten Willen nicht zurückgeben.“[752]

Kritik erlangte die Stiftung von *Gottlieb Heinrich Singer*, dem Oberbürgermeister der Stadt Jena. Dieser hatte die Stiftung als eine unter staatlicher Aufsicht stehende Anstalt bezeichnet, welche im Zweifel von dem Willen der Staatsbehörde abhängen würde. *Ernst Abbe* schrieb daraufhin einen Artikel und ließ diesen im Jenaer Volksblatt veröffentlichen.[753]

Er wollte Missverständnisse und Falschbezeichnungen aus dem Weg räumen. Die Carl-Zeiss-Stiftung sei in keinerlei Weise von einer Staatsbehörde abhängig, noch könne der Staat der Stiftung „etwas gebieten oder verbieten [...], was nicht dieselbe Behörde auf Grund der Gesetze auch jedem anderen gebieten oder verbieten kann.“[754]

Abbe schrieb, dass alle Vertragsbeziehungen mit der Stiftung solche des Zivilrechts seien und für jeden Fall der Weg zu den zivilrechtlichen Gerichten geöffnet wäre. Er verstand die Aussagen *Singers*, die kraft seines Amtes, zu Unsicherheiten, Beunruhigung und Zweifeln in der Bevölkerung führen könnten, als öffentliche Diskreditierung.[755]

---

750 *Thieme*, Jenaer Volksblatt, 05.09.1896.

751 Ebd.

752 *Thieme*, Jenaer Volksblatt, 09.09.1896.

753 *Thieme*, Jenaer Volksblatt, 09.09.1896.

754 Ebd.

755 Ursache des Streits zwischen *Singer* und *Abbe* schien unter anderem die Errichtung der gestifteten Lesehalle in Jena gewesen zu sein. Diese war öffentlich und mit Mitteln der Stiftung ausgestattet. Außerdem sollte sie sich politisch neutral präsentieren. Auch das Stiftungsstatut der Carl-Zeiss-Stiftung von 1896 betonte immer wieder seine Neutralität. *Abbe* ließ infolgedessen sozialdemokratische Schriften in der Lesehalle auslegen. In

Der Streit ging so weit, dass *Abbe* von einer „schweren materiellen Schädigung" sprach und die Behauptungen der Verhältnisse zwischen Staat und Stiftung vor Gericht feststellen lassen wollte.[756] Diese Reaktion *Abbes* ist sicher auch mit dem Umstand zu erklären, dass die Rolle des Staates in der Stiftung und den Betrieben insbesondere nicht als Staatsaufgabe, sondern als ein Nebenamt ausgeführt werden sollte. Das wurde bereits im Stiftungsstatut von 1896 geregelt.[757]

Kritik an der Gestaltung des Stiftungsstatuts wurde auch von politischer Seite geäußert. Kritisiert wurden vor allem einzelne Regelungen, wie beispielsweise diejenigen zur Gewinnbeteiligung.[758] Urteile, schrieb *Abbe*, erhielt er von Seiten der Sozialdemokraten, die die ‚Einrichtung' mit den Worten „Steine statt Brot" kennzeichneten sowie von den „Antisozialen", den Konservativen der von ihm so bezeichneten „Herrenmoral", welche in der Gewinnbeteiligung den Schritt hin zum Kommunismus sahen.[759] Vermutlich auch aus diesem Grund wehrte sich *Abbe* mehrfach gegen den Vorwurf, dass er Sozialdemokrat sei: „Versuche der Gewerkschaften und sozialdemokratischen Parteileitung, sich in die Angelegenheiten der Stiftungsbetriebe zu mischen", hätte er deutlich zurückgewiesen.[760]

Kritik und Unzufriedenheit der Belegschaft versuchte *Abbe* mit dem öffentlich werden der Stiftung, durch Reden und Vorträge innerhalb der Betriebe zu schmälern und die Arbeiter von Beginn an aufzuklären.[761] Teile der Belegschaft hatten *Abbe* persönlich ihr Vertrauen für kommende Maßnahmen und Veränderungen versprochen.[762]

einem Streit des Jahres 1897 sei es zwischen den beiden Männern um die Auslegung gerade dieser Schriften und das vermeintliche Aufsichtsrecht der Staatsbehörden, angeblich durch Stiftungsstatut gegangen; *Abbe,* Jenaer Volksblatt, 27.08.1899; zur Lesehalle *Auerbach,* Das Zeisswerk, S. 113 f.

756 *Abbe,* Jenaer Volksblatt, 27.08.1899.

757 Die Regelungen des Stiftungsstatuts von 1896 ab Seite 128 ff.

758 *Abbe,* Über Gewinnbeteiligung, S. 103.

759 *Abbe,* Über Gewinnbeteiligung, S. 103.

760 Arch. BASC 189, Niederschrift.

761 Deutlich wird das in vielen seiner Vorträge und Reden, die er in den Stiftungsbetrieben hielt. Auch an die Veröffentlichung der Stiftung schloss *Abbe* eine Ansprache an die Angestellten über den neuen Rechtszustand und die Gestaltung der Stiftung; *Abbe* am 08. Juli 1891 in *Schomerus,* Werden und Wesen der Carl-Zeiss-Stiftung, S. 178; *Abbe,* Grundlagen der Lohnregelung, S. 120.

762 *Abbe* am 08. Juli 1891 in *Schomerus,* Werden und Wesen der Carl-Zeiss-Stiftung, S. 178.

Abbe trat, zwei Jahre vor seinem Tod, von seiner Aktivität innerhalb der Stiftung zurück. Unmittelbar nach *Abbes* Ausscheiden, öffentlich mitgeteilt am 24. September 1903[763], unternahmen Geschäftsangehörige einen Fackelumzug durch Jena.[764] In Erinnerung an ihn wurde zwischen 1908-1911 das Ernst-Abbe-Denkmal in Jena errichtet. Seine Funktion als Unternehmer und seine Tätigkeit in Jena haben bis heute maßgeblichen Einfluss auf die Stadt und die Bevölkerung genommen. Nach seinem Tod gab es unzählige, teilweise ausufernde in Versform geschriebene Erinnerungstexte und Nachrufe.[765]

IX. Weitere Entwicklung der Stiftung

Bisher wurde kaum beleuchtet, ob *Abbe* die konzeptionelle Ausgestaltung des Stiftungsstatuts auch in die Praxis übertragen konnte. Sein Ausscheiden aus den Betrieben und der kurz darauffolgende Tod sollten angesichts der fest verankerten Normen des Statuts von 1896 keinen Einfluss auf die Leitung der Stiftungsbetriebe und Erfüllung ihrer Aufgaben genommen haben.

Unabhängig von *Abbes* Ableben im Januar 1905 wurden die Betriebe und die Stiftung in seinem Sinne weitergeführt. Damit war dies auch die erste Bewährungsprobe für das Statut. Im Jahr 1906 wurde das Stiftungsstatut von 1896 nach 10 Jahren Bestandskraft erstmalig erneuert und angepasst. Dabei kam es jedoch kaum zu wesentlichen Änderungen am Stiftungsstatut von 1896.[766]

Es wurden primär Konkretisierungen und Wortänderungen vorgenommen. Beispielsweise wurde der § 35 des Stiftungsstatuts konkretisiert, insoweit sich die Carl-Zeiss-Stiftung auch an Unternehmen, die sich mit dem Absatz der in den Stiftungsbetrieben fabrizierten Waren beschäftigten, beteiligen könnte.[767]

Auch eine genauere Normierung der Beendigung des Dienstverhältnisses und der Abgangsentschädigung, auf die nun bereits nach sechs Monaten ein Anspruch bestand, fanden Einzug in den §§ 77 ff. des Stiftungsstatuts 1906.

763 Bekanntmachung über das Ausscheiden Ernst Abbes aus der Geschäftsleitung, 24. September 1903 in *Flitner/Wittig*, Siegfried Czapski, S. 546 ff.

764 *Schomerus,* Geschichte des Jenaer Zeisswerkes 1846-1946, S. 162.

765 *Vopelius*, Beilage zum Jenaer Volksblatt, 17.02.1925.

766 Die Änderung des § 35 wird weiter auf Seite 157 ff. beleuchtet.

767 Zur Änderung des § 35 Stiftungsstatut im folgenden Seite 157 ff.; siehe auch Seite 133.

1. Die ersten Jahre nach Abbes Ableben

Die Stiftungsbetriebe Zeiss und Schott, die in den ersten 50 Jahren ihres Bestehens eine rasante Entwicklung vollzogen hatten, florierten auch in den Jahren nach *Abbes* Tod weiter.[768] Das wirtschaftliche Wachstum wurde durch die gesteigerte Nachfrage aus dem Ausland[769] und den allgemeinen industriellen Aufschwung des Reiches bestärkt. Das zeigt sich auch an der Gewinnbeteiligung der Arbeitnehmer, die zumindest teilweise als Parameter der Wirtschaftlichkeit der Betriebe gelten kann. Während die Betriebe zwischen 1896 und 1902 eine durchschnittliche Gewinnbeteiligung in Höhe von 9 % auszahlten, blieb eine solche Nachzahlung im Jahr 1903 vollständig aus[770]:

1896	**1898**	**1900**	**1902**	**1904**	**1906**	**1908**	**1910**	**1912**
8%	9%	10%	8%	5%	10%	8%	8%	9%[771]

Dies war wohl nicht nur auf den Geschäftsgang des Jahres zurückzuführen, sondern auch auf die Diskussionen bezüglich der „zu hohen Akkordlöhne".[772] Die Stiftung kam zu dem Ergebnis, dass die Gewinnbeteiligung zukünftig auch eine weitere Ordnungsfunktion innehaben musste: Ein Barometer für angemessene Löhne.[773]

1900 wurde der, bereits zum Zeitpunkt der Veröffentlichung des Stiftungsstatuts von 1896 geplante, Acht-Stunden-Tag eingeführt.[774] Es entstand eine Personalabteilung, ein juristischer Beirat, ein Arbeiterausschuss, eine Badeanstalt für die Zeisswerke und eine Freiwillige Feuerwehr.[775]

768 Die Frage der unternehmerischen Entscheidungen in den Stiftungsbetrieben widmet sich ausführlich *Steinfeld,* Unternehmen ohne Eigentümer.

769 Diese war stetig gestiegen; *Schomerus,* Geschichte des Jenaer Zeisswerkes 1846-1946, S. 152.

770 *Auerbach,* Das Zeisswerk, S. 166 f.

771 Zahlen: Arch. 615, Gewinnbeteiligung; *Auerbach,* Das Zeisswerk, S. 166 f.

772 *Auerbach,* Das Zeisswerk, S. 166 f.

773 Es sollte ein Mittelweg gefunden werden, der Akkord-, Zeitlohn und Gewinnbeteiligung zum Ausgleich bringt; *Auerbach,* Das Zeisswerk, S. 166 f.

774 *Auerbach,* Das Zeisswerk, S. 198 f.; *Schomerus,* Geschichte des Jenaer Zeisswerkes 1846-1946, S. 154 f.

775 Ebd.

Die Zahl der Angestellten war von 1896 bis 1906, innerhalb der ersten zehn Jahre nach Inkrafttreten des Stiftungsstatuts von 1896, von 800 Angestellten (Beamte mit einberechnet) auf 1600 – 1800 Arbeiter im Jahr 1906 angestiegen.

Nur acht Jahre später, 1914, zählte der Betrieb Zeiss bereits 5000 – 6000 Angestellte.[776] Der Stiftungsbetrieb Schott & Gen. expandierte ebenfalls und zählte zwischen 1913 und 1914 ca. 1200 gut ausgebildete Angestellte.[777]

Das Gehalt der Angestellten lag 1913/14 bei 33,42 Mark pro Woche. Das durchschnittliche Bruttoeinkommen eines vollzeitbeschäftigten Arbeitnehmers im Deutschen Reich um 1914 betrug im Vergleich 102 Reichsmark pro Monat.[778] Das entspricht einem Wochenlohn von circa 22 bis 26 Mark.

Das Gehalt der Angestellten in den Stiftungsbetrieben betrug somit fast 30 Prozent mehr, als das anderer Angestellter. Zusätzlich erhielten die Angestellten die statutenmäßigen Gewinnbeteiligungen. Damit lag das Einkommen der Angestellten der Stiftungsbetriebe weit über dem Durchschnittseinkommen anderer Arbeiter.

Die Entschädigungs- und Pensionszahlungen an die Angestellten oder deren Angehörigen unterlagen allerdings den Schwankungen der wirtschaftlichen und politischen Geschehnisse, vor allem in Anbetracht der Weltkriege.[779]

Die Unternehmen Zeiss und Schott etablierten sich ebenfalls in der Rüstungsindustrie. Die gestiegene Nachfrage im In- und Ausland war auf die Entwicklung und Lieferung von Kriegsmaterialien, wie z.B. Zielfernrohre für Scharfschützen- und Maschinengewehre oder Ausrüstungen für U-Boote und militärischen Kameras und Feldstechern zurückzuführen. Zu Beginn des 1. Weltkrieges machten die Heeresausrüstungen und Lieferungen an das Militär ins Ausland durch Zeiss und Schott bereits circa die Hälfte des Umsatzes aus.[780]

---

776 Minimal unterscheiden sich die Angaben durch die Grafik aus *Auerbach,* Das Zeisswerk, S. 192, zu jenen über die Personalzahlen aus *Schomerus,* Geschichte des Jenaer Zeisswerkes 1846-1946, S. 174. Aus diesem Grund wurde hier die mittlere Anzahl der Angestellten angegeben.

777 *Plumpe,* Eine Vision – zwei Unternehmen, S. 93; *Scharfenberger*, Carl Zeiss und Ernst Abbe, S. 498.

778 Statistische Zahlen des BMJV von *BMJV/Statista,* Durchschnittliches Bruttoarbeitseinkommen.

779 Während 1905 circa 23.860 Mark für Pensionsaufwendungen, 1918 hingegen schon 125.600 Mark ausgezahlt wurden, betrugen diese 1945/46 schon 3.300.000 Mark; *Schomerus,* Geschichte des Jenaer Zeisswerkes 1846-1946, S. 308.

780 *Plumpe,* Eine Vision – zwei Unternehmen, S. 93; *Schomerus,* Geschichte des Jenaer Zeisswerkes 1846-1946, S. 271 f.; *Zeiss,* Geschichte der Verteidigungssysteme.

Kurz vor Ausbruch des 1. Weltkrieges erhöhte die Firma Zeiss ihre Beteiligung an anderen Unternehmen. Gemäß § 35 des Stiftungsstatuts von 1896 war dies nur unter Einschränkungen möglich gewesen. 1906 war § 35 jedoch aufgelockert worden[781] und damit Beteiligungen in größeren Maßen möglich:

> „Die gewerbliche Tätigkeit der Carl-Zeiß-Stiftung soll jederzeit auf dasjenige Arbeitsgebiet beschränkt bleiben, dem die jetzigen Geschäftsunternehmungen angehören.[...] Das Eintreten der Stiftung in gewerbliche Unternehmungen anderer Art und ihre aktive Beteiligung an solchen bleibt, selbst zum Zweck bloßer Vermögensanlage, dauernd ausgeschlossen."[782]

Obwohl die Möglichkeit zur Beteiligung an anderen Unternehmen bestanden hatte, wurde der § 35 Abs. 3 im Stiftungsstatut von 1906 erweitert:

> „Durch die vorstehenden Bestimmungen ist insbesondere nicht ausgeschlossen die Beteiligung der Carl-Zeiß-Stiftung an solchen fremden Unternehmungen, die sich mit dem Absatz [...] oder mit der Beschaffung befassen; es soll jedoch in diesen Fällen die Stiftung selber weder an der Vertretung nach außen noch an der aktiven Leitung teilnehmen und das finanzielle Risiko auf einen bestimmten Betrag beschränkt bleiben."

Die fortschreitende Konzernentwicklung durch die Beteiligungen an anderen Firmen trat auch in den Stiftungsbetrieben deutlich hervor.[783] Das externe Wachstum und die Einhaltung des Statuts sei dabei durch die Geschäftsleitungen gesichert worden.[784]

Die Stadt Jena, die bis zum Durchbruch *Abbes* und *Zeiss*' lediglich durch die Universität und kleine Handwerksbetriebe geprägt gewesen war[785], hatte sich durch den Einfluss der Carl-Zeiss-Stiftung und *Abbe* innerhalb der ersten Wirkungsjahre und nach seinem Ableben grundlegend verändert: Die Stadt, die im Jahr 1866 noch 6300 Einwohner zählte, wuchs im Jahr 1890 bereits auf 13.449-, im Jahr 1900 schon auf 20.686- und 1910 auf über 38.000 Einwohner an.[786] Jena war zum Industriestandort geworden.

---

781 Seite 00 f.

782 § 35 Abs. 1 und Abs. 2 von 1896 und 1906. Diese Absätze sind identisch.

783 Zu diesem Ergebnis kommt auch *Scharfenberger*, Carl Zeiss und Ernst Abbe, S. 499 f.

784 Auf die Recherche zum wirtschaftlichen Wachstum, vor allem nach dem Ausscheiden *Abbes* und das externe Wachstum der Stiftungsbetriebe ist zu verweisen. Nachzulesen unter anderem in *Demel,* in Auf dem Weg zur Verantwortungsgesellschaft*; Plumpe,* Eine Vision – Zwei Unternehmen*; Steinfeld*, Unternehmen ohne Eigentümer, S. 266, 270, 183 ff.

785 Die Ausgangslage der Stadt Jena auf Seite 99.

786 *Wittig,* Carl Zeiss und Ernst Abbe, S. 77.

Ob ein derart exponentieller Anstieg ohne den Einfluss *Abbes* möglich gewesen wäre, bleibt eine Hypothese. Gleiches gilt für die Geltung des Stiftungsstatuts der Carl-Zeiss-Stiftung als Direktive dieser Entwicklung. Im Ergebnis steht außer Frage, dass die Bedeutung, die *Abbe* auf das wirtschaftliche Wachstum der Stadt, die Forschung, die Wissenschaft und die Gesellschaft hatte, beispiellos war.

2. Die Wahrnehmung des Statuts zu Beginn des 20. Jahrhunderts

Durch die Zuwendungen der Carl-Zeiss-Stiftung erhielt die Universität Jena um die Jahrtausendwende neue Institute, Gebäude und Erweiterungen der bestehenden Lehrstühle sowie neue Instrumente.[787] Gleichzeitig wuchs die Zahl der Studierenden der Universität. Während in den Jahren 1891 bis 1900 noch 689 Studierende eingeschrieben waren, stieg die Zahl zwischen 1910 und 1920 von 1211 auf 2052 Studierende an.[788]

In den Betrieben wurde zur Umsetzung und Kontrolle des Arbeitsrechts ein Arbeiterausschuss gegründet. Anders als in der Schwerindustrie verbanden sich die Arbeiter der Stiftungsbetriebe nicht zu einer Arbeitskampf-Gruppierung (z.B. einer Gewerkschaft), sondern gründeten ein Äquivalent: Den Arbeiter- oder Beamtenausschuss.[789] Konflikte blieben dabei nicht aus, wurden im Zweifel jedoch gerichtlich entschieden. Besonders interessant ist einer der ersten Prozesse, welcher die Beschäftigung von Frauen in den Betrieben der Firma Zeiss betraf. Frauen wurden 1905 in der Telefonzentrale zum üblichen Lohn eingestellt. Der Arbeiterausschuss betrachtete das als eine Statutenwidrigkeit i.S.d. § 99 des Stiftungsstatuts von 1896. Der Rechtsstreit ging vom LG Weimar, über das OLG Jena, bis zum RG Leipzig. Seit dem arbeiten auch Frauen „unangefochten" und „gleichberechtigt" in den Betrieben Zeiss.[790]

Zu dieser Zeit schüttete die Stiftung jährlich circa 80.000 Mark an die Universität aus und beteiligte sich an anfallenden Projekten, z.B. dem Bau eines neuen Universitätsgebäudes. Allein letzteres verursachte Kosten in Höhe von 650.000 Mark.[791]

Von 1890 bis 1920 schüttete die Stiftung insgesamt 47 Milliarden Mark an die Universität zur Förderung wissenschaftlicher und gemeinnütziger Einrichtungen und Maßnahmen aus.[792] Im Jahr 1924 zahlte die Stiftung 355.000

787 *Schomerus,* Geschichte des Jenaer Zeisswerkes 1846-1946, S. 172.
788 *Wittig,* Carl Zeiss und Ernst Abbe, S. 77.
789 *Schomerus,* Geschichte des Jenaer Zeisswerkes 1846-1946, S. 181.
790 *Schomerus,* Geschichte des Jenaer Zeisswerkes 1846-1946, S. 182.
791 Ebd. S. 172.
792 *Wittig,* Carl Zeiss und Ernst Abbe, S. 77 f.

Reichsmark an die Universität und andere gemeinnützige Zwecke aus. Bis zum Jahr 1930 erhöhte sich dieser Betrag bereits auf 1.064.000 Reichsmark.

Darin wird auch deutlich, dass der philanthropische Förderungsgedanke, der *Abbe* unter anderem zur Gründung der Carl-Zeiss-Stiftung bewegt hatte, auch nach seinem Ableben verfolgt wurde.

Von den ausgeschütteten Gewinnen wurden zwischen 1901 bis 1903 das Volkshaus mit öffentlicher Lesehalle, Bibliothek und einem Saal für Versammlungen, Feste und Konzerte in Jena errichtet. Außerdem unterstützte die Stiftung Heilstätten für Lungenkranke, den Frauenverein zur Errichtung eines Kinderheimes, einen Sternwartegarten, das Jenaer Volksbad, die Jenaer Baugenossenschaft und die Heimstättengenossenschaft, welche sich auf den Bau von kleinen Wohnungen und Einfamilienhäusern zu fairen Preisen spezialisiert hatte.[793]

Von den Gewinnen profitierten somit auch die Stadt und Bevölkerung Jenas. Aus der ehemals wirtschaftlich abgehängten Kleinstadt war um das Jahr 1913 eine Industriestadt mit über 50.000 Einwohner:innen geworden.[794] Nicht nur das steigende Angebot von Arbeitsplätzen, vor allem durch die Stiftungsbetriebe, sorgte für diesen Zuwachs. Jena war zu einem attraktiven Ort zum Arbeiten, Lernen und Leben geworden – maßgeblich durch *Ernst Abbe.*

3. Die Zeit vom Kaiserreich bis in die Gegenwart

Die multiplen Krisen und Kriege des 20. Jahrhunderts gingen auch an der Stiftung und den Betrieben nicht spurlos vorbei. Die großen, erschütternden äußeren Einflüsse, die auch zu internen Veränderungen führten, können hier nur umrissen werden und angesichts des Schwerpunktes der Auseinandersetzung nicht den Anspruch der Vollständigkeit erheben.

a. Die Zeit der Weltkriege und deren Einfluss auf die Stiftungsbetriebe und die Stiftung

Bis zum Beginn des ersten Weltkrieges im Jahr 1914 waren die Stiftungsbetriebe weiterhin gewachsen. Die Zeissschen Werkstätte erhöhten nicht nur den Export, sondern auch die Produktion sowie die Zahl der Angestellten erheblich.[795] Vor

---

793 *Auerbach,* Das Zeisswerk, S. 182; BASC *189, Verwilligungen; Flitner/Wittig,* Siegfried Czapski, S. 4; *Wittig,* Carl Zeiss und Ernst Abbe, S. 90.

794 Zahlen aus *Plumpe,* Eine Vision – zwei Unternehmen, S. 94.

795 Weitere inhaltliche Ausführungen in *Schomerus,* Geschichte des Jenaer Zeisswerkes 1846-1946, S. 174 ff.

allem der Bedarf nach Rüstungsgütern stieg seit 1899 durch die ausländische Nachfrage.[796] Vor und während des 1. Weltkrieges erhöhten die Betriebe die Produktion der Rüstungsgüter.[797] Die Nachfrage nach optischen Instrumenten im Krieg wuchs stetig.[798] Eine Veränderung trat erst nach dem Krieg ein.

Das Großherzogtum Sachsen-Weimar-Eisenach, das 1918 aufgelöst wurde, hatte bislang die Aufgaben der Stiftungsverwaltung wahrgenommen. Das veränderte sich jedoch mit dem Jahr 1919.[799] Die im Jahr 1919 in Thüringen neu zusammen gekommene Landesregierung übernahm fortan die Aufgaben der Stiftungsverwaltung.[800]

Zwischen Kriegsende, Inflation und Neubildung der Regierung zeigte sich auch innerhalb der Betriebe eine Rezession, die aber durch den Betrieb und die Gründung vieler fachwissenschaftlicher Betriebszweige kurze Zeit später beendet war.[801] Neben der mikroskopischen Abteilung gab es beispielsweise diejenige für Vermessungsgeräte, Feldstecher, Scheinwerfer, Feinmesswerkzeuge, Brillengläser, optisch-medizinischen Geräte und für Fotografie.[802] Trotz aller Missstände der Zeit hatte sich das Stiftungsstatut bis zum Ende des Ersten Weltkriegs weitgehend erfolgreich in den Betrieben bewährt.[803]

Im Jahr 1933 machte sich in den Stiftungsbetrieben die Machtübernahme der Nationalsozialisten bemerkbar und führte zu strukturellen Veränderungen: Der Stiftungskommissar wurde ausgetauscht, der Betriebsrat durch einen nationalsozialistischen ersetzt und Regelungen des Statuts vom unterdessen nationalsozialistischen thüringischen Innenministerium außer Kraft gesetzt. Außerdem wurde ständiger Druck auf die so bezeichneten „marxistisch, liberal verseuchten“ Betriebe ausgeübt.[804]

---

796 *Schomerus,* Geschichte des Jenaer Zeisswerkes 1846-1946, S. 175 f.

797 *Plumpe,* Eine Vision – zwei Unternehmen, S. 88.

798 Genaueres zum Kriegsverlauf und der Bewältigung durch die Stiftungsbetriebe in *Schomerus,* Geschichte des Jenaer Zeisswerkes 1846-1946, S. 192 ff.

799 *Plumpe,* Eine Vision – zwei Unternehmen, S. 89; *Schomerus,* Geschichte des Jenaer Zeisswerkes 1846-1946, S. 198.

800 *Schomerus,* Geschichte des Jenaer Zeisswerkes 1846-1946, S. 199.

801 *Schomerus,* Geschichte des Jenaer Zeisswerkes 1846-1946, S. 198 ff.; 223 ff.

802 Konkrete Ausführungen dazu in *Schomerus,* Geschichte des Jenaer Zeisswerkes 1846-1946, S. 223 ff.

803 *Plumpe,* Eine Vision – zwei Unternehmen, S. 144 f. Ausführlich beleuchtet werden die unternehmerischen Entscheidungen dieser Zeit (von 1889 bis 1933) von *Steinfeld,* Unternehmen ohne Eigentümer.

804 *Schomerus,* Geschichte des Jenaer Zeisswerkes 1846-1946, S. 275 ff.

Durch die industrielle Ausrichtung der Unternehmen konnte die Arbeit erst einmal fortgesetzt und weiterhin hohe Exportzahlen erzielt werden.[805] Zum Teil kam es aber auch innerhalb der Betriebe zu Denunziationen durch nationalsozialistische Funktionäre. Später traten auch Angestellte der Stiftungsbetriebe der NSDAP bei.[806]

Die Gedanken *Abbes* wurden von den Nationalsozialisten teilweise vereinnahmt und das Stiftungsstatut in ihrem Sinne ausgelegt oder umgestaltet. Die Regelung in § 56 des Stiftungsstatuts von 1896[807], welche eine Diskriminierung der Angestellten ausschloss, wurde dazu bereits 1935 gestrichen. Menschen jüdischen Glaubens wurden nach und nach pensioniert, versetzt oder vertrieben.[808]

In der Presse wurde die Firma Schott hingegen als „Judenfreundlich" bezeichnet.[809] Die Geschäftsleitungen der Betriebe wehrten sich gegen diese Aussagen und bezeichneten sich öffentlich als „von jeher antisemitisch".[810] *Hitler* zeichnete das Zeiss-Werk im Jahr 1940 als „Nationalsozialistischen Musterbetrieb" aus.[811]

Während des 2. Weltkrieges expandierten die Betriebe und produzierten circa 60 %, ab 1943 sogar 80 % ihrer Erzeugnisse für die Rüstungsindustrie.[812] Die Umsätze, insbesondere vor und zum Teil während des Krieges waren sehr hoch, die Beschäftigungszahlen durch neu gegründete Tochtergesellschaften stiegen im Jahr 1943 auf 68.000 Angestellte.[813]

Die gemeinnützigen Aufgaben des § 1 B des Stiftungsstatuts von 1896/1906 wurden zum Teil weiterhin erfüllt und die Gewinne an die Universität ausgeschüttet.[814] Allerdings wurden auch die Mittel der Stiftung politisch

---

805 *Schomerus,* Geschichte des Jenaer Zeisswerkes 1846-1946, S. 298.

806 Dem widmete sich auch *Bähr,* Eine Vision – zwei Unternehmen, S. 148 ff., 160 ff.

807 Dazu bereits auf Seite 137 ff.

808 *Bähr,* Eine Vision – zwei Unternehmen, S. 162 ff.

809 *Bähr,* Eine Vision – zwei Unternehmen, S. 160 f.

810 Dass eine solche Aussage zutiefst zu verurteilen ist, steht hier außer Frage. Der Zusammenhang und die Richtigkeit können vorliegend jedoch nicht überprüft werden. Ob und inwieweit hinter diesen Worten Ernst oder Opportunismus steckt, bleibt also fraglich – zu verurteilen sind sie im Ergebnis trotzdem.

811 *Bähr,* Eine Vision – zwei Unternehmen, S. 160 f.

812 *Bähr,* Eine Vision – zwei Unternehmen, S. 179; *Schomerus,* Geschichte des Jenaer Zeisswerkes 1846-1946, S. 299.

813 Viele Arbeiter:innen waren Zwangsarbeiter:innen und Gefangene; *Bähr,* Eine Vision – zwei Unternehmen, S. 179; 186 ff.

814 *Bähr,* Eine Vision – zwei Unternehmen, S. 174.

instrumentalisiert. Mit dem thesaurierten Vermögen wurde während des Nationalsozialismus unter anderem Erbforschung und Rassenpolitik gefördert.[815]

Die Arbeit in den Betrieben lief unter diesen Umständen bis zum Ende des Krieges weiter. Jena und die Zeisswerke blieben lange Zeit von Angriffen verschont. Zum Ende des Krieges fiel die Stadt Jena und die Betriebe aber Bombardierungen zum Opfer, verzeichnete viele Tote und Zerstörung.[816]

b. Die Zeit der deutschen Teilung bis zur Wiedervereinigung

Nach Kriegsende besetzten zuerst die amerikanischen, später die sowjetischen Truppen Jena.[817] Im Jahr 1945 wurde ein Teil der Mitarbeitenden sowie Teile der Geschäftsführung und der Materialien von amerikanischen Besatzungsmächten nach Heidenheim (an der Brenz) gebracht.[818]

Für die dadurch entstandene westdeutsche Stiftung in Heidenheim und die Betriebe in Oberkochen wurde eine neue Grundlage geschaffen. Zu Beginn agierte der Betrieb unter der Firma Opton, später unter dem Namen Zeiss-Opton GmbH und schlussendlich wieder als Zeiss.[819] Die Teile des Betriebs, die in Jena geblieben waren, wurden 1948 enteignet. Sie wurden zu staatseigenen Betrieben.[820]

Während der deutschen Teilung von 1949 bis 1990 wurde die Existenz der Carl-Zeiss-Stiftung von ‚Ost' und ‚West' bestritten. Die Vertreter der Heidenheimer Stiftung argumentierten, dass durch die Verstaatlichung der Betriebe im Osten die Stiftung in Jena aufgehört hatte zu existieren. Bestätigt durch die Handelsregistereintragung würde die Carl-Zeiss-Stiftung nur noch im Westen

---

815 Bewilligt wurden Förderungen des „Karl Astels Institut". Dies geht zurück auf *Karl Astel*, Rassenforscher und -Hygieniker; *Bähr*, Eine Vision – zwei Unternehmen, S. 176.

816 *Bähr*, Eine Vision – zwei Unternehmen, S. 185; *Schomerus*, Geschichte des Jenaer Zeisswerkes 1846-1946, S. 299 f.

817 Die Geschichte der Teilung der Zeiss Werke wird ausführlich dargestellt in *Karlsch*, Eine Vision – zwei Unternehmen, S. 194 ff.; *Pahlow/Steiner*, Die Carl-Zeiss-Stiftung, S. 13 ff.

818 *Pahlow/Steiner*, Die Carl-Zeiss-Stiftung, S. 16.

819 Firma und Warenzeichen der Betriebe waren Mittelpunkt vieler Auseinandersetzungen und Gerichtsprozesse zur Zeit der Deutschen Teilung. Nachzulesen u.a. in *Pahlow/Steiner*, Die Carl-Zeiss-Stiftung, S. 20 ff.

820 *David*, Die Carl-Zeiss-Stiftung, Anlage 4, S. 109; *Pahlow/Steiner*, Die Carl-Zeiss-Stiftung, S. 18.

existieren, hieß es.[821] Im Ergebnis bestand die Stiftung in Jena, wie auch in Heidenheim, aber *de facto* fort.

In Jena waren 1989 mehr als 70.000 Menschen[822] im sogenannten Kombinat beschäftigt.[823] Der Großteil aller Stiftungsaktivität war dabei jedoch zum Stillstand gekommen. Während der zweiten Hälfte des 20. Jahrhunderts sei die zentrale Aufgabe des Stiftungsstatuts, der Förderungsgedanke, nicht mehr erkennbar gewesen.[824]

Die Wiedervereinigung Deutschlands erforderte auch von den Stiftungen und den Betrieben das Finden einer gemeinsamen Lösung. Die verhärteten, teils emotional aufgeladenen Fronten ließen keine schnelle Einigung zu. Die westdeutschen Geschäftsleitungen stellten weiterhin die Existenz der Stiftung in der ehemaligen DDR in Frage.[825] Hingegen waren die ostdeutschen Vertreter der Ansicht, dass die Stiftung durch den Stiftungsbesitz, ihre Vermögenswerte und die Förderungen, nie aufgehört hatte zu existieren.[826]

Zur Entflechtung des Kombinats und zur Überbrückung wurden die Stiftungsbetriebe, welche im Kombinat Zeiss zusammengefasst waren, herausgelöst und vorübergehend umgewandelt.[827] In einer Grundsatzvereinbarung einigte man sich 1991 derweil auf die Existenz einer Stiftung in beiden Orten.[828] 1994 wurden die Feinheiten der Stiftung, beispielsweise der Vorsitz beim Wissenschaftsministerium in Baden-Württemberg, welches auch für die thüringischen Betriebe zuständig sein sollte, beschlossen.[829]

---

821 *David,* Die Carl-Zeiss-Stiftung, Anlage 13, S. 166 f.; *Pahlow/Steiner,* Die Carl-Zeiss-Stiftung, S. 23.

822 *Zeiss*, Zeiss Geschichte.

823 Die Geschichte der Teilung und ihrer Folgen für die Betriebe und Stiftung kann hier im Weiteren nicht erörtert werden. Ein Blick in die oben genannte Literatur lohnt sich indes.

824 So *Herberger* in, ZStV 2014, S. 195 und im Interview ab Seite 192.

825 Die Aufgabe der Stiftung, sei nach dem Statut *de jure* die Fortführung der Unternehmen Zeiss und Schott. Gemäß des § 1 A des Statuts hatte die ostdeutsche Stiftung diesen Zweck durch die Enteignung verloren; *Steiner,* Eine Vision – zwei Unternehmen, S. 295.

826 *Steiner,* Eine Vision – zwei Unternehmen, S. 295.

827 Damit war allerdings keine neue dauerhafte Rechtsform gefunden; *Steiner,* Eine Vision – Zwei Unternehmen, S. 302.

828 *Steiner,* Eine Vision – zwei Unternehmen, S. 320 f.

829 *Steiner,* Eine Vision – zwei Unternehmen, S. 323.

Viele Jahre der Unruhen, des wirtschaftlichen Auf- und Abschwungs, begleitet von Entlassungen und politischen Veränderungen lagen hinter den Betrieben und der Stiftung. Durch die Vereinbarungen konnte die Stiftung aber zumindest in beiden Bundesländern erhalten bleiben. Diese Wirren und Rechtsunsicherheiten machten eine grundsätzliche Reform der Stiftung allerdings notwendiger denn je.

c. *Die Stiftungsreform 2004*

2004 kam es zur Reform des Stiftungsstatuts der Carl-Zeiss-Stiftung und zur Umwandlung der Unternehmen Zeiss und Schott. Diese Reform nahm fast fünf Jahre in Anspruch. Die ersten Überlegungen entstanden bereits in den 1970er Jahren.[830]

Zum Zeitpunkt der Reform hatten die Stiftungsbetriebe und die Stiftung, so Vertreter, mit verschiedenen Schwierigkeiten umzugehen. Eine davon war, dass die Stiftung kaum noch die im Statut formulierten Ziele der Förderung verfolgte. *Herberger*, der damalige Geschäftsführer der Carl-Zeiss-Stiftung, begleitete diese Reform. Den Weg dorthin beschreibt er folgendermaßen:

> „Federführend für die Reform war die Stiftungsverwaltung. Der Anstoß zur Reform kam jedoch vom Stiftungskommissar, der mit Blick auf die damals kritische wirtschaftliche Lage der Firma Carl Zeiss eine Aufhebung des bestehenden Haftungsverbundes unter dem Dach der Stiftung anstrebte. Dem von der Stiftungsverwaltung bestellten Stiftungskommissar (eine Art von Einmann-Aufsichtsrat) ging es dabei nur um die Ausgliederung der Unternehmen aus der Stiftung, die Vorgaben des Statuts wurden weitgehend als disponibel betrachtet. Die Unternehmen unterstützten dieses Vorhaben des Stiftungskommissars. Für mich als Geschäftsführer der Stiftungsverwaltung ging es bei der Frage einer Reform um viel mehr als nur die Frage der Ausgliederung; es ging für mich darum, die im Statut niedergelegten unternehmerischen und gemeinnützigen Ziele dauerhaft zu erfüllen - was in der Vergangenheit nicht hinreichend beachtet worden war."[831]

Das Ergebnis der Reform war die völlige Umgestaltung der Betriebe: Die Unternehmen Zeiss und Schott, die *de jure* nie in eine Gesellschaftsform umgewandelt worden sind, sollten Aktiengesellschaften werden. Die Carl-Zeiss-Stiftung, die bislang als Unternehmensträgerstiftung im Rechtsverkehr aufgetreten war, wurde dadurch zur Beteiligungsträgerstiftung.[832]

---

830 *Kleinschmidt*, Eine Vision – zwei Unternehmen, S. 351.

831 *Herberger*, im Interview am 10.01.22; Seite 191 ff. der Arbeit.

832 *Carl-Zeiss-Stiftung*, Begründung der Neufassung, S. 7; *Kleinschmidt*, Eine Vision – zwei Unternehmen, S. 335. Zur Beteiligungsträgerstiftung Fn. 311.

Eine solche Reform habe sich dabei immer weiter aufgedrängt, so *Herberger*. Gründe dafür waren unter anderem die veränderten wirtschaftlichen Rahmenbedingungen seit 1896, die dringende Notwendigkeit der Auflösung des Haftungsverbundes zwischen den Firmen Zeiss und Schott[833], die zunehmende Internationalisierung und Globalisierung und die erforderliche Gleichstellung aller Angestellten der deutschen Unternehmen, insbesondere der Jenaer Betriebe und Tochterunternehmen im Vergleich zu den westdeutschen Betrieben.[834]

Herberger und *Streiter*, derzeitiger Geschäftsführer der Carl-Zeiss-Stiftung, beschrieben die Situation der Stiftungsbetriebe bis zur Stiftungsnovelle 2004 als stark reformbedürftig und wirtschaftlich sehr kritisch, insbesondere durch den Haftungsverbund der Betriebe.

Wirtschaftlich habe der Haftungsverbund für die Betriebe Zeiss und Schott bedeutet, dass durch die gemeinsame Bilanzierung der Unternehmen unter der Stiftung, die Konjunktur des einen Unternehmens direkten Einfluss auf das andere Unternehmen nahm. Trotzdem die Geschäftsführungen des einen Betriebes keinen Einfluss auf den jeweils anderen Betrieb nehmen konnten, wurden sie gemeinsam ‚bilanziert'.

Des Weiteren agierte die Stiftung als Einzelkauffrau im internationalen Rechtsverkehr, was angesichts der Globalisierung und Harmonisierung des Rechts zu immer größeren Problemen führte. Das führte dazu, dass immer, wenn jemand ein Mikroskop kaufte, der Kaufvertrag mit der Carl-Zeiss-Stiftung und nicht mit dem jeweiligen Betrieb geschlossen wurde, beschrieb *Streiter* die Rechtslage.[835]

Während der Deutschen Teilung war es in der BRD und DDR zu Umwandlungen in GmbHs und damit zumindest zur rechtlichen Weiterentwicklung gekommen. Nach der Wiedervereinigung waren die Unternehmen Zeiss und Schott allerdings wieder rechtlich unselbständig geblieben.[836]

---

833 Insbesondere dieser Umstand führte für die Betriebe seit jeher zu Unannehmlichkeiten, so *Herberger* und *Streiter* im Interview; Seite 191 ff.

834 *Carl-Zeiss-Stiftung*, Begründung der Neufassung, S. 10 ff.

835 Bis zur Reform 2004 agierten die Firmen Schott und Zeiss trotz Größe, Internationalisierung und Wettbewerb auf dem Weltmarkt durch die Stiftung, als Unternehmensträgerin und Kauffrau gem. § 1 HGB.; die Interviews mit *Herberger* und *Streiter* ab Seite 191.

836 *Kleinschmidt*, Eine Vision – zwei Unternehmen, S. 350.

Die Ausgestaltung des Stiftungsstatuts beschäftigte die Beteiligten der Reform knappe fünf Jahre lang. Erst durch die Einschaltung weiterer Jurist:innen konnte das neue Stiftungsstatut entworfen werden.[837]

d. Das Statut der Carl-Zeiss-Stiftung heute

Die Reform veränderte auch die Carl-Zeiss-Stiftung: Sie war nun nicht mehr die Unternehmensträger-, sondern Beteiligungsträgerstiftung der Betriebe.[838] Das bedeutet, dass die Stiftung zwar weiterhin 100 % aller Gesellschaftsanteile an den Unternehmen Zeiss und Schott hielt, die Unternehmen jedoch über eigene Gesellschaftsformen verfügen konnten und eigenständig sowie unabhängig bilanzierten.

Das Stiftungsstatut wurde von 122 auf 33 Paragrafen reduziert.[839] Einige der umfangreichen Regelungen *Abbes* waren durch Kodifizierungen obsolet geworden, insbesondere die arbeitsrechtlichen Regelungen. Andere tragende Gedanken *Abbes*, wie die der grundsätzlichen Stellung der Unternehmen zur Stiftung, ihre Zwecke, wie die Reinvestierung der Gewinne, die Ausschüttung an gemeinnützige Zwecke, die Unterstützung von Forschung und Wirtschaft sowie Förderung der Gemeinschaft blieben jedoch erhalten.[840]

(1) Die Allgemeine Direktive des Stiftungsstatuts nach der Reform

Im Folgenden sollen die Veränderungen des Stiftungsstatuts beleuchtet werden. Eine Änderung des Stiftungsstatuts war gemäß § 118 des Stiftungsstatuts von 1896 möglich. Das reformierte Statut von 2004 wurde 2009 überarbeitet. Im Folgenden wird dieses als Stiftungsstatut von 2009 bezeichnet. Die Änderung des Statuts musste sich an der objektivierten Absicht des Stifters, die in den bislang geltenden Satzungsnormen Ausdruck gefunden hatte, orientieren.

Die ‚Motive und Gedanken‘[841] *Abbes* durften dabei keinen Einfluss auf die Reform der Regelungen nehmen, hieß es in den Erläuterungen zum Stiftungsstatut.[842] Erklären lässt sich das damit, dass diese Gedanken und Motive keinen

837 Einen ausführlichen und direkten Einblick in diesen Prozess gibt *Herberger* ab Seite 191.

838 Eine Erklärung dazu bereits unter Fn. 311.

839 *Carl-Zeiss-Stiftung*, Statut, S. 36.

840 Ausführlich zum Ablauf der Reform: *Kleinschmidt*, Eine Vision – zwei Unternehmen, S. 332 ff.; *Pahlow/Steiner*, Die Carl-Zeiss-Stiftung, S. 369 ff.

841 Die Motive und Gedanken der Denkschrift auf Seite 106 ff.

842 *Carl-Zeiss-Stiftung*, Begründung der Neufassung, S. 9.

rechtlichen Inhalt aufweisen und größtenteils ohnehin in das Statut von 1896 geflossen sind.

Der Stiftungszweck war nach der Reform weiterhin in § 1 des Stiftungsstatuts von 2009 geregelt. Inhaltlich blieb er gleich. Weiterhin stand die feintechnische Industrie im Vordergrund. Allerdings konnten die Unternehmen ihre Tätigkeit nun ohne Satzungsänderung erweitern oder verlegen, vgl. § 1 Abs. 2 S. 2 des Stiftungsstatuts von 2009.

Im Jahr 1896 waren die Betriebe noch auf die Feintechnik und Optik beschränkt gewesen, auch wenn die Regelung bereits 1906 gelockert wurde, vgl. § 35 des Stiftungsstatuts von 1896/1906.[843] Die Auflockerung, insbesondere durch § 9 Abs. 2 des Stiftungsstatuts von 2009, erlaubt es den Stiftungsbetrieben nun, notwendige Weiterentwicklungen und Anpassungen der Betriebe an die Herausforderungen des globalisierten Zeitalters wahrzunehmen. Dabei sollte oberste Prämisse bleiben, dass die Stiftungsunternehmen „nicht zu einer ausschließlich vermögensverwaltenden Finanzholding werden" würden, § 9 Abs. 2 S. 3 des Stiftungsstatuts von 2009.

Es sollte stets gesichert sein, dass die Stiftungsbetriebe selbständig produzierten, entwickelten, forschten und trotzdem dem in den Regelungen des ursprünglichen Stiftungsstauts angelegten Stiftergeist nachhaltige Wirkung bescherten. Dass die Unternehmen ihren Betrieb und die Produktion nur auf Tochterunternehmen auslagern, sollte verhindert werden, sagt auch *Herberger*.[844]

Auch die Organisationsstruktur der Stiftung wurde durch die neuen Regelungen verändert. Gemäß § 3 des Stiftungsstatuts von 2009 blieb nur die Stiftungsverwaltung in ihrer einstigen Gestalt erhalten. Daneben wurden die aus dem Statut von 1896 bekannten Vorstände der Betriebe, vgl. §§ 4 ff. des Stiftungsstatuts von 1896[845], durch sogenannte Vorstandsbeiräte ersetzt.

Die Funktion der erhaltenen Stiftungsverwaltung führte jedoch zu Streitigkeiten während der Neufassung des Stiftungsstatuts. Unter *Abbe* galten die Einbindung und die Kontrolle durch den Staat als Garant zur Durchsetzung und Erhaltung des Stifterwillens. Diesem Gedanken folgend, mussten der Staat und insbesondere die Ministerien beteiligt bleiben:

> „Das Amt der Stiftungsverwaltung sollte als Nebenamt oktroyiert werden, § 5 Stiftungsstatut 1896. Das Departement sollte so handeln, wie jeder Dritte auch. Heute hat sich das ein wenig geändert: es sind die ‚Minister' *ad persona* und nicht ‚das Ministerium'[846]

843 Seite 157 ff.

844 Zum Interview ausführlicher ab Seite 191.

845 Näheres Seite 128.

846 Wie im Statut der Carl-Zeiss-Stiftung von 1896.

in der Rolle der Stiftungsverwaltung engagiert. Dazu müssen jedes Jahr die Nebenämter des jeweiligen Ministers oder der Ministerin genehmigt werden."[847]

Die Stiftungsverwaltung gemäß § 5 Abs. 1 Stiftungsstatuts von 2009 ist deswegen gegenwärtig auf die Minister:innen von Baden-Württemberg und Thüringen aufgeteilt, die für die wissenschaftlichen Hochschulen zuständig sind.

Die Wahrnehmung der Aufgaben der Stiftungsverwaltung, nicht zu verwechseln mit der gesetzlichen Stiftungsaufsicht durch die Länder, obliegt nicht mehr der Zuständigkeit des Ministeriums, sondern wie von *Herberger* beschrieben, den Minister:innen als ‚Privatpersonen'. Die Stiftungsverwaltung nimmt dabei keinen Einfluss auf die Unternehmenstätigkeit der Betriebe.[848]

Auch der Stiftungskommissar wurde durch einen sogenannten Stiftungsrat i.S.d. §§ 4, 6 des Stiftungsstatuts von 2009 ersetzt. Dieser besteht heute aus einem Vorsitzenden und zwei weiteren Mitgliedern und wird von der Stiftungsverwaltung bestellt, vgl. § 6 Abs. 1 S. 1 des Stiftungsstatuts von 2009.

Der Stiftungsrat, als Pendant zum Stiftungskommissar, stellt dabei die Schnittstelle zwischen Unternehmen und Stiftung dar.[849] Diesem fällt nach wie vor die Aufgabe zu, die „wirtschaftlichen Belange der Stiftung gegenüber den Stiftungsunternehmen" wahrzunehmen[850] und die Einhaltung der Stiftungssatzung zu kontrollieren, § 9 Abs. 1 S. 2 des Stiftungsstatuts von 2009. Der Vorstandsbeirat der Unternehmen soll gem. § 7 Abs. 1 Statut der Carl-Zeiss-Stiftung von 2009 aus Mitgliedern der Stiftungsunternehmen bestehen. Aufgabe dieser ist es gem. § 7 Abs. 2 S. 1 die Unterstützung und Beratung der anderen Stiftungsorgane zu gewährleisten sowie die Ausübung der Rolle als Sprecher:innen für die Stiftungsunternehmen wahrzunehmen.

Die Reform der Unternehmen zu Aktiengesellschaften führte auch dazu, dass neben dem bislang geltenden Recht das Aktiengesetz (AktG) angewendet wird. Gemäß § 111 Abs. 1 AktG werden die Unternehmen und die Geschäftsleitungen nun zusätzlich vom Aufsichtsrat überprüft.[851]

---

847 *Herberger* im Interview am 10.01.2022; Seite 191 ff.

848 Zur jetzigen Unternehmenstätigkeit *Carl-Zeiss-Stiftung*, Begründung der Neufassung, S. 24.

849 Auch gemäß §§ 11, 12 des Stiftungsstatuts der Carl-Zeiss-Stiftung von 1896 oblag dem Stiftungskommissar die Beaufsichtigung der Geschäftsführung der Betriebe, die Unterrichtung darüber und ein umfassendes Informationsrecht.

850 § 6 Abs. 6 b) des Stiftungsstatuts der Carl-Zeiss-Stiftung von 2009.

851 *Carl-Zeiss-Stiftung*, Begründung der Neufassung, S. 21.

Trotz der Umfirmierung dürfen die Anteile der Stiftung an den Unternehmen, das heißt 100 % aller Gesellschaftsanteile, weder veräußert, noch sich daran beteiligt werden.[852] Die ‚alleinige Inhaberschaft' der Stiftung über die Betriebe Zeiss und Schott blieb damit erhalten. Die Stiftung akquiriert weiterhin ihre finanziellen Mittel aus den Gewinnen der Betriebe:

> „Das Vermögen der Carl-Zeiss-Stiftung besteht aus Anteilen an den Stiftungsunternehmen Carl Zeiss und Schott Glas."[853]

Abbes Ziel, persönliche Anteile an den Unternehmen durch das Stiftungsstatut von 1896 auszuschließen und auf alle Zeit zu verhindern, blieb auch durch das reformierte Stiftungsstatut von 2004 und 2009 erhalten.[854] Seine Gedanken und Ideen hatten nachhaltige Wirkung.

(2) Das Arbeitsrecht nach der Reform

Von den mehr als 50 arbeitsrechtlichen Regelungen im Stiftungsstatut von 1896 sind derzeit noch acht erhalten geblieben, wie beispielsweise das Verbot der Diskriminierung oder die tariflichen Regelungen der Arbeitsverhältnisse in den §§ 15 ff. des Stiftungsstatuts von 2009.

Andere Normen, die bei Veröffentlichung des Stiftungsstatuts von 1896 besondere Wirkung hatten, wie die Gewinnbeteiligung und die Begrenzung des Maximaleinkommens, sind nicht erhalten geblieben.

Dazu heißt es in § 18 Abs. 2 des Stiftungsstatuts von 2009:

> „Die Stiftungsunternehmen und die mit ihnen verbundenen Unternehmen werden unter Berücksichtigung der jeweiligen betrieblichen Verhältnisse und des industriellen Standards am jeweiligen Arbeitsort die Möglichkeit einer angemessenen Gewinnbeteiligung der Mitarbeiter prüfen.
> Soweit die Gewinnbeteiligung nicht allen Mitarbeitern gleichmäßig, also in einer bestimmten prozentualen Höhe des jeweiligen Grundentgelts, gewährt wird, sind die jeweils betriebsverfassungsrechtlich zuständigen Organe nach Maßgabe der jeweils geltenden Gesetze an der Festsetzung der Gewinnbeteiligung zu beteiligen."

---

852 § 9 Abs. 1 S. 1 des Stiftungsstatuts von 2009.

853 § 9 Abs. 3 des Stiftungsstatuts von 2009.

854 Ausnahmen davon stellen lediglich die Fälle dar, die gem. § 9 Abs. 4 Stiftungsstatuts der Carl-Zeiss-Stiftung von 2009 der Abwendung von Gefahren und zur Sicherheit des Bestandes der Unternehmen dienen, wobei es auch dazu auf die kollegiale Entscheidung der Stiftungsorgane ankommt.

Die Gewinnbeteiligung gemäß § 98 des Stiftungsstatuts von 1896 war angesichts der Zeit eine der fortschrittlichsten Normierungen des Statuts. Die hier eher vage Formulierung könnte auf eine Rückentwicklung dessen schließen lassen. Dem kann jedoch entgegengehalten werden, dass bereits im Jahr 1896 Ausschüttungen im Sinne des § 98 vom Geschäftsjahr abhängig waren. Dazu hieß es:

> „Wenn in einem Stiftungsbetrieb den Betriebsangehörigen neben den zum voraus festgesetzten Lohn- und Gehaltsbezügen noch Bezüge eingeräumt werden [können].“[855]

Ansprüche darauf waren also nicht definitiv zugesichert, sondern von der Konjunktur abhängig. Dies ist auch aus dem Wortlaut der Regelung erkennbar.

Im Rahmen der Begründung zur Stiftungsreform wird § 18 Abs. 2 des Stiftungsstatuts von 2009 als Ersatz für § 98 des Stiftungsstatuts von 1896 bezeichnet.[856] Es bleibt abzuwarten, ob ein Anspruch, ähnlich dem in § 14 des Arbeitsvertrags i.V.m. § 98 des Stiftungsstatuts von 1896 besteht, da die offene Formulierung von § 18 des Stiftungsstatuts von 2009 keine absolute Gewissheit bietet.

Die Vertreter der Carl-Zeiss-Stiftung trafen auf die Nachfrage dahingehend recht unterschiedliche Aussagen. Nach *Streiter* erhalten die Angestellten der Firmen sehr erhebliche Zusatzzahlungen.[857] *Herberger* bemerkte dazu folgendes:

> „Als das Statut neu gefasst und reformiert wurde, ging es den Unternehmen sehr schlecht. Zeiss hatte diese Fusion so gerade eben verkraftet. Es gab Jahre ohne Dividende, mithin auch ohne Gewinn. Nach der Wende kamen erst einmal Jahre, in denen nur ‚Miese‘ gemacht wurde[n]. Schott hatte früh in das Solargeschäft investiert. Es kam jedoch dazu, dass dieser Markt fast vollständig von China erobert wurde, wodurch es Verluste gab und natürlich keine Dividende. Deswegen ist diese sehr vorsichtige Formulierung in § 18 des Statuts auch der Tatsache geschuldet, dass es zur damaligen Zeit keine solche Selbstverständlichkeiten gab, wie die einer Ausschüttung.“[858]

Des Weiteren erwähnte *Streiter*, dass die Angestellten der Betriebe in den letzten Jahren über Ausschüttungen “erfreut” waren, die deutlich über dem Durchschnitt gelegen hätten.[859] Ob das im Ergebnis ausreichend Beleg für die konsequente Durchsetzung einer ‚Gewinnbeteiligung‘ ist, bleibt fraglich.

---

855 § 98 des Stiftungsstatuts von 1896.

856 *Carl-Zeiss-Stiftung*, Begründung der Neufassung, S. 36.

857 *Streiter* im Interview am 10.12.2021.

858 *Herberger* im Interview am 10.01.2022.

859 *Streiter* im Interview am 10.12.2021.

Der Gedanke *Abbes*, die Angestellten am Erfolg der Betriebe zu beteiligen, konnte zwar prinzipiell erhalten bleiben, gestaltet sich im Ergebnis jedoch eher vage. Heute sind solche Regelungen im Rahmen eines 13. Gehalts oder Weihnachtsgeldes standardisiert. Im ausgehenden 19. Jahrhundert war *Abbe* damit Vorläufer.

Neben dieser Gewinnbeteiligung sorgte *Abbe* auch durch die Einführung eines Maximaleinkommens gemäß § 94 des Stiftungsstatuts von 1896 für mehr Gleichheit in den Betrieben.[860]

Eine solche Maximalgrenze der Gehälter wurde in das neue Stiftungsstatut von 2009 nicht aufgenommen. Auch in den Erläuterungen zur Reform des Stiftungsstatuts finden sich keine Ausführungen. Auf Nachfrage wusste *Streiter* dazu keine konkrete Antwort. *Herberger* erklärte hingegen folgendes:

> „Die Regelungen in § 94 des Statuts von 1896 müssen im Kontext der Vergütung von Mitarbeitern eines mittelgroßen Betriebes Ende des 19./Anfang des 20. Jahrhunderts gesehen werden. Das gilt auch für die Deckelung der Bezüge der Vorstände, auf die sich in erster Linie der Zehnfach-Satz bezieht.
> Für weltweit operierende Konzerne ist eine solche Regelung im 21. Jahrhundert nicht ohne massive Nachteile umsetzbar, weil die Vergütungsstruktur in gleicher Weise wie die vermarkteten Produkte Marktmechanismen unterliegen, die nicht normativ eingeschränkt werden können, ohne dass das für die Wettbewerbsfähigkeit schwerwiegende Folgen hat.
> Wer, wie die Stiftungsunternehmen, im Bereich von Spitzentechnologien mithalten will, muss – unabhängig vom Durchschnittseinkommen der Belegschaft – denjenigen, die das notwendige spezielle Know-how mitbringen, die am Markt gezahlten Gehälter anbieten, sonst landet er in der 2. oder 3. Liga. Für Stiftungsunternehmen gibt es hier keine ‚Insellösung', die eine Abweichung zulassen würde. Die Bedingung der Personalrekrutierung sind also heute bei Global Playern andere als noch zu Zeiten von Ernst Abbe mit regional operierenden Betrieben."[861]

Die Gründe dafür mögen einleuchten, sind im Ergebnis jedoch eine Abkehr von *Abbes* Begrenzungs- und Gleichheitsgedanken. Die Frage, wie viel man heute verdienen können soll, stellt ein gegenwärtig umstrittenes Thema dar. Die Zeissschen Betriebe könnten, ihrer eigenen Rechtstradition folgend, ein Vorbild dafür sein.

---

860 Dazu Seite 142 f.

861 *Herberger* im Interview am 10.01.2022; Seite 191 ff.

(3) Weitere Regelungen

Durch die Reform wurde auch der § 24 Abs. 1 b) in das Stiftungsstatut von 2009 eingefügt. Diese Regelung beinhaltet eine Ordnungs- und Sicherungsfunktion zugunsten der Stiftung und Betriebe. Die Gewinne der Unternehmen, die an die Stiftung ausgeschüttet werden, sollen sich an der Eigenkapitalquote[862] der Betriebe orientieren. Danach dürfen Ausschüttungen zugunsten der Stiftung stattfinden, sobald die Betriebe in einem Geschäftsjahr eine Eigenkapitalquote von 20 % erreicht haben:

> „Bei einer Konzerneigenkapitalquote bis 20 % erfolgt keine Gewinnausschüttung. Bei einer Konzerneigenkapitalquote
> - über 20 % werden mindestens 2 % und höchstens 4 %,
> - über 25 % werden mindestens 3 % und höchstens 7 %,
> - über 30 % werden mindestens 4 % und höchstens 10 %, [...].“[863]

Damit sollte die wirtschaftliche Stabilität und der Erhalt der Stiftungsunternehmen durch Orientierung an festen Messgrößen und Planungssicherheit für die Stiftung entstehen. Der Fördergedanke, der bis zur Einführung des Statuts 2004 nahezu verloren war[864], kann durch die Regelung der Quoten nicht mehr vernachlässigt werden.[865]

Die Festlegung solcher Quoten im Stiftungsstatut entspricht auch den Gedanken *Abbes*: Die wirtschaftliche Sicherung und Fortentwicklung der Betriebe sollte stets den Ansatzpunkt für die Berechnung der Höhe weiterer Ausschüttungen darstellen.

Im Ergebnis kann festgehalten werden, dass die rechtliche Umformung in Aktiengesellschaften und die Reform des Statuts zwar nicht zur Negierung von *Abbes* Zielen geführt hat, es mit Blick auf die Gewinnbeteiligung und die Maximalgrenze der Löhne allerdings zu Veränderungen kam.

---

862 Die Eigenkapitalquote der Zeiss AG lag im Jahr 2022 bei 55 %. Diese Kennziffer ist aus wirtschaftlicher Sicht als sehr hoch einzustufen; https://de.statista.com/statistik/daten/studie/951879/umfrage/carl-zeiss-ag-eigenkapitalquote/, zuletzt abgerufen am 25. Januar 2023.

863 § 24 Abs. 1 b) Statut der Carl-Zeiss-Stiftung von 2009.

864 So *Herberger* im Interview; Seite 191.

865 In diesem Kontext kann noch erwähnt werden, dass die Gewinne nur in eine Richtung fließen können: Vom Unternehmen zur Stiftung. Die Unternehmen müssen deswegen ihre wirtschaftliche Stabilität primär und im Anschluss die philanthropischen Zwecke bedienen; so ähnlich auch *Carl-Zeiss-Stiftung*, Begründung der Neufassung, S. 40.

Dennoch liegen die Unternehmen Zeiss und Schott weiterhin zu 100 % in Stiftungshand. Durch die Konzernentwicklung entstanden eine Vielzahl von Tochterunternehmen, die ebenfalls, je nach Unternehmen, mittelbar oder unmittelbar gemäß § 23 des Stiftungsstatuts von 2009 in Stiftungshand liegen.

4. Fazit

Mitte des 19. Jahrhunderts hatte *Carl Zeiss* in Jena einen kleinen Handwerksbetrieb gegründet. Heute, mehr als 175 Jahren später, ist aus diesem Betrieb ein technischer Weltmarktführer geworden. Die Verbindung mit *Ernst Abbe* machte den Betrieb zum rechtlichen, sozialpolitischen und wirtschaftlichen Vorbild.

Nicht nur die rechtswissenschaftlichen und sozialen Einflüsse sind es, die *Abbe* zu einem Vorreiter machen, auch die Entwicklung der Stadt Jena geht maßgeblich auf seinen Einfluss zurück. Aus der abgeschlagenen Kleinstadt im Großherzogtum Sachsen-Weimar-Eisenach, an welcher die industrielle Revolution vorbeizuziehen schien, wurde ein Industrie- und Wissenschaftsschwerpunkt.

Abbe förderte jedoch nicht nur die Verbesserung der Umstände der Angestellten in den Stiftungsbetrieben, sondern auch die Wissenschaft und Forschung durch Förderung und (Mit)Finanzierung insbesondere der Universität Jena. Außerdem unterstützte er die Stadtgesellschaft, indem er städtische Initiativen und Projekte förderte, finanzierte und durchzusetzen half.[866]

Aus rechtswissenschaftlicher Perspektive bedeutet das Stiftungsstatut von 1896 nicht nur die Einführung der ersten anerkannten Unternehmensträgerstiftung, ohne rechtliche Vorbilder[867], sondern auch die Gestaltung eines außerordentlichen Unternehmenskonzepts, das auch Verantwortungseigentum im Recht zu implementieren versuchte.

Die wichtigsten Merkmale sind allerdings, dass die Gewinne der Unternehmen seitdem und bis heute gebunden sind und ausgeschüttet werden. Auch nach der grundlegenden Reform im Jahr 2004 konnten *Abbes* Ziele, die er mehr als 100 Jahre zuvor formuliert und manifestiert hatte, ihrem Wesen nach erhalten bleiben. Heute profitieren die mehr als 51.000 Mitarbeiter:innen bei Zeiss und Schott sowie in deren Tochterunternehmen von den Regelungen, die *Abbe* Ende des 19. Jahrhunderts eingeführt hatte.

---

866 Dazu bereits auf Seite 160 f.

867 *Herberger*, Stiftungsunternehmen, S. 182; *Heuel*, Die Entwicklung der Unternehmensträgerstiftung, S. 15, 19; *Kollascheck*, Die Geschichte des deutschen Stiftungswesens am Beispiel der Carl-Zeiss-Stiftung, S. 40.

Auch die Bundesländer Thüringen und Baden-Württemberg profitieren vom wirtschaftlichen Erfolg der Betriebe und den Regelungen des Stiftungsstatuts. Diese Ausschüttungen und die Wirkung der Stiftung für die Gesellschaft und die Bundesländer sollten auch heute nicht unterschätzt werden.[868]

Die an der Börse notierte Tochtergesellschaft Carl Zeiss Meditec schreibt Rekordzahlen und gehört zu einer der beliebtesten Aktien im Medizintechnik-Sektor. Auch dort gelten die Normierungen des Stiftungsstatuts und sind richtungsweisend.[869]

Ob und inwieweit *Ernst Abbe* damit ein rechtliches Fundament für das Verantwortungseigentum legte, soll im folgenden Kapitel abschließend beantwortet werden.

868 So auch *Streiter* im Interview. Näheres auf Seite 191 ff.
869 § 23 des Statuts der Carl-Zeiss-Stiftung von 2009. Siehe auch Seite 174.

E. Ernst Abbe – Verantwortungseigentümer erster Stunde?

Das Ziel dieser Untersuchung ist es, die Parallelen der Carl-Zeiss-Stiftung unter *Abbe* und dem Verantwortungseigentum herauszustellen. Dazu wurde die Carl-Zeiss-Stiftung unter *Abbe*[870] und das Konzept des Verantwortungseigentums[871] einzeln beleuchtet. Des Weiteren wurde festgestellt, dass mangels konkreter Vorläufer des Verantwortungseigentums[872] und der Carl-Zeiss-Stiftung[873], beide Institute eine singuläre Bedeutung beigemessen werden kann.

Ob das Verantwortungseigentum und die Carl-Zeiss-Stiftung aus juristischer Perspektive vergleichbar sind und ob *Abbe* Pionier des Verantwortungseigentums war, soll nun festgestellt werden. Die Erkenntnisse der einzelnen Kapitel dienen als Grundlage des Vergleichs.

I. Die Methode

Das methodische Grundprinzip der Rechtsvergleichung ist das der sogenannten Funktionalität.[874] Danach ist im Recht alles vergleichbar, was dieselbe Aufgabe erfüllt und dieselbe Funktion innehat[875], zum Beispiel die Lösung eines bestimmten gesellschaftlichen Problems.[876]

Obwohl sich der institutionelle und konzeptionelle Rahmen der vorliegenden Vergleichsobjekte stark voneinander unterscheidet, können das Ziel und der Zweck ein gleicher sein.

In der Zusammenführung werden dazu nun die historischen und gegenwärtigen Regelungen beider miteinander verglichen. Die Zeitepoche und Umstände, der Grad der Kodifizierung des Rechts sowie die Motive und Gedanken sollen dabei nicht unberücksichtigt bleiben.

---

870 Seite 93 ff.

871 Seite 59 ff.

872 Zur Entwicklung und Überprüfung ab Seite 27 und auf Seite 56.

873 Zur Rechts- und Ausgangslage ab Seite 94.

874 Auführlich in *Zweigert/Kötz*, Einführung in die Rechtsvergleichung, S. 33 ff. Aber auch *Kischel* bezeichnet die funktionelle Methode als die herrschende; *Kischel*, Rechtsvergleichung, S. 93 ff.

875 *Zweigert/Kötz*, Einführung in die Rechtsvergleichung, S. 33.

876 *Kischel*, Rechtsvergleichung, S. 95.

Zum Vergleich wird das Statut der Carl-Zeiss-Stiftung von 1896 und die Gedanken und Motive *Abbes* herangezogen. Da das Verantwortungseigentum im deutschen Recht (noch) nicht kodifiziert ist, wurde die Untersuchung dessen anhand der Konzepte, der gegenwärtigen Umsetzung[877] und des Gesetzesentwurfes[878] vorgenommen. Für den Vergleich werden nun die Erkenntnisse daraus herangezogen. Hierbei soll betont werden, dass nicht primär der beleuchtete Gesetzesentwurf zur GmbH-gebV als Vergleichsgrundlage dient. Da eine Weiterentwicklung und Anpassung davon, Veränderungen sogar wahrscheinlich sind, sollen vor allem die Grundprinzipien und Konzepte, die aus den Entwürfen erkennbar sind, als Vergleichsgegenstand herangezogen werden.

II. Der konkrete Vergleich

Die Idee einer Gesellschaft in Verantwortungseigentum stützt sich primär auf zwei Grundsätze: Nachfolgeorientierung und Vermögensbindung, das sogenannte Sinn- und Selbstbestimmungsprinzip.[879]

Ziel und Zweck von Unternehmen in Verantwortungseigentum soll es sein, Gewinne nicht mehr an Anteilsinhaber:innen auszuschütten, sondern zu reinvestieren, zu spenden sowie die Nachfolgeregelungen im Sinne einer Werte- und Fähigkeitenfamilie eigenständig vorzunehmen.[880] Dadurch sollen Unternehmen entstehen, die der Mission ihrer Gründung nachhaltige Wirkung bescheren und das Bild von Familienunternehmen universeller gestalten – jenseits der gesetzlichen Verwandtschaft. Unternehmer:innen wollen sich als Treuhänder:innen ihres Unternehmens verstehen.[881]

Ernst Abbe war darauf bedacht, die Stiftungsbetriebe Zeiss und Schott zu Unternehmen gedeihen zu lassen, welche neben dem eigenen wirtschaftlichen Wachstum stets die Erfüllung sozialer, gemeinnütziger und gesellschaftlicher Aufgaben wahrnehmen. Dies sollte auch den Menschen und der Gesellschaft außerhalb der Betriebe zugutekommen. *Abbe* hielt es für notwendig, persönliche Anteile und Gewinne der Unternehmen zu perpetuieren und Erbschaften auszuschließen.[882]

---

877 Obige Ausführungen dazu ab Seite 63.
878 Seite 76 ff.
879 Seite 59 ff.
880 Zur Werte- und Fähigkeitenfamilie eingangs Seite 59 ff.
881 Seite 59 ff.
882 Seite 106; Seite 125 ff.

Während *Abbes* Zweck deutlich weiter zu reichen scheint, überschneidet sich sein Ziel mit den Absichten der Verantwortungseigentümer:innen. Die genauen rechtlichen Aspekte sollen hier nun zusammengeführt werden.

1. Die Rechts- und Ausgangslage

Um zu verstehen, welchen Herausforderungen die Vertreter:innen des Verantwortungseigentums und *Ernst Abbe* ausgesetzt sind und waren, ist es unerlässlich, die Rechts- und Ausgangslagen miteinander zu vergleichen.

Als *Abbe* den Entschluss fasste eine Unternehmensträgerstiftung zu gründen, gab es im Großherzogtum Sachsen-Weimar-Eisenach weder ein kodifiziertes BGB, noch ein GmbHG. Neben dem ADHGB bestand das Recht größtenteils aus Landes- und Gewohnheitsrecht.[883] Die Stiftung als Juristische Person war zwar bekannt; bis zu diesem Zeitpunkt jedoch nicht in der unternehmerischen Ausgestaltung die *Abbe* anstrebte.

Im Gegensatz dazu stehen Vertreter:innen des Verantwortungseigentums heute vor einer stark kodifizierten Rechtslage. Durch den *Numerus Clausus* der Gesellschaftsformen stehen ihnen weitreichende Regelungsvarianten zur Verfügung: Die Umsetzung des Verantwortungseigentums kann mittels gGmbH, GmbH, Genossenschaft, Stiftung, durch ausländische Rechtsformen oder Umsetzungsmodelle, wie Stiftungskonstruktionen und Veto-Share-Modellen zumindest teilweise ermöglicht werden.

Jedoch erfüllt keines dieser Rechtsformen oder -modelle die Voraussetzungen des Verantwortungseigentums ohne zusätzliche Hürden und Herausforderungen.[884] Die Ausführungen zu den Umsetzungsmodellen[885] und dem Gesetzesvorschlag zur Rechtsform, der GmbH-gebV, zeigten auch, welche Regelungsproblematiken sich dort verbergen und noch zu lösen sind.[886]

Die gegenwärtige Umsetzung des Verantwortungseigentums innerhalb des bestehenden Rechtssystems mündet nicht nur in finanziellem Gestaltungsaufwand, sondern dürfte auch zu Rechtunsicherheiten führen.[887] Der *Numerus Clausus* der Gesellschaftsformen genügt den Bedürfnissen des Verantwortungseigentums nicht und ist ausgeschöpft.[888]

883 Seite 94 ff.
884 Seite 73 ff.
885 Seite 63 ff.
886 Seite 75.
887 Seite 71; Seite 73.
888 Seite 63; Seite 75.

Auch die Ausgestaltung der Carl-Zeiss-Stiftung nahm dabei viele Jahre in Anspruch, während der gedankliche Prozess *Abbes* bereits wesentlich früher begonnen hatte. Schon vor 130 Jahren war der Prozess zur Gründung solcher Unternehmen in Verantwortungseigentum nicht nur aufwendig und langwierig, sondern juristisch anspruchsvoll.

Abbe begann bereits im Jahr 1883 damit, seine Gewinne aus den Unternehmen zu thesaurieren. Wenig später im Jahr 1886 folgte die Gründung des Ministerialfonds, wovon auch die Universität profitierte.[889] Die Carl-Zeiss-Stiftung wurde dagegen erst im Jahr 1896 zur Unternehmensträgerstiftung, mehr als 10 Jahre später.[890]

Das Ergebnis zeigt, dass sich die Ausgangssituationen stärker zu entsprechen scheinen, als auf den ersten Blick erkennbar: Unternehmer:innen damals wie heute haben Bedürfnisse, die auf rechtliche Grenzen stoßen, welche es aufzulösen und weiterzuentwickeln gilt. Es bedarf der Kreativität und Umsetzungsversuche der Unternehmer:innen, wie es auch *Abbe* einer war, um auf Lücken und Bedürfnisse hinzuweisen, Rechtsforderungen zu stellen und neue Reformen anzustreben.

Trotz der grundlegenden Reform der Carl-Zeiss-Stiftung im Jahr 2004 konnten *Abbes* Ziele, die er mehr als 100 Jahre zuvor formuliert hatte, ihrem Wesen nach bis heute erhalten bleiben. Viele der damaligen Regelungen waren jedoch durch die fortschreitende Kodifizierung des Bundes allerdings obsolet geworden. Die langwierige Reform der Carl-Zeiss-Stiftung zeigt aber auch, dass Stiftungen in Verbindung mit Unternehmen heute vor Hindernissen stehen. Eine einfachere und flexiblere Rechtsform, die die Ideen des Verantwortungseigentums und die *Abbes* vereint, könnte solche Probleme möglicherweise lösen und Alternativen für die Zukunft bieten.

2. Das Erbrecht

Die Nachfolge und Vererbung im Unternehmen stellen für viele Unternehmer:innen Probleme dar. Im Jahr 1889 hatte *Ernst Abbe* deswegen einen Erbeinsetzungsvertrag mit der Carl-Zeiss-Stiftung zusätzlich zum Stiftungsstatut geschlossen.[891] Dadurch war die Stiftung ursprünglich zur alleinigen Erbin *Abbes* geworden.

889 Seite 105.

890 Und nicht einmal 1896 war dieser Prozess abgeschlossen. Juristisch „richtige" Unternehmensträgerin beider Unternehmen (Zeiss und Schott) war die Stiftung erst 1919.

891 Seite 118.

Seine Bedenken über den Fortbestand der Betriebe hatten sich erst gelegt, als *Roderich Zeiss* und *Otto Schott* ihre Geschäftsanteile abgetreten hatten.[892] Im Jahr 1891 war die Carl-Zeiss-Stiftung dadurch alleinige Inhaberin der Firma Zeiss, seit 1919 der Firma Schott, geworden.

Dass es in den Betrieben Zeiss und Schott mithin nicht mehr zu einem Erbfall kommen konnte, war die praktische Lösung eines Problems, welchem sich *Abbe* ausgesetzt sah: Der Unternehmenszweck, der durch Weitergabe an Nachfolgegenerationen und persönlichen Interessen der Gesellschafter aufgelöst werden könnte, sollte gesichert sein. Dieser Erbfall kann und konnte durch die Übertragung der 100% aller Gesellschaftsanteile an die Carl-Zeiss-Stiftung nicht mehr eintreten. Die Stiftungsbetriebe Schott und Zeiss bestehen seitdem unabhängig erblicher Nachfolgen.

Verantwortungseigentümer:innen wollen die Nachfolge im Sinne des sogenannten Selbstbestimmungsprinzips gestalten.[893] Die Vererbung von Gesellschaftsanteilen soll nur unter der Zustimmung aller Gesellschafter:innen möglich sein.[894] Dafür kommen ausschließlich Gesellschafter:innen infrage, die intrinsisch motiviert sind. Der Geist eines Unternehmens und seine Zwecke sollen schließlich nicht durch Erbfolgen ausgehöhlt werden.[895]

Hinter beiden Ansätzen verbirgt sich dasselbe Ziel: die Verhinderung ‚automatischer' Erbfolgen zugunsten der Unternehmen und zulasten der genetischen Familie. Das Prinzip der Verantwortungseigentümer:innen, ein Unternehmen stets von werteorientierten Unternehmer:innen leiten zu lassen, stimmt mit *Abbes* Konzept überein, die Stiftungsbetriebe ohne persönliche Gesellschaftsanteile zu gestalten.

Für beide Untersuchungsobjekte galt: Es dürfen weder die gesetzliche Erbfolge noch externe Interessen über die Unternehmen bestimmen.

Während *Abbe* dies durch den Ausschluss persönlicher Gesellschaftsanteile an den Stiftungsbetrieben zu regeln versuchte[896], sollen die gesetzlichen Erbfolgen im Verantwortungseigentum ‚ausgeschlossen' und durch Zustimmungserfordernisse ersetzt werden.

---

892 Seite 120 ff.

893 Seite 59.

894 In Rückbezug auf den gegenwärtigen Gesetzesentwurf wird dies gem. § 77c GmbHgebV deutlich.

895 Im Sinne des Selbstbestimmungsprinzips. Zudem auch Seite 59.

896 Seite 121.

Das Verständnis als Treuhänder:innen eines jeweiligen Unternehmens zeichnet sich bei beiden ab. Auch wenn die institutionelle Gestaltung der Vergleichsobjekte unterschiedlich scheint, so sind ihr Zweck und das Ziel gleich.

3. Die Rolle des Vermögens

Nach *Abbe* durfte der Zweck der Unternehmen nicht nur im reinen Gelderwerb bestehen[897], sondern musste durch das Halten unpersönlicher Besitztitel zu ‚Höherem' befördert werden.[898]

Laut § 37 des Stiftungsstatuts von 1896 blieb es vollständig ausgeschlossen, dass die Anteile der Stiftung an den Betrieben, jemals verkauft oder auf andere Weise veräußert werden würden. Dies gilt auch heute noch.[899] Insbesondere § 37 i.V.m. § 40 des Stiftungsstatuts von 1896 verleihen der Carl-Zeiss-Stiftung ihren Charakter als Verantwortungseigentümerin: Die Akquirierung von persönlichen Gewinnen sollte und durfte nie das primäre oder alleinige Ziel der Unternehmen und der Stiftung werden. Vielmehr sollten die Entwicklung und der Fortbestand dieser unter dem Halten unpersönlicher ‚Besitztitel' im Vordergrund der Tätigkeit stehen.

Das Vermögen und die Gewinne verblieben in den Stiftungsbetrieben oder flossen in den Reservefonds der Stiftung.[900] Durch die Ansammlung in diesem wurden die gemeinnützigen Stiftungszwecke, Personalansprüche und mögliche Erweiterungen oder Erneuerungen der Betriebe ermöglicht.

Eine Entnahme des Kapitals zu anderen als den benannten Zwecken, insbesondere zugunsten persönlicher Interessen, wurde durch die Normierungen des Statuts ausgeschlossen. Aufgabe der Stiftung war somit vor allem die Verteilung der Betriebsgewinne und die Absicherung der wirtschaftlichen Stabilität der Unternehmen.

Die dauerhafte Vermögensbindung stellt für Unternehmen in Verantwortungseigentum ebenfalls ein unveränderliches Merkmal dar. Gewinne, im Unterschied zu herkömmlichen Kapitalgesellschaften, werden nicht an Gesellschafter:innen ausgeschüttet oder z.B. durch Liquidierung abgeführt, sondern reinvestiert und gespendet. Der sogenannte ‚capital-lock', die ‚Vermögenssperre', verhindert eine solche Veränderung.[901]

---

897 Erkennbar bereits in der Denkschrift; dazu Seite 106 ff.

898 Unter anderem in § 1 A. 1., § 40 Statuts der Carl-Zeiss-Stiftung von 1896.

899 Seite 168 ff.

900 Seite 135.

901 Seite 82 ff.

Durch die Reinvestitionen können Unternehmen in Verantwortungseigentum zugunsten eigener Zwecke wachsen und wirtschaftlich stabil bleiben. Spenden oder Thesaurierungen für externe Zwecke sind jederzeit möglich, sofern keine Aushöhlung oder Umgehung der Vermögensbindung stattfindet.

Die Carl-Zeiss-Stiftung und das Verantwortungseigentum perpetuieren somit persönliche Gewinne und ‚verbieten' private Ausschüttungen. Die Stiftungsbetriebe sollten „durch Fortführung dieser Gewerbsanstalten unter unpersönlichen Besitztiteln"[902] geleitet werden. Im Prinzip gilt das auch für das Verantwortungseigentum.

Beide Institute reinvestieren die Gewinne in die ‚eigenen' Unternehmen und können anschließend das Vermögen ausschütten: Es kommt zur Kreislaufwirtschaft und vollständigen Perpetuierung privater Vermögensausschüttungen.

Die Ausschüttungen der Carl-Zeiss-Stiftung zugunsten anderer Zwecke hingen dabei von der Wirtschaftlichkeit der Unternehmen und dem Reservefonds ab.[903] Eine vergleichbare Regelung fehlt im Gesetzvorschlag zum Verantwortungseigentum. Hier besteht keine Pflicht zur Ausschüttung an weitere gemeinnützige Zwecke. Im Gesetzesentwurf zur GmbH-gebV und in den vorherigen Veröffentlichungen ist dies nicht ersichtlich. Auch *Wagner* sprach sich im Interview dagegen aus, vor allem aus dem Grund, dass die Rechtsform für Verantwortungseigentum für alle Zwecke offenbleiben soll.[904]

4. Kontrollmechanismen und Organe

Während die Carl-Zeiss-Stiftung der Kontrolle der staatlichen Stiftungsaufsicht unterliegt, werden die Regelungen des Stiftungsstatuts durch eigene, zusätzliche Kontrollorgane überwacht.[905]

Hier tritt vor allem der Stiftungskommissar hervor. Dieser kontrollierte die Vorstände und ihre Ordnungsmäßigkeit.[906] Die Verzahnung der Organe ermöglichte unabhängige Kontrollen der Betriebe. Neben ihm wurden Vertreter des Landes im Rahmen der Stiftungsverwaltung in die Kontrolle mit eingebunden.

In Unternehmen in Verantwortungseigentum sind die Kontrollmechanismen noch nicht abschließend definiert. Mögliche Ansatzpunkte des Gesetzesentwurfes zur GmbH-gebV sind die Kontrolle der Vermögensbindung durch

902 § 1 A. Statut der Carl-Zeiss-Stiftung von 1896.

903 Seite 135.

904 Seite 194 ff.

905 Seite 128 ff.

906 Dafür hatte er ein vollumfängliches Informations- und Auskunftsrecht; Seite 128 ff.

Wirtschaftsprüfer:innen, Steuerberater:innen und eine unabhängige Einrichtung.[907] Darüber hinaus soll auch die Öffentlichkeit durch die Veröffentlichungen von Geschäftsberichten im Internet in den Kontrollprozess einbezogen werden.[908]

Ähnlich zu der Carl-Zeiss-Stiftung wird auch bei Unternehmen in Verantwortungseigentum eine verzahnte Kontrolle angestrebt. Beide bezwecken eine unabhängige Kontrolle durch Kompetenzverteilung und Einschaltung verschiedener Kontrollorgane.

Diese Verkettung mehrerer Organe soll ein Unterlaufen der Regelungen erschweren. Dass solche Kontrollen und Einbindungen jedoch keine absolute Gewähr bieten, zeigte auch die Veränderung der Carl-Zeiss-Stiftung vor der Stiftungsreform 2004.[909]

Das Ziel des Verantwortungseigentums und der Carl-Zeiss-Stiftung durch selbst gewählte Kontrollmechanismen Kontinuität und Sicherheit herzustellen[910], weist jedoch Parallelen zueinander auf. Eine vertiefte Analyse des Verantwortungseigentums könnte von der Untersuchung der Organisation und der Kontrollmechanismen der Carl-Zeiss-Stiftung profitieren, unabhängig von ihrer staatlichen Einbindung.

5. Gesellschafter:innen

Innerhalb der Unternehmen Zeiss und Schott bekleidet allein die Carl-Zeiss-Stiftung als juristische Person die Rolle einer Gesellschafterin seit dem Jahr 1891 und 1919.[911]

Bei Unternehmen in Verantwortungseigentum soll die Verteilung von Gesellschafter:innen-Positionen begrenzt sein und nicht der gesetzlichen Erbfolge unterliegen.[912] Gesellschafter:innen entscheiden, wer in das Unternehmen und den Kreis der Gesellschafter:innen hinein passt und aufgenommen wird.

---

907 Seite 85.

908 Seite 85.

909 Dazu ausführlicher *Herberger* im Interview; Seite 192.

910 Für Unternehmen in Verantwortungseigentum und im Gesetzesentwurf zur geb-V scheint noch keine finale Einigkeit darüber zu bestehen. Ausführungen dazu auf Seite 82 ff.

911 Seite 123.

912 So heißt es zum Beispiel im Gesetzesentwurf zur GmbH-gebV, aber auch grundsätzlich soll es zur Begrenzung des Gesellschafter:innenkreis kommen; Seite 79.

Die Gesellschafter:innen sollen sich als Treuhänder:innen des Unternehmens verstehen.

Trotz der sehr unterschiedlichen Gestaltungsansätze ist das Ziel, die Leitung und Gestaltung der Unternehmen in die Hände von intrinsisch motivierten Gesellschafter:innen und Angestellten zu legen, gleich. Auch die Ablehnung der Universalsukzession in Form einer automatischen Vererbung der Gesellschaftsanteile ist derselbe. Gesellschafter:innen im Verantwortungseigentum verstehen sich heute vielmehr als Arbeitnehmer:innen und Treuhänder:innen zugunsten des Unternehmens.

6. Die Rolle der Arbeitnehmer:innen

Im Statut Carl-Zeiss-Stiftung wurden von *Abbe* umfangreiche und progressive arbeitsrechtliche Regelungen getroffen. Hervorzuheben sind die Regelungen des Maximaleinkommens, die quotale Gewinnbeteiligung und die Einführung des 8-Stunden-Tages.[913]

Im Gegensatz dazu nehmen Regelungen zugunsten der Arbeitnehmer:innen in den Gesetzesvorschlägen (etc.) zum Verantwortungseigentum keine nennenswerte Position ein.

Viele der einst besonderen Arbeitnehmer:innenrechte des Stiftungsstatuts, insbesondere solche der Gleichbehandlung oder der Renten- und Pensionsverpflichtungen, sind angesichts der fortgeschrittenen Kodifizierung des Arbeitsrechts obsolet geworden. *Abbe* konnte sich, anders als Verantwortungseigentümer:innen heute nicht auf den Staat als Korrektiv verlassen. Die staatliche Lethargie zur Einführung neuer arbeitsrechtlicher Regelungen hatte ihn Ende des 19. Jahrhunderts zur eigenständigen Umsetzung veranlasst.[914]

Auch die Vertreter:innen des Verantwortungseigentums streben ein ‚angemessenes Gehalt' an.[915] Eine Maximalgrenze des Einkommens z.B. auf das Zehnfache für Gesellschafter:innen oder Angestellte ist dagegen nicht vorgesehen. Auch Regelungen zu ‚Gewinnbeteiligungen' oder Ähnlichem sind bisher nicht enthalten. *Abbe* hingegen hatte bereits im Jahr 1896 genau jene Regelungen in seine Betriebe eingeführt.[916]

Aber auch im Statut der Carl-Zeiss-Stiftung findet sich seit der Reform von 2004 keine Maximalgrenze des Einkommens mehr.[917] Eine Debatte über weitere

---

913 Seite 137 ff.

914 Seite 137 und Seite 148.

915 Seite 83.

916 Seite 140.

917 Seite 168.

Regelungen zugunsten der Arbeitnehmer:innen scheint auch aus diesem Grund nicht nur für das Verantwortungseigentum in Zukunft sinnvoll zu sein.

7. Purpose und Zweckgedanken

Die Carl-Zeiss-Stiftung fördert seit ihrer Gründung verschiedene gemeinnützige Zwecke. Dabei sollte innerhalb der Unternehmen deren wirtschaftliche Sicherheit gewährleistet, die feintechnische Industrie sowie die persönliche und wirtschaftliche Lage der Mitarbeitenden gefördert und verbessert werden.[918]

Außerhalb der Betriebe wurden die Forschung, die Wissenschaft sowie gemeinnützige Einrichtungen in Jena und der Umgebung gefördert. Die Erfüllung dieser Aufgaben oblag (und obliegt weiterhin) der Stiftung als Verwalterin der Gewinne.[919]

Eine solche Zweckfestlegung ist im Gesetzesentwurf des Verantwortungseigentums, der GmbH-gebV, nicht zu finden. Unternehmen in Verantwortungseigentum sollen nicht ‚für immer' auf einen Zweck beschränkt sein, sondern können diesen frei neu formulieren und weiterentwickeln.[920] Unveränderbar ist lediglich die Einhaltung der Vermögensbindung und der Nachfolgeregelungen.

Konkrete Voraussetzungen der Förderung sozialer[921], nachhaltiger oder gemeinwohlorientierter Zwecke durch das Unternehmensvermögen und die Gewinne sind nicht vorgesehen, bestätigte auch *Wagner* im Interview.[922] Auch daran wird Kritik geübt. Die Stiftung Verantwortungseigentum äußerte sich zuletzt im Juli 2023 dazu:

> „Weder eine mögliche Zweckeingrenzung auf besonders gemeinwohlförderliche Zwecke (Vgl. z.B. die britische Community Interest Company (CIC) oder Gemeinnützigkeit) noch die Pflicht zu einem Dual-Purpose (Vgl. z.B. Benefit Corporations (B-Corp)) sollen konstitutive Bedingungen der GmgV sein. Beide Ausgestaltungen verkennen zum einen den Gemeinwohlbeitrag, den grundsätzlich jede unternehmerische Initiative in einersozialen Marktwirtschaft durch die dezentrale wettbewerbliche Erstellung von Waren und Dienstleistungen zur Befriedigung unterschiedlicher Bedürfnisse sowie

918 Seite 137.

919 Seite 126 ff.

920 Als Beispiel dafür könnte auch die *Corporate Interst Company* (CIC) des Vereinigten Königreich gelten, die mit einer „open norm" ausgestattet sind und soziale, nachhaltige o.W. Zwecke recht frei wählen können.

921 Damit setzte sich jüngst auch *Fleischer/Pendl* auseinander, die ebenfalls zu dem Ergebnis kamen, dass das Verantwortungseigentum (bislang) nicht in die „Rubrik der Sozialunternehmen fällt"; *Fleischer/Pendl,* NZG 2023, S. 823 f.

922 Seite 194 ff.

als Arbeitgeber und Steuersubjekt leistet. Zum anderen widersprechen derartige staatliche Regulationsmechanismen dem Bedarf aus der unternehmerischen Praxis (insb. Nachfolgelösung im Mittelstand und Start-ups) und bergen die Gefahr einer Spaltung der Unternehmerschaft in der öffentlichen Wahrnehmung im Hinblick auf vermeintlich „gute / gemeinwohlfördernde"und „schlechte / nicht-gemeinwohlfördernde" Unternehmenszwecke."[923]

Die Zweckausrichtung der Carl-Zeiss-Stiftung reicht(e) damit wesentlich weiter, als die des Verantwortungseigentum. Ohne Zweifel war *Abbe* dem Verantwortungseigentum damit voraus.

Allerdings sollten auch die Umstände der Zeit nicht unberücksichtigt bleiben: Im späten 19. Jahrhundert übernahm *Abbe* Aufgaben, die heutzutage teilweise von staatlichen Stellen und den Ländern erfüllt werden. Er widmete sich dem Ziel, die Umgebung und die Verhältnisse der Angestellten zu verbessern, und integrierte daher entsprechende Bestimmungen in das Stiftungsstatut von 1896.[924]

Eine Rechtsform für die Gesellschaft in Verantwortungseigentum soll laut den Vertreter:innen potentiell für alle Unternehmer:innen geöffnet bleiben. Wenn möglich soll niemand von vornherein aufgrund einer Zweckverengung ausgeschlossen werden.[925] Intrinsisch motivierte Unternehmer:innen können durch die Rechtsform selbstständig gemeinnützige Zwecke verfolgen, ohne dass es ihnen jedoch vorgeschrieben wird.[926]

In diesem Punkt unterscheiden sich die Prinzipien und Regelungen der Carl-Zeiss-Stiftung und des Verantwortungseigentums somit voneinander.

Ob Unternehmer:innen in Verantwortungseigentum ähnliche gemeinnützige Zwecke wie *Abbe* verfolgen werden, wenn es nicht zur Voraussetzung der Gesellschaftsform wird, muss die Praxis zeigen.

III. Ergebnis

Verantwortungseigentümer:innen stehen heute, wie Ernst *Abbe* damals, vor dem Problem, dass das Gesellschaftsrecht keine hinreichenden Möglichkeiten bietet,

---

923 *Stiftung VE*, Eckpunktepapier GmgV, S. 8.

924 § 1 B Nr. 2 Statuts der Carl-Zeiss-Stiftung von 1896. Zu einem ähnlichen Ergebnis kommt auch *Steinfeld* in ihrer Ausarbeitung in ‚Unternehmen ohne Eigentümer'.

925 So beschreibt es auch *Wagner* im Interview; Seite 194.

926 Ob und inwieweit dies der wirtschafts- und sozialwissenschaftlichen Realität entspricht, bleibt abzuwarten.

um das Unternehmenskonzept umzusetzen. Heute wie damals sind aufwendige Konstruktionen notwendig, um die Ideen durchzusetzen.

Abbe und die Vertreter:innen des Verantwortungseigentums strebten dabei nach demselben Ziel: Die Unternehmen sollten sich selbst gehören und nicht primär (!) persönlichen und gewinnorientierten Zwecken folgen. Beide verfolg(t)en das Ziel, den Zerfall der Unternehmen durch Nachfolgegenerationen oder externe Interessen zu verhindern.

Die Vermögensbindung, die *Abbe* nie explizit als solche bezeichnet hat, und seine Regelungen zur Nachfolge in den Betrieben, überschneiden sich mit dem Konzept des Verantwortungseigentums. Die Prinzipien des Verantwortungseigentums stellen dieselben dar wie die der Carl-Zeiss-Stiftung unter *Ernst Abbe*.

Es ist deswegen unbestreitbar, dass *Abbe* Verantwortungseigentümer war. Anhand dieser Untersuchung zeigt sich, dass er derjenige war, der ein Rechtskonzept für das Verantwortungseigentum einführte, ohne sich dabei auf rechtsgeschichtliche Vorbilder berufen zu können. Damit schuf er einen ersten Rechtsrahmen für das Verantwortungseigentum.

Neben den Nachfolgeregelungen und der Perpetuierung des Vermögens markiert die Ausrichtung auf gemeinnützige Zwecke *Abbes* dritten ‚Grundsatz'. Dabei gingen *Abbes* Regelungen über die gegenwärtigen Entwürfe zum Verantwortungseigentums hinaus: Die Stiftungsbetriebe und die Stiftung dienten nicht nur dem Erhalt der Unternehmen, sondern hatten in gleicher Weise die Förderung gemeinnütziger, wissenschaftlicher und kultureller Zwecke zum Ziel.

Letztlich besteht darin der markante Unterschied zwischen den Unternehmen in Verantwortungseigentum und der Carl-Zeiss-Stiftung unter *Abbe*. Während *Abbe* verhindern wollte, dass die Gewinnakquirierung der einzige Zweck der Stiftungsbetriebe ist, könnten Unternehmen in Verantwortungseigentum heute auch ausschließlich erwerbswirtschaftliche Zwecke verfolgen.[927] Damit stünde, trotz der Vermögensbindung und der Nachfolgeregelungen, allein der wirtschaftliche Erfolg der Unternehmen im Vordergrund. Ob das in Zukunft ein Problem darstellt oder weitere Zwecke erforderlich werden, muss sich noch zeigen.[928]

---

927 Seite 80 f.

928 Hierbei darf jedoch nicht unberücksichtigt bleiben, dass *Ernst Abbe* mit der Einführung der Stiftung eine individuelle Lösung verfolgte. Die Förder:innen des Verantwortungseigentums müssen, im Gegensatz zu *Abbe*, die Bedürfnisse verschiedener Unternehmer:innen beachten und wollen diese in einer einzigen Gesellschaftsform vereinen.

Auch wenn *Abbe* als Unternehmer das Wachstum und den Erfolg der Stiftungsbetriebe forcierte und damit nicht ausschließlich altruistisch handelte, gilt: Ohne Gewinne und ohne finanzielle Mittel wären Ausschüttungen zugunsten der Stiftung nicht möglich gewesen. Das betrifft auch die Unternehmen in Verantwortungseigentum, die auf eine positive Bilanz und die Gewinne der Unternehmen angewiesen sind.

Anders jedoch als rein monetär motivierte Unternehmer:innen wollte *Abbe* und wollen Verantwortungseigentümer:innen heute die Gewinne ökonomisch nachhaltig einsetzen und reinvestieren. Wachstum und Gewinnakquirierung müssen stets im Verhältnis zueinanderstehen.

Das Beispiel der Carl-Zeiss-Stiftung und ihrer Stiftungsbetriebe zeigt auch, dass sich eine solche Unternehmens-Governance in Krisenzeiten bewähren kann. Ob die Rechtsform der Stiftung heute noch dafür geeignet ist, ist angesichts der rechtlichen Ausführungen zu bezweifeln.[929] Ferner drohte auch der Zweck der Carl-Zeiss-Stiftung, die Förderung gemeinnütziger Zwecke, bis zur Stiftungsreform im Jahr 2004 zu eruieren.[930] Eine einfachere und flexiblere Rechtsform könnte zukunftsfähige Lösungen bieten.

Im Ergebnis ist festzustellen, dass die Carl-Zeiss-Stiftung und das Verantwortungseigentum, wenn auch mit unterschiedlichen Mitteln, dasselbe ‚Problem' lösen und dieselbe Funktion erfüllen: Die Schaffung von Unternehmen, die sich selbst gehören - Unternehmen in Verantwortungseigentum.

Die Entwicklung der Carl-Zeiss-Stiftung seit ihrer Gründung im Jahr 1889, einschließlich der Einführung des Stiftungsstatuts von 1896, bis heute, umfasst folglich auch die Entfaltung und Umsetzung eines Rechtskonzepts für das Verantwortungseigentum.

---

929 Seite 64 ff.

930 Das beschrieb *Herberger* im Interview; Seite 192.

F. Experteninterviews

Im Zuge der Untersuchung wurden zwei Vertreter der Carl-Zeiss-Stiftung sowie ein Vertreter des Verantwortungseigentums befragt. Das Ziel der Befragungen war eine Einschätzung der Interviewpartner zur Stellung der Carl-Zeiss-Stiftung und *Ernst Abbes* als Pioniere des Verantwortungseigentums. Durch die Befragungen sollen die eigenen Forschungsergebnisse unterstrichen, weitere Erkenntnisse erlangt und die Diskussion angeregt werden.

Im Rahmen der Interviews wurden *Dr. Felix Streiter*, Geschäftsführer der Carl-Zeiss-Stiftung, *Dr. Klaus Herberger*, ehemaliger Geschäftsführer der Carl-Zeiss-Stiftung und *Dr. Till Wagner*, Vorstandsmitglied der Stiftung Verantwortungseigentum, befragt. Die Experten erhielten dabei zum Teil die gleichen Fragen. Die Interviews wurden zwischen Dezember 2021 und März 2022 durchgeführt.

I. Die Rolle der Carl-Zeiss-Stiftung

Die Interviewpartner *Streiter* und *Herberger* wurden nach ihrer Einschätzung zur Rolle der Carl-Zeiss-Stiftung aus gegenwärtig und historischer Perspektive gefragt. Beide Experten waren sich einig, dass die Besonderheit der Carl-Zeiss-Stiftung heute und aus historischer Sicht die Zusammenarbeit von Unternehmen und Stiftung darstellt.

Weiter stimmten sie darin überein, dass sich in der Geschichte von Stiftung und Stiftungsbetrieben gleichzeitig die Geschichte Deutschlands, des Deutschen Reiches bis hinein in die Bundesrepublik, widergespiegelt. Wie kaum eine andere Stiftung habe die Carl-Zeiss-Stiftung die historisch einschneidenden Ereignisse überstanden und bestehe heute in ‚Ost und West'.

Die frühe Förderung der Wissenschaft sowie der gemeinnützigen Einrichtungen durch die Stiftung und durch *Abbe*, die Erfüllung sozialer Aufgaben in einer derart engen Zusammenarbeit mit den Stiftungsbetrieben habe dabei die Stiftung, die Unternehmen und natürlich die Umgebung Jenas geprägt.

Dabei tritt insbesondere das von *Abbe* im Stiftungsstatut verankerte Sozialstaatsprinzip hervor, so *Herberger*. Die Einschränkung der Unternehmen im Hinblick auf deren finanzielle Möglichkeiten zugunsten der Stiftung zeugen heute von Nachhaltigkeitsgedanken und sozialstaatlichen Ideen. Das sei nicht nur für die Stiftung, sondern auch für die Unternehmen ökonomisch besonders wertvoll gewesen.

Die Ausklammerung der Einflussnahme Dritter durch Veräußerungsverbote der Unternehmen bildete einen weiteren Rahmen für die nachhaltige Entwicklung der Institution.

Die Gewinnorientierung der Stiftungsbetriebe sei dabei ebenfalls in einem nachhaltigen Kontext zu betrachten: Während Gewinne für die Unternehmen Weiterentwicklung bedeuten, kamen und kommen diese, laut Statut und *de facto*, nicht nur der Verbesserung und der Optimierung der Unternehmen selber, sondern auch der Belegschaft zugute, zum Beispiel durch sichere Arbeitsplätze.

Auch das gesellschaftliche Umfeld, die Wissenschaft und die Forschung profitierten davon. Der wirtschaftliche Erfolg der Unternehmen wirke sich damit unmittelbar auf die Belegschaft und Umgebung aus, ohne von Dritten privatisiert zu werden.

Diese Verbindung aus Wirtschaftlichkeit und Philanthropie sei aus historischer Sicht ein Alleinstellungsmerkmal und beflügele die Nachhaltigkeit und das Überdauern der Stiftung und der Stiftungsbetriebe, so die Vertreter.

1. Reform der Stiftung und des Stiftungsstatuts

Im Jahr 2004 wurden die Stiftungsbetriebe und die Stiftung maßgeblich reformiert.[931] Die Unternehmen Zeiss und Schott wurden dabei zu Aktiengesellschaften umgewandelt und das Stiftungsstatut geändert.[932]

Während das Stiftungsrecht aber bis heute rechtlich unterdefiniert sei, wurde das Bestehen auf dem Weltmarkt für die Stiftungsbetriebe, vertreten durch die Carl-Zeiss-Stiftung, immer schwieriger. Letztere und die Situation des gemeinsamen Haftungsverbunds der Unternehmen spitzten sich derart zu, dass eine Reform unvermeidlich schien, sagt *Streiter*.

So wurde in den Jahren 2000-2004 die Reform erarbeitet, an der *Herberger* in der Position des Geschäftsführers der Stiftung aktiv beteiligt war. Während dieses langen Prozesses bestand ein tiefgreifender Dissens zwischen den Stiftungsunternehmen und der Stiftung, so *Herberger*. Die Stiftungsunternehmen hatten während des 20. Jahrhunderts mehr oder weniger ‚für sich' gewirtschaftet und die Stiftung weitestgehend außer Acht gelassen.

Diese Sachlage führte während der Reform zu der Annahme, dass die Unternehmen wirtschaftlich rentabel und ‚auf Erfolgskurs' zu bringen seien – ohne Beachtung der Stiftung. Die Stiftung und ihre Stiftungszwecke wurden dabei

931 Dazu bereits oben ab Seite 166 ff.

932 Ebd.

weitestgehend ausgeblendet. Erst im Jahr 2003 wurde das Stiftungsstatut von einem Jurist:innenkreis bearbeitet, unter Berücksichtigung des alten Statuts weiterentwickelt und dadurch in die Gegenwart geführt.

Ziel der Sondierungen war auch die verantwortungsbewusste Beachtung der Interessen *Abbes* und der Carl-Zeiss-Stiftung. Die staatliche Einbindung sollte die Stiftung in die Zukunft befördern und ihre nachhaltige, generationenübergreifende Wirkung sichern, meint *Herberger.*

Vertreter des Großherzogtums Sachsen-Weimar-Eisenach hatten diese Aufgabe als Nebenamt wahrgenommen. Heute, nach der Reform, trägt nicht weiterhin ein einzelnes Ministerium die Stiftungsaufgabe, sondern die jeweiligen Wirtschaftsminister:innen Thüringens und Baden-Württembergs *ad personam.* Dabei handeln diese als Privatpersonen für die Stiftung, so *Herberger.*[933]

Während des Reformprozess setzte sich *Herberger* verstärkt für eine Beibehaltung der staatlichen Aufsicht und Einbindung in die Stiftungsverwaltung ein. Bei Gründung der Stiftung lag diese noch in der Hand des Wissenschaftsresorts des Großherzogtums Sachsen-Weimar-Eisenach.

Die Gedanken *Abbes* wurden weitestgehend übernommen und modernisiert, ohne dass sie ihren wirtschaftlichen oder fördernden sowie unpersönlichen Charakter eingebüßt hätten, sagen die Befragten. Schließlich sei die Carl-Zeiss-Stiftung auch gegenwärtig noch alleinige Inhaberin der Anteile der Schott und Zeiss AG.

Das Herausstreichen der Regelung zur Maximalgrenze des Einkommens, wie im Stiftungsstatut geregelt, führt *Herberger* auf die veränderte Vergütungsstruktur des 21. Jahrhunderts zurück. Im Vergleich zum ausgehenden 19. Jahrhundert seien andere Herangehensweisen nötig geworden. Eine solche Regelung sei demnach nicht mehr wettbewerbsfähig. Eine Formel zur Begrenzung auf das Zehnfache würde im internationalen Wettbewerb dazu führen, dass die Firmen von anderen ‚ausgespielt‘ werden würden, so *Herberger.* Wissenschaftler:innen mit dem nötigen Know-How, die sich z.B. in den Bereichen der Halbleitertechnologie, in welcher Zeiss Weltmarktführer sei, professionalisiert haben, würden bei einer solchen Begrenzung schlichtweg abgeworben werden.

Die Regelungen der Gewinnbeteiligung für Angestellte, welche im Stiftungsstatut von 1896 eine Innovation darstellten[934], sind heute ebenfalls in § 18 des Stiftungsstatuts von 2009, geregelt, wenn auch zurückhaltender. Den Befragten nach obliegt die Durchsetzung den Unternehmen und hängt von der

933 Weitere Ausführungen dazu ab Seite 128 ff.

934 Seite 137 ff.

wirtschaftlichen Lage ab. Man habe diese Regelung bewusst offen formuliert, da sie von verschiedenen Faktoren abhinge. Im Ergebnis konnte diese Formulierung damit grundsätzlich erhalten bleiben, so die Experten.

> 2021, sowie in den vorherigen Jahren, soll es, so *Streiter,* stets zu sehr hohen Gewinnausschüttungen gekommen sein, welche sich insbesondere zugunsten der Belegschaft positiv ausgewirkt hätten. Die vorsichtige Formulierung des Paragraphen sei lediglich der Tatsache geschuldet, dass für schlechtere Geschäftsjahre keine Garantie dieser Ausschüttungen übernommen werden könnte.

2. Das Verantwortungseigentum aus der Perspektive der Carl-Zeiss-Stiftung

Beide Befragten wurden nach ihrem Kenntnisstand und ihrer Einschätzung zur Idee des Verantwortungseigentums und der Umsetzung im deutschen Gesellschaftsrecht befragt.

Während *Streiter,* in seiner Rolle als Geschäftsführer der Carl-Zeiss-Stiftung, keine Einschätzung geben wollte, offenbart *Herberger* große Sympathien für das Thema. Zweifel hat auch er an der Zweckausrichtung dieser Unternehmen. So könnte sich das angesammelte Vermögen ohne philanthropische Ausschüttungen ‚aufblasen', ohne jemals irgendwem zu helfen.

Die Transparenz und Kontrolle der Vermögensbindung und unternehmerischer Tätigkeit, ähnlich wie es innerhalb der Stiftungen durch die Stiftungsaufsicht und -verwaltung gewährleistet werden würde, wirft noch Fragen auf.

II. Das Verantwortungseigentum

Im Zusammenhang mit dem Verantwortungseigentum wurde auch *Dr. Till Wagner* befragt. *Wagner* ist Vorstandsmitglied der Stiftung Verantwortungseigentum, welche seit Jahren an der Förderung und Verbreitung des Verantwortungseigentums beteiligt ist.

1. Die Entwicklung des Verantwortungseigentums

Im Rahmen des Interviews wurde *Wagner* gefragt, ob er die frühe Geschichte des Verantwortungseigentums erläutern und ihre Entwicklungen darstellen könne. Dies führte er wie folgt aus:

Bereits 2006 begann *Wagner* im Rahmen seines Studiums zu alternativen Eigentumsformen und Unternehmen zu forschen, die bereits in den 80er- und 90er-Jahren das Verantwortungseigentum für sich entdeckt hatten. Dabei entstand der Kontakt zum sogenannten Sorpetaler Unternehmerforum. Sein aktiver Einstieg dort erfolgte Jahre später und beflügelte die weiteren Auseinandersetzungen mit dem treuhänderischen Eigentum.

Dadurch entstand die Idee, die rechtlichen Rahmenbedingungen für diese bereits partizipierenden Unternehmer:innen zu verbessern. *Armin Steuernagel,* der seit 2015 mit Purpose und dem Veto-Share-Modell ebenfalls ein Umsetzungsmodell des treuhänderischen Unternehmens für Verantwortungseigentums geschaffen hatte[935], entschloss sich zusammen mit *Wagner* eine Arbeitsgemeinschaft zum Verantwortungseigentum zu gründen.

Gemeinsam mit verschiedenen Akteur:innen gründete *Wagner* eine erste Arbeitsgruppe, die sich mit der Rechtslage des Verantwortungseigentums auseinandersetzte. Die Idee der Arbeitsgemeinschaft gipfelte in einem ersten Policy Brief, welcher 2018 unter dem Titel „Unternehmenseigentum im 21. Jahrhundert, warum es eine neue Rechtsform für Unternehmen braucht" veröffentlicht wurde. Dieser, von *Wagner* als rudimentär bezeichnete, Entwurf wurde auf einer weiteren Konferenz veröffentlicht, welche als Startschuss der öffentlichen Diskussion und Auseinandersetzungen mit der Idee des Verantwortungseigentums gelten kann.[936]

2019 wurde dann die Stiftung Verantwortungseigentum gegründet, die bereits auf ihrer Gründungsveranstaltung prominente Vertreter:innen aus Politik und Recht zusammenführte.

2. Weiterentwicklung der Ideen

Das 2018 veröffentlichte Policy Paper[937] unterscheidet sich zum Teil vom gegenwärtigen Gesetzesvorschlag. Dort wurde der Zweck einer Gesellschaft in Verantwortungseigentum gemäß § 1 dieses Statuts wie folgt beschrieben:

> „In Verwirklichung des Auftrags aus Artikel 14 Absatz 2 Grundgesetz, wonach Eigentum verpflichtet und sein Gebrauch zugleich dem Wohle der Allgemeinheit dienen soll, ermöglicht die Gesellschaft unternehmerische Tätigkeit jeder gesetzlich zulässigen Art, indem sie individuelle Freiheit und soziale Verantwortung verbindet."[938]

Nach *Wagner* war damit jedoch, anders als es die Wortwahl vermuten lassen könnte, nie eine Begrenzung der Zwecke gemeint, hinsichtlich besonderer

935 Seite 73.
936 Zur rechtspolitischen Einbindung Seite 47 f.
937 *Steuernagel/Wagner/Böhm*, Unternehmenseigentum im 21. Jahrhundert.
938 *Steuernagel/Wagner/Böhm*, Unternehmenseigentum im 21. Jahrhundert, S. 13.

Gemeinnützigkeit oder Nachhaltigkeit. Mit dem Nebensatz sollte lediglich die Nennung des Art. 14 Abs. 2 GG bezweckt werden.

Ideen zur Umsetzung des Verantwortungseigentum im Stiftungsrecht hätten in Gesprächen mit dem Bundesjustizministerium zur Ablehnung geführt. Daraufhin hätten sich die Initiatoren dem GmbH-Recht gewidmet. Die Professor:innen, die den ersten wie auch den zweiten Gesetzesentwurf bearbeitet und veröffentlicht haben, orientierten sich an den Aussagen des Bundesjustizministerium.

Ob und wie eine Gesellschaftsform für das Verantwortungseigentum zu kodifizieren sei, jenseits des GmbH-Rechts oder als Annex zu diesem, würde eine noch ungeklärte, weitestgehend entwicklungsoffene Frage darstellen, meint *Wagner.*

Gegenwärtig versuche die Initiative herauszufinden, wie die ‚Stimmung' im Bundesjustizministerium hinsichtlich der Umsetzung einer Gesellschaft in Verantwortungseigentum sei. Von Beginn an unterstützen politische Vertreter:innen die Idee einer eigenen Rechtform für Unternehmen in Verantwortungseigentum.[939] Der gegenwärtige Bundesjustizminister *Buschmann* habe sich jedoch noch nicht dazu geäußert.[940]

Bei aller Kritik, die von der Gegenseite käme, könnte der letzte Gesetzesentwurf der Professor:innen zur GmbH-gebV, auch als Stütze für die Umsetzung durch das Bundesministerium dienen, meint *Wagner.* Weitere Detailarbeit sei jedoch die Aufgabe des Bundes und müsste sich in der Rechtspraxis beweisen.

III. Das Verantwortungseigentum und die Carl-Zeiss-Stiftung

1. Die Einschätzung Streiters

In einem weiteren Schritt sollten sich die Experten zu den Parallelen der Vergleichsobjekte äußern und einschätzen, inwieweit *Abbe* jener Verantwortungseigentümer erster Stunde war. Die Befragten äußerten sich teils zustimmend, teils zurückhaltend:

Streiter stimmte der These zu, dass *Abbe* ein solcher Verantwortungseigentümer sei, sofern man das Verantwortungseigentum als eine Unternehmensform verstünde, die keine Gewinne abwirft und große Teile dieser Gewinne an die

939 Seite 47 ff.

940 Auf der VE:22 Konferenz im September 2022 zum Verantwortungseigentum luden Förder:innen des Verantwortungseigentum *Buschmann* erneut zum Gespräch ein. Zu diesem Zeitpunkt hatte er sich noch nicht geäußert.

Gemeinschaft zurückgebe. Ob das bei einer Rechtsform für Verantwortungseigentum auch so sein wird, stellte er jedoch infrage.

Er betonte, dass der Geist der Idee von der administrativen Seite zu trennen sei, denn die Ausgangslagen *Abbes* und die des Verantwortungseigentums seien identisch: Die Idee ist und war jeweils umstritten und eine Umsetzung sei genauestens zu überlegen. Der große Unterschied sei die gegenwärtige Kodifizierung.[941]

Welche Werkzeuge dabei für die Umsetzung genutzt werden, sei genauestens zu überlegen. Schließlich wäre das Gesellschaftsrecht, so *Streiter*, flexibel und differenziert genug, um die Verwirklichung des Verantwortungseigentums zu gewährleisten.

Er meint weiter, dass nicht alle Feinheiten geregelt und Probleme durch nur eine neue Rechtsform zu lösen seien. Derartige Gestaltungen würden auf einer Detailebene funktionieren, z.B. durch Gesellschaftsverträge, die die Interessen des Unternehmers am besten bedienen und nicht zwangsläufig durch universelle Rechtsformen.

Er ist der Ansicht, dass die Entwicklung der GmbH-gebV oder des Verantwortungseigentums der fortschreitenden Liberalisierung des Stiftungsrechts entgegenlaufen würde.

Zur Einschätzung, ob die Carl-Zeiss-Stiftung heute noch ‚Verantwortungseigentum' leben würde, meint *Streiter*, dass der Geist *Abbes* gegenwärtig wesentlich stärker in Erscheinung trete, da bis zur Reform im Jahr 2004 die Förderung teilweise eingeschlafen war. In der gegenwärtigen Governance der Stiftung seien die Aufgaben eindeutiger festgelegt und voneinander abgegrenzt. Dadurch könnten sie optimal Beachtung finden. Parallel dazu haben auch die Unternehmen die Möglichkeit, sich zu entfalten. Dem Geist *Abbes* innerhalb des Statuts würde dadurch weitaus mehr Wirkung beschert.

2. Die Einschätzung Herbergers

Herberger meint, dass *Ernst Abbe* seinerseits sehr viel weitreichendere Ziele miteinander verbunden hatte, als die Idee des Verantwortungseigentums dies heute vorsehe.

Er unterscheidet dabei, zwischen der Rolle der Unternehmen und der weiterer Institutionen: Während die Stiftungsbetriebe und die Erträge dieser ein wichtiges Instrument für die Förderung der weiteren Zwecke seien, ginge es

941 Seite 179 f.

dem Verantwortungseigentum gegenwärtig primär um den Fortbestand des Unternehmens an sich. Der Fördergedanke stand für *Abbe* allerdings an oberster Stelle. Für *Herberger* scheint es deswegen fraglich, ob man die umfassende Zielsetzung der Carl-Zeiss-Stiftung auch dem Modell der Verantwortungseigentumsgesellschaft zuschreiben kann.

Der Hinweis darauf, dass Start-Ups sich eine solche Gemeinnützigkeit von Beginn an schlichtweg nicht leisten könnten, beantwortet *Herberger* mit dem Hinweis auf den Reservefonds der Carl-Zeiss-Stiftung[942]:

> „Nach diesem Prinzip können auch junge Unternehmen ab einer gewissen Eigenkapitalquote Überschüsse ausschütten. Dass ein in einem Unternehmen verselbständigtes Kapital nur vor sich hinwächst, ohne damit weitere Zwecke als das eigene Wachstum zu verfolgen, halte ich für wenig sinnvoll und überzeugend."

Er meint, dass die Idee die Gewinne im Unternehmen zu belassen, interessant sei. Im Gegensatz zur Stiftung, die das Privileg genieße, nicht unternehmerisch tätig zu sein, müssen jene Unternehmen jedoch professionell geführt werden. Innerhalb der Stiftungsbetriebe sei dies in der Zeit zwischen 1945 und 2003 nicht gut verlaufen.

Im Ergebnis führt *Herberger* aus, dass er sich gut vorstellen könne, dass ein solches Modell für Unternehmen, bis zu einer gewissen Größe, funktionieren kann, bei großen Unternehmen jedoch an seine Grenzen stoßen würde.

3. Die Einschätzung Wagners

Wagner bezeichnet die Carl-Zeiss-Stiftung und *Abbe* als verifizierten Anfangspunkt des Verantwortungseigentums. Er meint aber auch, dass *Abbe*, vor allem hinsichtlich des Arbeitsrechts, höchstwahrscheinlich strenger war:

> „*Ernst Abbe* war radikaler als viele seiner Zeit, aber von dieser Radikalität müssen wir heute zum Teil nicht mehr Gebrauch machen, weil die Rechtslage eine ganz andere ist."

Eine Verpflichtung zur Spende oder Thesaurierung der Gewinne zugunsten einer Universität oder anderer Zwecke sei bei einer Gesellschaftsrechtsform für das Verantwortungseigentum nicht vorgesehen, so *Wagner*.

Dies könnte aber durch die Möglichkeit der Gemeinnützigkeit im Rahmen der Zwecksetzung der Gesellschaftsverträge eigenständig durchgesetzt werden.

---

942 Seite 135 f.

> „Wir haben schon mitgedacht, dass man vor allem im Hinblick auf die Mitarbeitenden und die Zwecke sehr viel weiter gehen kann. Allerdings soll die Rechtsform auch flexibel und handhabbar bleiben."

Mit einer Verengung der Zwecke ist von Seiten der Stiftung Verantwortungseigentum also nicht zu rechnen. Hier ist also abzuwarten, wie der Gesetzgeber dies möglicherweise entscheiden wird – auch im Hinblick auf die historischen Vorläufer.

Zweifellos sehen die Befragten in *Ernst Abbe* nicht nur einen Unternehmer und Vordenker, sondern sind sich im Ergebnis darüber einig, dass *Abbe* bereits Ende des 19. Jahrhunderts große Verantwortung übernommen und ein Vorbild für die Unternehmen in Verantwortungseigentum geschaffen hat.

Während *Streiter* sich nicht abschließend zur Übereinstimmung *Abbes,* der Carl-Zeiss-Stiftung und der Idee einer Rechtsform für das Verantwortungseigentum äußert, sieht *Wagner* in der Gründung der Carl-Zeiss-Stiftung durch *Ernst Abbe* den Beginn des Verantwortungseigentums. *Abbe* sei für ihn ganz klar jener Pionier des Verantwortungseigentums.

Schließlich sind sich *Wagner* und *Herberger* darüber einig, dass die gegenwärtigen Wirtschaftsentwicklungen dringend einen Ausgleich benötigen.[943] Einen Ansatzpunkt des Ausgleiches könnte dabei möglicherweise das Verantwortungseigentum bieten.

943 Während *Herberger* dabei seinen Fokus auf die Gegenüberstellung des angloamerikanisch angelegten, kapitalistischen Prinzips der Gewinnmaximierung mit dem Sozialstaats-Prinzip der EU legt, wiederholte *Wagner* die von *Friedrich Merz* am 05. Mai benannte Druckausübung auf das europäische Unternehmensmodell Chinas auf der einen, der USA auf der andere Seite n.

G. Zusammenfassung und Schlussbetrachtung

In dieser Arbeit wurde die Entwicklung des Verantwortungseigentums anhand der Carl-Zeiss-Stiftung unter *Ernst Abbe* untersucht.

Die bisherigen Ergebnisse und insbesondere der Vergleich beider Institute haben gezeigt: *Abbe* war Pionier des Verantwortungseigentums. Die Erkenntnisse, Parallelen und Unterschiede beider sollen im Folgenden noch einmal thesenartig zusammengefasst werden:

I. Ergebnisse in Thesen

1) Das Konzept des Verantwortungseigentums lässt sich gegenwärtig nicht ohne rechtliche Hürden umsetzen. Der heutige *Numerus Clausus* der Gesellschaftsformen bietet keine Möglichkeiten, ein Unternehmen in Verantwortungseigentum einfach und ‚ewig' zu gründen oder Unternehmen in ein solches umzuwandeln. Verantwortungseigentümer:innen müssen gegenwärtig auf komplizierte Alternativen zurückgreifen.[944]
   Der Gesetzesentwurf einer GmbH mit gebundenem Vermögen[945] stellt *de lege ferenda* dagegen Anhaltspunkte und Ideen für die zukünftige Gestaltung von Verantwortungseigentum dar.
   Auch wenn der Entwurf dabei noch nicht vollständig ausgereift zu sein scheint und der weiteren Ausarbeitung durch den Gesetzgeber bedarf, bietet er eine Diskussionsgrundlage.
2) *Ernst Abbe* stieß, wie Verantwortungseigentümer:innen heute, bei Gründung der Carl-Zeiss-Stiftung an institutionelle Grenzen. Es dauerte mehr als zehn Jahre bis das Stiftungsstatut von 1896 eingeführt werden konnte.[946]
   Die Umsetzung von Unternehmen in Verantwortungseigentum bedarf derzeit ähnlich aufwendiger Planung, Beratung und Investition hoher Kosten.[947] Obwohl Verantwortungseigentümer:innen über die verschiedensten

944 Seite 63 ff.
945 Seite 76 ff.
946 Die Vorgeschichte und der Werdegang der Carl-Zeiss-Stiftung ab Seite 99.
947 Seite 75.

Gestaltungsmöglichkeiten verfügen[948], ist die Umsetzung von einem großen Aufwand und starker Anpassung des Rechts geprägt.
Ähnlich komplex war auch die rechtliche Ausgangslage *Abbes* vor 130 Jahren: Nach der Perpetuierung der Gewinne 1883, der Gründung des Universitätsfonds 1886 und dem Abschluss eines Erbeinsetzungsvertrages[949], schien nach Jahren der Anpassungen nur die Rechtsform der Stiftung eine praktikable Möglichkeit darzustellen.
Solche Stiftungslösungen stellen sich für Unternehmen in Verantwortungseigentum heute jedoch als ungeeignet heraus, vor allem mit Blick auf das Verbot der Unternehmensselbstzweckstiftung[950] oder angesichts der Inflexibilität des Stiftungszwecks[951].
Auch die Herausforderungen mit denen die Carl-Zeiss-Stiftung im Rahmen der Stiftungsreform 2004 konfrontiert war[952], unterstreichen den Eindruck, dass Stiftungen heute kaum noch eine geeignete Form für die Umsetzung von Verantwortungseigentum sind.
Heute wie damals bedarf es passenderer Rechtsformen, die die Perpetuierung und Thesaurierung von Vermögen ermöglichen und nachhaltiges Unternehmertum fördern, damit weder der Gründungsgeist noch der Unternehmerwille in Zukunft verloren gehen.

3) Die Ziele des Verantwortungseigentums und die der Carl-Zeiss-Stiftung stimmen im Ergebnis überein: Stiftungsbetriebe und Unternehmen in Verantwortungseigentum sollen generationenübergreifend und langfristig bestehen, geleitet durch Unternehmer:innen, die sich als Treuhänder:innen verstehen, ohne dass der Unternehmenszweck von Nachfolgegenerationen unterlaufen wird.
Dabei kommt es weder beim Verantwortungseigentum noch bei der Carl-Zeiss-Stiftung zu Gewinnausschüttungen an Gesellschafter:innen.[953] Die Gewinne werden als ‚Mittel zum Zweck' verstanden und reinvestiert. Sie sollen der wirtschaftlichen Stabilität und Sicherheit der Unternehmen dienen.
Zur Einhaltung davon bestehen im Rahmen der Carl-Zeiss-Stiftung und beim Konzept des Verantwortungseigentums umfangreiche

948 Seite 64 ff.; Seite 73.
949 Seite 118.
950 Seite 64 ff.
951 Ebd.
952 Seite 166; Seite 192.
953 Seite 182 f.

Organisationsstrukturen, die der gegenseitigen Kontrolle unterworfen sind und die ‚Kreislaufwirtschaft' absichern.[954]

4) Weder bei der Carl-Zeiss-Stiftung noch beim Verantwortungseigentum soll die Unternehmensnachfolge durch die gesetzliche Verwandtschaft bestimmt werden. Die Carl-Zeiss-Stiftung tritt dazu als alleinige Anteilsinhaberin der Firmen Zeiss und Schott auf. Eine Erbfolge von natürlichen Personen besteht nicht.[955]
   Im Verantwortungseigentum entscheidet allein der Kreis der Gesellschafter:innen über die Nachfolge und Aufnahme von Erb:innen.[956] Die ‚automatische' Vererbung von Anteilen an Unternehmen soll auch hier zugunsten des Unternehmens eingeschränkt werden.[957]
5) Die arbeitsrechtlichen Regelungen des Stiftungsstatuts von 1896 waren bereits im ausgehenden 19. Jahrhundert eine Besonderheit und sind dem Verantwortungseigentum heute voraus.
   Die Ausschüttungen der Unternehmensgewinne und die Einkommensgrenzen zugunsten und gleichzeitig zulasten aller Angestellten zeugen von weitreichenden Gleichheits- und Gerechtigkeitsgedanken. Das spiegelte sich deutlich in den Regelungen des Stiftungsstatuts von 1896 wider.[958]
   Andere Regelungen des Stiftungsstatuts sind durch Gesetzesänderungen dagegen obsolet geworden: Der 8-Stunden-Tag, die Pensions- und Altersvorsorge oder die Gleichstellung aller Angestellten hinsichtlich ihres Geschlechts oder ihrer Religion.
6) Für *Abbe* durfte der Wachstum der Betriebe niemals den alleinigen Zweck der Stiftungsbetriebe darstellen. Ob das auch für Unternehmen in Verantwortungseigentum gilt, kann nicht abschließend beantwortet werden.
   Die Vermögensbindung zugunsten ausschließlich erwerbswirtschaftlicher Zwecke könnte dazu führen, dass das Unternehmen ohne positive Folgen für Dritte heranwächst.[959] Aus kapitalistischen Einzelinteressen könnten kapitalistische Unternehmensinteressen werden. Selbstbestimmung mag erhalten bleiben, der Sinn könnte jedoch eruieren.

---

954 Seite 183 f.
955 Seite 180 f.
956 So zumindest im aktuellen Gesetzesentwurf, der hier als Beispiel gilt; Seite 79 f.
957 Seite 59; Seite 79 f.
958 Seite 137 ff.
959 So auch *Herberger* im Interview; Seite 197.

Die philanthropischen Zwecke der Carl-Zeiss-Stiftung waren deswegen weitreichender, als die des Verantwortungseigentums heute.
Das ergibt sich bereits aus dem Stiftungsstatut von 1896[960]: Die Zwecke der Stiftungsbetriebe und der Stiftung waren gleichermaßen auf die wirtschaftliche Stabilität der Betriebe und die Förderung von Wissenschaft, Forschung, Kultur und Gesellschaft gerichtet.[961]
Die Gewinne der Betriebe kamen einer Vielzahl von Destinatären in- und außerhalb der Unternehmen zugute.
Der Zweck von Gesellschaften in Verantwortungseigentum kann nach den bisherigen Vorschlägen dagegen ‚nur' erwerbswirtschaftlich oder gemeinnützig sein.[962] Allgemeine Regelungen zugunsten von nachhaltigen, gemeinnützigen oder sozialen Zwecken werden von den Vertreter:innen des Verantwortungseigentums bislang nicht forciert.[963]
Im besten Falle sind Verantwortungseigentümer:innen also intrinsisch motiviert und legen individuell gemeinnützige Zwecke fest, ohne dass es von institutioneller Seite gefordert wird. Die Zwecke könnten auch durch Satzungen festgehalten werden. Derzeit ist dies jedoch nicht verpflichtend vorgesehen.[964]
Der Zweck von Unternehmen in Verantwortungseigentum könnte aus diesem Grund sowie mit Blick auf die Carl-Zeiss-Stiftung zur weiteren Debatte einladen und eine Weiterentwicklung der bislang nur voluntativen gemeinnützigen Zwecke angeregt werden.

7) Die Untersuchung früherer Entwicklungen in der Rechtsgeschichte hat gezeigt, dass diese Gesellschaftsformen kaum Merkmale des Verantwortungseigentum aufwiesen. Lediglich fragmentarische Parallelen bestehen heute zwischen dem Verantwortungseigentum und den mittelalterlichen Genossenschaften[965] oder den Familienfideikommissen[966].
Die Frühformen der Genossenschaften waren geprägt von der Pflicht zur Rücksichtnahme gegenüber den Mitgenossen und der Umwelt. Teilweise verstanden sie sich ohne genetisch miteinander verwandt zu sein

960 Ausführlich dazu ab Seite 125.
961 Seite 126.
962 Seite 80.
963 Seite 80; Seite 194.
964 Seite 80.
965 Seite 34.
966 Seite 31.

als Familienverbände, die in einer wirtschaftlich tätigen ‚Gesellschaft' mit gemeinsamen Vermögen aufgingen.[967] Diese Idee stimmt grundsätzlich mit dem Konzept des Verantwortungseigentums und dem Verständnis von einer Werte- und Fähigkeitenfamilie überein. Die Genossenschaften folgten jedoch weder allgemeingültigen noch verbindlichen Regelungen. Ferner unterlagen sie auch keiner ‚Ewigkeitsklausel'.

Andere Rechtsinstitute wie die Familienfideikommisse widersprechen dem Verantwortungseigentum und der Carl-Zeiss-Stiftung hinsichtlich ihrer Zwecksetzung: Vermögenssicherung zugunsten einzelner Adelsfamilien über Generation hinweg.[968]

Ihre konzeptionelle Gestaltung stimmt dagegen mit der Idee des Verantwortungseigentums und sogar der Carl-Zeiss-Stiftung überein: dauerhafte Vermögensbindung ohne Änderungsprärogative.

Weitere Regelungen zum Verantwortungseigentum, wie sie von *Abbe* geschaffen wurden, existierten jedoch noch nicht. Die Rolle von *Abbe* in der Entwicklung des Verantwortungseigentums ist singulär.

8) Die Einführung eines neuen Gesetzes für Unternehmen in Verantwortungseigentum trifft heute auf verhärtete Fronten in Wirtschaft und Rechtswissenschaft. Auch eine Anpassung oder Reform der bestehenden Rechtsformen, zum Beispiel durch eine Erweiterung der Unternehmensträgerstiftungen oder der immer noch bestehenden Familienstiftungen, ist derzeit und trotz der Stiftungsrechtsnovelle 2023 nicht zu erwarten.[969] Die Erweiterung des *Numerus Clausus* der Gesellschaftsformen und die Integration einer neuen Gesellschaftsform, könnte dagegen eine Chance darstellen.[970] Dadurch wäre zum Beispiel die Wahlfreiheit aller Unternehmer:innen erhöht. Das könnte positive Wirkung auf neue Gründungen und damit auch auf die Wirtschaft nehmen.

   Ende des 19. Jahrhunderts stand *Ernst Abbe* mit seinen Vorstellungen und Forderungen nach einem neuen Unternehmenskonzept weitgehend allein da. In einer ähnlichen Situation befanden sich auch die Befürworter des GmbHG vor dessen Einführung im Jahr 1892.[971] Sie alle sahen sich mit den Zweifeln und Kritiken von verschiedenen Seiten konfrontiert.

---

967 Ebd.

968 Seite 31 ff.

969 Fn. 303.

970 So unter anderem *Schmidt*, in Gesellschaftsrecht 2002, S. 120.

971 Seite 37.

Die Umwandlung der Stiftungsbetriebe und die Einführung des GmbHG haben jedoch neuen Unternehmergeist gefördert und zu positiven Entwicklungen geführt. Der *Numerus Clausus* der Gesellschaftsformen darf (auch deswegen) nicht zum Vehikel (rechts)politischer Meinungen werden, welche sich gegen ‚Neues' wehren, sondern muss entwicklungsoffen bleiben.

9) *Abbe* führte im Jahr 1896 als erster Verantwortungseigentümer mit dem Stiftungsstatut der Carl-Zeiss-Stiftung ein Konzept des Verantwortungseigentums in Deutschland ein.
Die jahrelange Entwicklung der Stiftung, die bereits im Jahr 1889 mit der Gründung der Carl-Zeiss-Stiftung begonnen hatte, zeigt, wie kompliziert es bereits im ausgehenden 19. Jahrhundert war, Unternehmen zu gründen, die jenseits von primär monetären Interessen am Wirtschaftsleben teilnehmen. Seine progressiven Gedanken sind noch heute im Stiftungsstatut zu finden und haben nachhaltige Wirkung.

II. Schlussbetrachtung

Gemeinwohl oder Einzelinteresse? In vielen Unternehmen zählt primär der monetäre Anreiz und das persönliche Interesse von Anleger:innen und Aktionär:innen. *Abbe* hatte Ende des 19. Jahrhunderts ein anderes Verständnis vom Unternehmertum: Die Gründung der Carl-Zeiss-Stiftung und Verbindung mit den Unternehmen Zeiss und Schott hatte positive Auswirkungen auf die gesamte Umgebung des Großherzogtums Sachsen-Weimar-Eisenachs. Mit *Ernst Abbe* wurde aus der Kleinstadt Jena innerhalb von 20 Jahren eine Industriestadt mit fast 40.000 Einwohner:innen.[972] Heute beschäftigen die Betriebe Zeiss und Schott international mehr als 51.000 Mitarbeiter:innen und gehören zu den Weltmarktführern auf ihrem Gebiet.

Diese Entwicklungen sind kein Zufall, sondern hängen maßgeblich mit der Gründung der ersten Unternehmensträgerstiftung Deutschlands[973], den Regelungen des Stiftungsstatuts von 1896 und *Abbes* Auftreten als Verantwortungseigentümer zusammen.

Wesentliche Merkmale dieses Konzepts sind die Ausrichtung auf Sinnhaftigkeit und Selbstbestimmung, die langfristige Bindung des Vermögens sowie eine generationenübergreifende Denkweise.

Abbe legte fest, dass der Gewinn und die Entscheidungen über die Unternehmen nicht ausschließlich persönlichen Interessen dienen sollten, sondern der

972 Zur Ausgangslage der Stadt zur Zeit der Gründung auf Seite 99.
973 Ferner auch Fn. 305.

Gesellschaft zugutekommen müssen. Deswegen war es den Stiftungsbetrieben seit der Gründung der Carl-Zeiss-Stiftung möglich, ohne Gewinnausschüttungen an Gesellschafter:innen zu agieren.

Im Ergebnis setzte *Abbe* damit das um, was Verantwortungseigentümer:innen heute fordern: Sinn und Selbstbestimmung.[974] Das Verantwortungseigentum ist auch deswegen nicht nur ein zeitgenössischer Gedanke[975], sondern ist mit Blick auf die Regelungen des Stiftungsstatuts der Carl-Zeiss-Stiftung und ihrer Stiftungsbetriebe Zeiss und Schott seit dem Ende des 19. Jahrhunderts gelebte Realität.

Obwohl die Idee des Verantwortungseigentums anfänglich neu erscheinen mag, ist sie bereits durch die Carl-Zeiss-Stiftung bekannt. *Abbes* Rolle als Verantwortungseigentümer ist damit unbestreitbar.

Abbe war den Forderungen zum Verantwortungseigentum sogar voraus. Neben der Perpetuierung und Thesaurierung der persönlichen Gewinne sowie den Nachfolgeregelungen, betrachtete er den wirtschaftlichen Erfolg der Unternehmen als einen gesellschaftlichen. Diese Gedanken setzte er auch im Stiftungsstatut von 1896 um. Von den Ausschüttungen der Carl-Zeiss-Stiftung in bilanzstarken Jahren der Stiftungsbetriebe profitierte die gesamte Umgebung Jenas. Eine solche Governance und Vorgehensweise könnte auch in dem von multiplen Krisen geprägten 21. Jahrhundert Chancen für die Gesellschaft bieten.

Andere Frühformen wie die mittelalterlichen Genossenschaften verfügten lediglich über vereinzelte Merkmale des Verantwortungseigentums. Der Grundsatz der Bedarfsdeckung unter Ablehnung der Gewinngenerierung, im Einklang mit der Natur und der Gesellschaft, flankiert Ideen, die auch dem Verantwortungseigentum heute ähneln. Während vereinzelte Merkmale mit dem Verantwortungseigentum übereinstimmen, war *Ernst Abbe* der erste Unternehmer, der ein rechtliches Konzept für Unternehmen in Verantwortungseigentum einführte.

Das heute stark kodifizierte deutsche Recht würde durch die Einführung einer Rechtsform für Unternehmen in Verantwortungseigentum eine Alternative erlangen, die mit neuen Perspektiven einhergeht. Die Einführung einer solchen Gesellschaft in Verantwortungseigentum würde dem Bedürfnis vieler Unternehmer:innen folgen[976] und zur Anpassung des *Numerus Clausus* der Gesellschaftsformen führen. Diese Entscheidung steht jedoch im Ermessen des Gesetzgebers und ist abzuwarten.[977]

---

974 Diese Prinzipien werden beschrieben auf Seite 59 ff.

975 Fn. 30.

976 Seite 52.

977 *Fleischer*, ZIP 2022, S. 346.

Das Beispiel *Abbes* und der Carl-Zeiss-Stiftung zeigt, dass Sinn und Selbstbestimmung auch im Wettbewerb funktionieren und ein Korrektiv in Krisen darstellen. Anhand dieser Entwicklung tritt auch hervor, dass die Perpetuierung von Vermögen nicht zur Stagnation führt, sondern wirtschaftliches Wachstum und Wohlstand für die Gesellschaft bedeutet. Zukünftige Unternehmen in Verantwortungseigentum könnten mit einer geeigneten Rechtsform ähnlich erfolgreiche Unternehmen gründen wie *Abbe.*

Steinfeld ist der Ansicht, dass die Umsetzung der Regelungen des Stiftungsstatuts für Stabilität, Wirtschaftlichkeit und Förderung sorgte und kommt zu dem Ergebnis,

> „[d]ass die Optische[n] Werkstätte[n] ihre bemerkenswerte Entwicklung zum dominierenden Konzern der optischen Industrie nicht [trotz], sondern [wegen] dieser Summe von statutarischen Belastungen vollzog[en].“[978]

Sie meint, die Unternehmensträgerstiftung sei deswegen die beste Alternative für ökonomisch und sozial nachhaltige Unternehmen.[979]

Dagegen würde eine neue und flexible Gesellschaftsform in Verantwortungseigentum einen noch besseren Ansatzpunkt für diese Unternehmer:innen darstellen – ohne Errichtungshürden, hohen Kosten und Alternativlosigkeit[980]. Am Ende obliegt diese Entscheidung jedoch dem Gesetzgeber.

Die Stiftung unter *Abbe* lädt ein zur Diskussion über die Rolle von treuhänderischen Unternehmen und die Zukunft des Unternehmertums. *Ernst Abbe* als Verantwortungseigentümer erster Stunde dient dabei nicht nur als Beispiel, sondern liefert Ideen und Vorschläge, wie Unternehmen in Zukunft betrachtet und gestaltet werden sollen:

> „Die Unterordnung der Wirtschaftsführung der Carl-Zeiss-Stiftung unter größere soziale Aufgaben legt ihren Betrieben Pflichten und Lasten auf, die andere Industrieunternehmungen zur Zeit noch nicht zu erfüllen brauchen. […]
> Infolgedessen muß unsere Organisation auf Kräfte und Eigenschaften der Menschen zählen, an deren Häufigkeit nicht alle glauben wollen: weniger Selbstsucht, mehr Gemeinsinn – weniger äußerer Ehrgeiz, mehr Sinn für den inneren Wert menschlicher Arbeit.“[981]

---

978 *Steinfeld,* Unternehmen ohne Eigentümer, S. 323.

979 Ebd. S. 325.

980 Seite 63 ff.

981 *Abbe,* Gedächtnisrede, S. 92.

Literaturverzeichnis

Abbe, Ernst/Czapski Siegfried	Gesammelte Abhandlungen III, Vorträge, Reden und Schriften sozialpolitischen und verwandten Inhalts, Jena 1906 (*Abbe,* Gesammelte Abhandlungen III)
Achleitner, Ann-Kristin/ Block, Jörn/Graf Strachwitz, Rupert (Hrsg.)	Stiftungsunternehmen: Theorie und Praxis, Grundlagen, Perspektiven, Fallbeispiele, Wiesbaden 2018 (*Autor:in*, Stiftungsunternehmen)
Amira, Karl von	Grundriss des Germanischen Rechts, 3. Auflage, Straßburg 1913
Armbrüster, Christian/ Bayreuther Frank/Busche, Jan (Bearb.)	Münchener Kommentar zum Bürgerlichen Gesetzbuch, Band 1, 9. Auflage, München 2021 (*Autor:in,* MüKo/BGB)
Arnold, Arnd/ Burgard, Ulrich/ Roth Gregor	Die GmbH im Verantwortungseigentum – eine Kritik, NZG 2020, S. 1321 ff.
Arnold, Arnd/Burgard, Ulrich/Roth Gregor	Zum Vorschlag einer GmbH »in Verantwortungseigentum« Eine kritische Stellungnahme, Im Blickpunkt, ifo Schnelldienst 2020, 73, Nr. 11, S. 67 ff.
Auerbach, Felix	Das Zeisswerk und die Carl-Zeiss-Stiftung in Jena, Ihre wissenschaftliche, technische und soziale Entwicklung und Bedeutung, Jena 1904 (*Auerbach*, Das Zeisswerk)
Auerbach, Felix	Ernst Abbe: sein Leben, sein Wirken, seine Persönlichkeit: nach den Quellen und aus eigener Erfahrung geschildert, Leipzig 1918 (*Auerbach*, Abbe)
Bachmann, Gregor	Pro GmbH-gebV – mit Notausgang!, NZG 2022, S. 1417 ff.
Bader, Karl S./ Dilcher, Gerhard	Deutsche Rechtsgeschichte, Land und Stadt – Bürger und Bauer im Alten Europa, Berlin, Heidelberg 1999
Baumbach, Adolf (Begr.)/ Hueck, Alfred (fortg.)/ Fastrich, Lorenz et. al	Gesetz betreffend die Gesellschaften mit beschränkter Haftung: GmbHG, 22. Auflage, München 2019 (*Autor:in*, Baumbach/Hueck/GmbHG)

Becher, Gerd/Treptow, Elmar (Hrsg.)	Die Gerechte Ordnung der Gesellschaft, Texte vom Altertum bis zur Gegenwart, Frankfurt am Main 2000
Behrends, Okko/Knütel, Rolf/Kupisch, Berthold (Hrsg.) et al.	Corpus Iuris Civilis, Text und Übersetzung, I, Institutionen, 2. Auflage, Heidelberg 1997 (*Behrends/Knütel/Kupisch*, Corpus Iuris Civilis I)
Behrends, Okko/Knütel, Rolf/Kupisch, Berthold (Hrsg.) et al.	Corpus Iuris Civilis, Texte und Übersetzungen, II, Digesten 1-10, 1995 Heidelberg *(Behrends/Knütel/Kupisch*, Corpus Iuris Civilis II)
Bruce, Anette/Jeromin, Christoph	Corporate Purpose – das Erfolgskonzept der Zukunft, Wie sich mit Haltung Gemeinwohl und Profitabilität verbinden lassen, Wiesbaden 2020 (*Bruce/Jeromin*, Corporate Purpose)
Burgard, Ulrich	Verantwortungseigentum in Stiftungsform de lege lata und de lege ferenda, ZStV 2021, S. 1 ff.
Busch, Lotte	Die Cy-prés-Doktrin, Änderungen des Stiftungszwecks in den USA und in Deutschland, Schriftenreihe des Instituts für Stiftungsrecht und das Recht der Non-Prof-Organisationen, Baden-Baden 2021
Carl-Zeiss-Stiftung	Begründung der Neufassung des Statuts der Carl-Zeiss-Stiftung 2004 (*Carl-Zeiss-Stiftung*, Begründung der Neufassung)
Coing, Helmut	Europäisches Privatrecht, Band I, München 1985
Coing, Helmut	Europäisches Privatrecht, Band II, München 1989
Coing, Helmut	Handbuch der Quellen und Literatur der neueren europäischen Privatrechtsgeschichte, Dritter Band, 19. Jahrhundert, Zweiter Teilband, Gesetzgebung zum Allgemeinen Privatrecht und zum Verfahrensrecht, München 1982 (*Coing*, Handbuch der Quellen)
Coing, Helmut (Hrsg.)	Handbuch der Quellen und Literatur der neueren europäischen Privatrechtsgeschichte, Dritter Band, Das 19. Jahrhundert, Dritter Teilband, Gesetzgebung zu den privatrechtlichen Sondergebieten, München 1986 (*Autor:in*, Handbuch der Quellen III)

Cordes, Albrecht/Lück, Heiner/Werkmüller, Dieter (Hrsg.) et al. — Handwörterbuch zur deutschen Rechtsgeschichte. Band 1, 2. Aufl., Berlin 2008 (*Autor:in,* HRG Band 1)

Cordes, Albrecht/Lück, Heiner/Werkmüller, Dieter (Hrsg.) et al. — Handwörterbuch zur deutschen Rechtsgeschichte. Band 2, 2. Aufl., Berlin 2012 (*Autor:in,* HRG Band 2)

Dahlmanns, Tanja — Errichtung einer rechtsfähigen Stiftung – zugleich Modell der Unternehmensnachfolge, RNotZ 2020, S. 417 ff.

David, Walter — Die Carl-Zeiss-Stiftung, Ihre Vergangenheit und ihre gegenwärtige rechtliche Lage, Heidenheim an der Brenz 1954

Demel, Sebastian — Auf dem Weg zur Verantwortungsgesellschaft, Ernst Abbe und die Carl-Zeiss-Stiftung im deutschen Kaiserreich, Göttingen 2014

Depenhauer, Otto (Hrsg.) — Eigentum, Ordnungsidee, Zustand, Entwicklungen, Heidelberg 2005 (*Autor:in*, Eigentum, Ordnungsidee)

Dernburg, Heinrich — Lehrbuch des Preußischen Privatrechts, Zweiter Band, Halle 1878

Dernburg, Heinrich — Pandekten, Erster Band, Allgemeiner Theil und Sachenrecht, 5. Auflage, Berlin 1896

Dutta, Anatol — Warum Erbrecht? Das Vermögensrecht des Generationswechsels in funktionaler Betrachtung, Tübingen 2014

Dutta, Anatol — Erbrecht und Vermögenssicherung, Tagungsband, Würzburg 2011

Eberstadt, Rudolf — Der Ursprung des Zunftwesen und die älteren Handwerkerverbände des Mittelalters, Leipzig 1900 (*Eberstadt*, Der Ursprung des Zunftwesen)

Eckert, Jörn — Der Kampf um die Familienfideikommisse in Deutschland, Studien zum Absterben eines Rechtsinstituts, Frankfurt am Main 1992

Engel, Abdreas/ Haubner, David — Die GmbH mit gebundenem Vermögen und das Europarecht, DStR 2022, S. 844 ff.

Faust, Helmut — Geschichte der Genossenschaftsbewegung, Ursprung und Weg der Genossenschaften im deutschen Sprachraum, Frankfurt am Main 1965

Feick, Martin/ Schwalm, Julian	Kurskorrektur bei der Stiftungsreform – Gibt es noch ein Happy End?, NZG 2021, S. 525 ff.
Fischer, Hans-Jörg	Die GmbH mit gebundenem Vermögen als eine mögliche neue Rechtsform für den Mittelstand, Verbesserung und Ergänzung des ursprünglichen Modells der GmbH "in Verantwortungseigentum", Betriebs-Berater (BB) 2021, S. 2114 ff.
Fischer, Hans-Jörg/ Fischer, Klaus	Die GmbH in Verantwortungseigentum (VE-GmbH) im Rahmen der Umsetzung globaler Nachhaltigkeitsziele – eine mögliche neue Rechtsform für den Mittelstand, Betriebs-Berater (BB) 2020, S. 2122 ff.
Fleischer, Holger	Ein Schönheitswettbewerb für eine neue Gesellschaftsform mit Nachhaltigkeitsbezug: Zur rechtspolitischen Diskussion um eine GmbH mit gebundenem Vermögen, ZIP 2022, S. 345 ff.
Fleischer, Holger/Goette, Wulf (Hrsg.)	Münchener Kommentar zum Gesetz betreffend die Gesellschaft mit beschränkter Haftung, Band 2, 3. Auflage, München 2019 (*Autor:in*, MüKo/GmbHG)
Fleischer, Holger/Goette, Wulf (Hrsg.)	Münchener Kommentar zum Gesetz betreffend die Gesellschaft mit beschränkter Haftung, Band 1, 4. Auflage, München 2022 (*Autor:in,* MüKo/GmbHG)
Fleischer, Holger/Mock, Sebastian (Hrsg.)	Große Gesellschaftsverträge aus Geschichte und Gegenwart, Berlin 2021 (*Autor:in,* Große Gesellschaftsverträge)
Fleischer, Holger/Pendl, Matthias	Das Recht der Sozialunternehmen: Vermessung eines neuen Forschungsfeldes, NZG 2023, S. 815 ff.
Flitner, Andreas/Wittig, Joachim (Hrsg.)	Optik – Technik – Soziale Kultur, Siegfried Czapski, Weggefährte und Nachfolger Ernst Abbes, Briefe, Schriften, Dokumente, 1999 Rudolstadt, Jena (*Flitner/Wittig*, Siegfried Czapski)
Friedmann, Milton	Capitalism and Freedom, The classic statement of Milton Friedmann's economic philosophy, 1962, London 1982 (Neuauflage)

Friedmann, Milton	The Social Responsibility of Business is to Increase its Profits, The New York Times Magazine, 13.09.1970
Geibel, Stefan J.	Treuhandrecht als Gesellschaftsrecht, Tübingen 2008
Gesellschaftsrechtliche Vereinigung (Hrsg.)	Gesellschaftsrecht in der Diskussion 2018, Otto Schmidt Verlag, Köln 2019
Gierke, Otto	Das deutsche Genossenschaftsrecht, Dritter Band, Die Staats- und Kooperationslehre des Alterthums des Mittelalters und ihre Aufnahme in Deutschland, Berlin 1881
Gierke, Otto	Das deutsche Genossenschaftsrecht, Vierter Band, Die Staats- und Kooperationslehre der Neuzeit, Berlin 1913
Gierke, Otto	Die Genossenschaftstheorie und die deutsche Rechtsprechung, Berlin 1887
Gierke, Otto	Geschichte des deutschen Körperschaftsbegriffs, Berlin 1873
Gierke, Otto	Rechtsgeschichte der deutschen Genossenschaft, Berlin 1868
Goette, Wulf/Habersack, Mathias (Hrsg.)	Münchener Kommentar zum Aktiengesetz: AktG, 5. Auflage, München 2019 (*Autor:in*, MüKo/AktG)
Grigoleit, Hans Christoph (Hrsg.)	Aktiengesetz Kommentar, 2. Auflage, München 2020 (*Autor:in*, Grigoleit/AktG)
Groten, Andreas	corpus und universitas, Römisches Körperschafts- und Gesellschaftsrecht: zwischen griechischer Philosophie und römischer Politik, Tübingen 2015
Grunewald, Barbara/ Hennrichs, Joachim	Die GmbH in Verantwortungseigentum, wäre das ein Fortschritt?, NZG 2020, S. 1201 ff.
Gsell, Beate/Krüger, Wolfgang/Lorenz Stephan (Hrsg.) et al.	beck-online.Grosskommentar, BGB, München 2022, zuletzt abgerufen am 30.06.2023, (*Autor:in*, Grosskommentar BGB)
Hamm, Christoph (Hrsg.)	Beck'sches Rechtsanwalts-Handbuch, 12. Auflage, München 2022

Hanfu, Liu	Geschichte und Aufgabe der beschränkten Haftung im deutschen Recht, Juristische Schriftenreihe, Band 50, Münster 1994
Hattenhauer, Hans/ Bernert, Günther	Allgemeines Landrecht für die Preußischen Staaten von 1794, 2. Auflage, Berlin 1994
Hau, Wolfgang/Poseck, Roman	Beck'scher Online-Kommentar BGB, 57. Edition, abgerufen am 01.02.2021 (*Autor:in*, BeckOK BGB)
Hausmaninger, Herbert/ Selb, Walter	Römisches Privatrecht, 6. Auflage, Wien, Köln, Weimar 1991
Heckschen, Heribert/ Herrler, Sebastian/Münch, Christof (Hrsg.) et al.	Beck'sches Notar-Handbuch, 7. Auflage, München 2019
Heidel, Thomas/Hüßtege, Rainer/Mansel, Heinz-Peter (Hrsg.) et al.	Nomos Kommentar BGB, Allgemeiner Teil, EGBGB, Band 1, 4. Auflage, Baden-Baden 2021 (*Autor:in*, NK/BGB)
Heidinger, Andreas/ Leible, Stefan/Schmidt, Jessica (Hrsg.) et al.	Kommentar zum Gesetz betreffend die Gesellschaften mit beschränkter Haftung (GmbH-Gesetz), 3. Auflage, München 2017 (*Autor:in*, Heidinger/GmbHG)
Hein, Jan von (Red.)/ Coester, Michael/Dutta, Anatol (Hrsg.) et al.	Münchener Kommentar zum Bürgerlichen Gesetzbuch, Internationales Privatrecht, Band 12, 8. Auflage, München 2020 (*Autor:in*, MüKo/EGBGB)
Hennrichs, Joachim	Die sogenannte GmbH in Verantwortungseigentum –ein rechtspolitischer Irrweg, Audit Committee Quarterly IV/2020, S. 80 ff.
Henssler, Martin/Strohn, Lutz (Hrsg.)	Gesellschaftsrecht, BGB, PartGG, HGB, GmbHG, AktG, DCGK, GenG, UmwG, InsO, AnfG, IntGesR, Kommentar, 5. Auflage, München 2021
Herberger, Klaus	Förderung der Wissenschaft – Die Carl-Zeiss-Stiftung und ihr historischer Auftrag, ZStV 2014, S. 194 ff.
Herchen, Hilke	Zum Für und Wider einer GmbH mit gebundenem Vermögen, ZGR 2022, S. 664 ff.

Heuel, Markus	Die Entwicklung der Unternehmensträgerstiftung in Deutschland, Baden-Baden 2001 (*Heuel*, Die Entwicklung der Unternehmensträgerstiftung)
Heusler, Andreas	Institutionen des Deutschen Privatrechts, Erster Band, Leipzig 1885
Homeyer, Oscar von/Reiff, Marvin	Verantwortungseigentum ante portas? – Erste Betrachtungen einer weitreichenden Idee, npoR 2020, S. 224 ff.
Hommelhoff, Kirsten	GmbH-gebV oder Verantwortungseigentum weitergedacht?, Betriebs-Berater (BB) 2022, 43, I
Hörtner, Iris	Die Bedeutung und Entwicklung des Instituts der Fideikommisse im Römischen Erbrecht, Graz 2011
Hüttemann, Rainer/Rawert, Peter/Weitemeyer, Birgit	Zauberwort „Verantwortungseigentum", npoR 2020, S. 296 ff.
Industrie- und Handelskammer Nürnberg für Mittelfranken	Der Ehrbare Kaufmann, Nürnberg 2015 (*IHK Nürnberg*, Der Ehrbare Kaufmann)
Ivo, Malte	Die Vererbung von GmbH-Geschäftsanteilen, ZEV 2006, S. 252 ff.
Joost, Detlev/Strohn, Lutz (Hrsg.)	Handelsgesetzbuch: HGB, 4. Auflage, München 2020 (*Autor:in*, Joost/Strohn/HGB)
Junius-Morawe, Ruth Margret	Zur Legitimität der Familienstiftung, Wiesbaden 2022
Kalss, Susanne/Meissel, Franz-Stefan (Hrsg.)	Zur Geschichte des Gesellschaftsrechts in Europa, Wien 2003
Karst, Alexander/Müller-Gschlößl, Robert	Die Gesellschaft mit beschränkter Haftung mit gebundenem Vermögen, NJOZ 2021, S. 961 ff.
Kaser, Max	Das Römische Privatrecht, Erster Abschnitt, Das Altrömische, Das Vorklassische und das Klassische Recht, 2. Auflage, München 1971 (*Kaser*, Das Römische Privatrecht I)
Kaser, Max	Das Römische Privatrecht, Zweiter Abschnitt, Die Nachklassische Entwicklung, 2. Auflage, München 1975 (*Kaser*, Das Römische Privatrecht II)

Kaser, Max/Knütel, Rolf (Begr.)/Lohsse, Sebastian (fortg.)	Römisches Privatrecht, Ein Studienbuch, 22. Auflage, München 2021
Kattein, Clara Marie	Die GmbH mit gebundenem Vermögen – geboten oder überflüssig?, Baden-Baden 2023
Kempny, Simon	Zivil- und steuerrechtliche Gesichtspunkte einer künftigen Gesellschaft mit gebundenem Vermögen, DB 2024, S. 617 ff.
Kempny, Simon	Zum Fortgang der steuerrechtspolitischen Debatte um die Gesellschaft mit gebundenem Vermögen, Beratungspraxis Blickpunkt, NWB 2023, S. 212 ff.
Kempny, Simon/Sanders, Anne	Zum Entwurf einer GmbH mit gebundenem Vermögen, Die Idee einer treuhänderisch verstandenen GmbH aus Sicht des Gesellschafts- und Steuerrechts, NWB 2021, S. 3117 ff.
Kirchhof, Paul/Neumann, Manfred J.M. (Hrsg.)	Freiheit, Gleichheit, Effizienz, Ökonomische und verfassungsrechtliche Grundlagen der Steuergesetzgebung, Veröffentlichung der Tagung des Frankfurter Instituts, Stiftung Marktwirtschaft und Politik am 29. und 30. März 2001, Berlin 2001
Kirchner, Hildebert	Abkürzungsverzeichnis der Rechtssprache, 10. Auflage, Berlin/Boston 2021
Kischel, Uwe	Rechtsvergleichung, München 2015
Kluge, Arnd	Die Zünfte, Stuttgart 2007
Köhler, Arthur/Streich, Rudolf	Gesellschaftsrecht der DDR, Aktiengesetz / GmbH-Gesetz, Handelsgesetzbuch (Auszug) / Joint-Venture-VO, UmwandlungsVO / UnternehmensG, München 1990
Kollascheck, Daniela	Die Geschichte des deutschen Stiftungswesens am Beispiel der Carl-Zeiss-Stiftung, Magisterarbeit an der Universität Leipzig, Leipzig 2002
Kornblum, Udo	Bundesweite Rechtstatsachen zum Unternehmens- und Gesellschaftsrecht, GmbHR 2016, S. 691 ff.
Lang, Jan/Weidmüller, Ludwig (Begr.)	Genossenschaftsgesetz, Gesetz, betreffend die Erwerbs- und Wirtschaftsgenossenschaften, Mit Erläuterungen zum Umwandlungsgesetz, Kommentar, 34. Auflage, Berlin 2005

Le Goff, Jacques — Kaufleute und Bankiers im Mittelalter, Frankfurt am Main 1993

Loritz, Karl-Georg/Weinmann, Philipp Sebastian — Die GmbH mit gebundenem Vermögen – Kreative Idee oder Legitimation zum Betreiben eines Unternehmens ohne typische Unternehmerpflichten?, DStR 2021, S. 2205 ff.

Lütge, Christoph/Strosetzki, Christoph (Hrsg.) — Zwischen Bescheidenheit und Risiko, Der Ehrbare Kaufmann im Fokus der Kulturen, Wiesbaden 2017

Lutz, Elmar — Die rechtliche Struktur süddeutscher Handelsgesellschaften in der Zeit der Fugger, 1. Darstellung, Tübingen 1976
(*Lutz,* Die rechtliche Struktur süddeutscher Handelsgesellschaften I)

Lutz, Elmar — Die rechtliche Struktur süddeutscher Handelsgesellschaften in der Zeit der Fugger, 2. Urkunden, Tübingen 1976
(*Lutz,* Die rechtliche Struktur süddeutscher Handelsgesellschaften II)

Markworth, David — Das Stiftungsrecht am Scheideweg, Der Entwurf eines Gesetzes zur Vereinheitlichung des Stiftungsrechts aus unternehmensrechtlicher Perspektive, NZG 2021, S. 100 ff.

Mittwoch, Anne-Christin — Nachhaltigkeit und Unternehmensrecht, Tübingen 2022

Mollwo, Carl — Das rote Buch der Stadt Ulm, Württembergische Geschichtsquellen, Stuttgart 1905

Möslein, Florian/Sanders, Anne — Vermögensbindung und Europäisches Gesellschaftsrecht, JZ 2022, S. 923 ff.

Mosthaf, Oliver — Die Reformen des Rechts der Gesellschaften mit beschränkter Haftung, Entwürfe, Stellungnahmen und Diskussionen vom Referentenentwurf 1969 bis zur GmbH-Novelle 1980, Frankfurt am Main 1994

Neitzel, Noah — Vermögensbindung und Nachhaltigkeit, KJ 2022, S. 479 ff.

Oetker, Hartmut (Hrsg.) — Handelsgesetzbuch Kommentar, 7. Auflage, München 2021
(*Autor:in*, Oetker/HGB)

Oppikofer, Hans	Das Unternehmensrecht, In geschichtlicher, vergleichender und rechtspolitischer Betrachtung, Tübingen 1927
Ortloff, Hermann	Bocks Handbuch, Wilhelm Boks Handbuch zum Nachschlagen der im Großherzogtum Sachsen-Weimar-Eisenach geltenden Landes- und wichtigeren Reichsgesetze, sowie der Verordnungen der Reichs- und Landesbehörden, 2. Auflage, Weimar 1900
Pahlow, Louis/Steiner, André	Die Carl-Zeiss-Stiftung in Wiedervereinigung und Globalisierung 1989 bis 2004, Göttingen 2017 (*Pahlow/Steiner*, Die Carl-Zeiss-Stiftung)
Petzina, Dieter	Autarkiepolitik im Dritten Reich, Der nationalsozialistische Vierteljahresplan, München 1968
Planck, Gottlieb	Bürgerliches Gesetzbuch nebst Einführungsgesetz, Band 1, 3. Auflage, Berlin 1903
Plöger, Iris/Weitemeyer, Birgit	Eine neue GmbH mit gebundenem Vermögen – keine sinnvolle Rechtsform für die deutsche Wirtschaft!, Betriebs-Berater (BB) 2021, S. 1
Plumpe, Werner (Hrsg.)	Eine Vision – zwei Unternehmen, 125 Jahre Carl-Zeiss-Stiftung, München 2014 (*Autor:in*, Eine Vision – zwei Unternehmen)
Pöhlmann, Peter/Fandrich, Andreas/Bloehs, Joachim et al.	Genossenschaftsgesetz: GenG, Gesetz betreffend die Erwerbs- und Wirtschaftsgenossenschaften nebst umwandlungsrechtlichen Vorschriften für Genossenschaften, 4. Auflage, München 2021 (*Autor:in*, Pöhlmann/Fandrich/GenG)
Postel, Rainer	Versammlung eines Ehrbaren Kaufmanns, 1517 – 1992, Kaufmännische Selbstverwaltung in Geschichte und Gegenwart, Hamburg 1992
Purpose Stiftung gemeinnützige GmbH (Hrsg.)	Stories of Purpose, Sinn. Zweck. Verantwortungseigentum, 2021 (*Purpose,* Stories of Purpose)
Reiff, Marvin	Verantwortungseigentum, Idee, Umsetzung und Kritik eines alternativen Eigentums an Unternehmen, Tübingen 2024 (*Reiff*, Verantwortungseigentum)

Reiff, Marvin	Entwurf eines Gesetzes für die GmbH in Verantwortungseigentum (VE-GmbH) vorgelegt, ZIP 2020, S. 1750 ff.
Reiff, Marvin	Verantwortungseigentum „mit gebundenem Vermögen", Überarbeiteter Gesetzesentwurf zur Erweiterung des GmbHG vorgelegt, NJZOZ 2021, S. 609 ff.
Reiff, Marvin	Verantwortungseigentum im GmbHG? Zur Forderung nach einer eigenständigen Rechtsform mit gebundenem Vermögen, NZG 2023, S. 770 ff.
Reiff, Marvin (Verf.)/ Bayer, Daria/Butz, Felix (Hrsg.) et al.	Verantwortungseigentum, Nachhaltigkeit und Kapitalismus, in Nachhaltigkeitsrecht: Selbstverständnis, Status Quo und Perspektiven, Baden-Baden 2023, S. 207 ff. (*Reiff*, Verantwortungseigentum)
Richter, Helmut/ Schramm, Lothar	Arbeit und Soziales in der LPG, Berlin 1988
Rolfes, Gina/Berisha, Shkelqim	Der Schutz der Gläubiger des Gesellschafters einer GmbH mit gebundenem Vermögen, GmbHR 2022, S. 23 ff.
Sachse, Thuiskon Friedrich	Handbuch des Großherzoglich-Sächsischen Privatrechts, Weimar 1824
Sanders, Anne	Eine Gesellschaft in Verantwortungseigentum im GmbHG, ZRP 2020, S. 140 ff.
Sanders, Anne	Vermögensbindung und „Verantwortungseigentum" im Entwurf einer GmbH mit gebundenem Vermögen, NZG 2021, S. 1573 ff.
Sanders, Anne/Bühring, Tim	Die GmbH mit gebundenem Vermögen im Erb- und Familienrecht, GmbHR 2022, S. 889 ff.
Savingy, Friedrich Carl von	System des heutigen Römischen Rechts, Zweyter Band, Berlin 1840
Schiffner, Jan/Pruns, Matthias	Die unternehmensverbundene Stiftung - ein Überblick zur vielfältigen Praxis, Betriebs-Berater (BB) 2013, S. 2755 ff.
Schirmer, Jan-Erik	Nachhaltigkeit via Gesellschaftsform: Europäische Lektionen für die GmbH mit gebundenem Vermögen, ZEuP 2023, S. 326 ff.

Schlüter, Andreas/Stolte, Stolte	Stiftungsrecht, Erscheinungsformen und Errichtung der Stiftung, Stiftungsaufsicht, Verwaltung des Stiftungsvermögens, Stiftungssteuerrecht, Rechnungslegung und Publizität, Internationales Stiftungsrecht, 3. Auflage, München 2016
Schmidt, Friedrich Gustav Adolf (Verf.) /Gierke Otto (Hrgb.)	Handelsgesellschaften in den deutschen Stadtrechtsquellen des Mittelalters, Breslau 1883 (*Schmidt,* Handelsgesellschaften in den dt. Stadtquellen)
Schmidt, Karsten	Gesellschaftsrecht, Köln 1986 (*Schmidt*, Gesellschaftsrecht)
Schmidt, Karsten	Gesellschaftsrecht, 4. Auflage, München 2002 (*Schmidt,* Gesellschaftsrecht 2002)
Schmidt, Karsten (Hrsg.)	Münchener Kommentar zum Handelsgesetzbuch, Band 2, 4. Auflage, München 2016 (*Autor:in*, MüKo/HGB)
Schmidt, Kurt	Die Genossenschaft, Ihre Geschichte, ihr Wesen und Recht und ihre Entwicklung in Deutschland, Berlin 1949
Schmoeckel, Mathias/Maetschke, Matthias	Rechtsgeschichte der Wirtschaft, Seit dem 19. Jahrhundert, 2. Auflage, Tübingen 2016
Schmoeckel, Mathias/Rückert, Joachim/Zimmermann, Reinhard (Hrsg.)	Historisch-kritischer Kommentar zum BGB, Band I Allgemeiner Teil: §§ 657 – 853, Tübingen 2003 (*Autor:in*, HKK I)
Schmoeckel, Mathias/Rückert, Joachim/Zimmermann, Reinhard (Hrsg.) et al.	Historisch-kritischer Kommentar zum BGB, Band III Schuldrecht: Besonderer Teil, 2. Teilband, §§ 657 – 853, Tübingen 2013 (*Autor:in,* HKK III)
Schomerus, Friedrich	Geschichte des Jenaer Zeisswerkes 1846-1946, Stuttgart 1952
Schomerus, Friedrich	Werden und Wesen der Carl-Zeiss-Stiftung, 2. Auflage, Stuttgart 1955
Schwintek, Sebastian	Vorstandskontrolle in rechtsfähigen Stiftungen bürgerlichen Rechts, Eine Untersuchung zu Pflichten und Kontrollen von Leitungsorganen im Stiftungsrecht – insbesondere in Unternehmensträgerstiftungen, Baden-Baden 2001

Seibert-Fohr, Anja (Hrsg.)	Entgrenzte Verantwortung, Zur Reichweite und Regulierung von Verantwortung in Wirtschaft, Medien, Technik und Umwelt, Berlin 2020
Servatius, Wolfgang	Verantwortungseigentum – in dubio Gesellschaftsrecht! NZG 2021, S. 569 ff.
Sharaf, Samy G.	Governance-Washing in der GmgV, Rechtstatsachen zum Verantwortungseigentum, NZG 2024, S. 144 ff.
Siebenhaar, Eduard	Siebenhaar, Commentar zu dem bürgerlichen Gesetzbuche für das Königreich Sachsen, Band I, Leipzig 1864 (*Siebenhaar*, Commentar zu dem bürgerlichen Gesetzbuche Sachsens)
Söhnchen, Markus	Die historische Entwicklung der rechtlichen Gründungsvoraussetzungen von Handels- und Aktiengesellschaften, Berlin 2005 (*Söhnchen,* Handels- und Aktiengesellschaften)
Spoerr, Wolfgang	Treuhandanstalt und Treuhandunternehmen zwischen Verfassungs-, Verwaltungs- und Gesellschaftsrecht, Heidelberg 1992
Steiner, Rudolf	Die Kernpunkte der Sozialen Frage, In den Lebensnotwendigkeiten der Gegenwart und Zukunft, Berlin 1919
Steinfeld, Johanna	Unternehmen ohne Eigentümer: Unternehmerische Entscheidungen der Optischen Werkstätte von 1889 bis 1933, Oldenburg 2023 (*Steinfeld,* Unternehmen ohne Eigentümer)
Stiftung Verantwortungseigentum e.V. (Hrsg.)/ Köcher, Renate (Durchf.)	Verantwortungseigentum, Zur Resonanz von Familienunternehmen auf eine spezifische Option für die Nachfolgeregelung, Institut für Demoskopie Allensbach, Berlin 2021 (*Institut für Demoskopie Allensbach,* Verantwortungseigentum)
Stolz, Rüdiger/Wittig, Joachim (Hrsg.)	Carl Zeiss und Ernst Abbe, Leben, Wirken und Bedeutung, Wissenschaftshistorische Abhandlung, Jena 1993 (*Autor:in*, Carl Zeiss und Ernst Abbe)

Stolzenburg, Günther E.H.	Die rechtliche Sonderstellung der Freien Sparkassen im deutschen Sparkassenwesen, Hamburg 1956 (*Stolzenburg,* Sonderstellung der Freien Sparkassen)
Teichmann, Christoph	Drum prüfe, wer sich ewig bindet!, Hohe Luft Kompakt 2020, S. 39 ff.
Thieme, Friedrich (Red.)	Jenaer Volksblatt, 2. Jahrgang, Jena 1891, Nr. 125
Thieme, Friedrich (Red.)	Jenaer Volksblatt, 7. Jahrgang, Jena 1896, Nr. 206, Nr. 209, Nr. 212
United Nations	Our Common Future, Report of the World Commission on Environment and Development, 1987
Van der Auwera, Verena	Die Doppelstiftung – eine Möglichkeit der Unternehmensnachfolge für Familienunternehmen, München 2008 (*Van der Auwera*, Die Doppelstiftung)
Veil, Rüdiger	Initiative für neue Rechtsform - Entwurf eines Gesetzes für die Gesellschaft mit beschränkter Haftung mit gebundenem Vermögen, notar 2021, S. 370 ff.
Vereinte Nationen	AGENDA 21, Konferenz der Vereinten Nationen für Umwelt und Entwicklung, Rio de Janeiro 1992
Vetter, Jochen/Lauterbach, Theresa (Verf.)	Bedarf es gesetzlicher Regelungen für Gesellschaften in Verantwortungseigentum? Festschrift für Barbara Grunewald, Köln 2021 (*Vetter/ Lauterbach,* Festschrift Grunewald)
Vopelius, Bernhard (Red.)	Beilage zum Jenaer Volksblatt, Altes und Neues aus der Heimat, Jena 1925, Nr. 40
Vopelius, Bernhard (Red.)	Jenaer Volksblatt, 10. Jahrgang, Jena 1899, Nr. 201
Watrin, Christoph/Riegler, Fabian	„Gesellschaft mit beschränkter Haftung mit gebundenem Vermögen" – Würdigung der vorgeschlagenen Anpassungen des KStG und des ErbStG, FinanzRundschau (FR), 2021, S. 350 ff.
Weber, Klaus (Hrsg.)	Creifelds kompakt, Rechtswörterbuch, 4. Edition, München 2021
Weber, Max	Zur Geschichte der Handelsgesellschaften im Mittelalter, Nach südeuropäischen Quellen, Stuttgart 1889

Weitemeyer, Birgit/ Weißenberger, Barbara E./ Wiese Götz T.	Eine GmbH mit ewigem Gewinnausschüttungsverbot, GmbHR 2021, S. 1069 ff.
Weitemeyer, Birgit/Waltz, J. Amdadeus	Patagonia – Vorreiter einer neuen Wirtschaft?, npoR 2022, S. 277 ff.
Wesenberger, Gerhard/ Wesener, Gunter	Neuere deutsche Privatrechtsgeschichte, 4. Auflage, 1985 Wien
Westermann, Benjamin	Nachhaltigkeit im Recht der Gesellschaft mit beschränkter Haftung, Überlegungen zur privatautonomen Gestaltung nachhaltiger Wirtschaftsunternehmen, GmbHR 2020, S. 1061 ff.
Westermann, Harm Peter/Grunewald, Barbara/ Maier-Reimer, Georg(Hrsg.)	Erman Bürgerliches Gesetzbuch, Band II, 16. Auflage, Köln 2020 (*Autor:in,* Erman II)
Wilken, Folkert	Die Entmachtung des Kapitals durch neue Eigentumsformen, Was ist Kapital und wem sollte es gehören?, Freiburg im Breisgau 1959 (*Wilken,* Die Entmachtung des Kapitals)
Windscheid, Bernhard	Lehrbuch des Pandektenrechts, 9. Auflage, Frankfurt am Main 1906
Wittig, Joachim	Ernst Abbe, Biographien hervorragender Naturwissenschaftler, Techniker und Mediziner, Band 94, Leipzig 1989
Wriedt, Klaus (Verf.)	Lexikon des Mittelalters IX, Werla bis Zypresse, Anhang, Register, Lachen am Zürichsee 1999
Wulf, Andrea	Magnificent Rebels, The First Romantics and the Invention of the Self, London 2022
Zweigert, Konrad/Kötz, Hein	Einführung in die Rechtsvergleichung, 3. Auflage, Tübingen 1996

Gedruckte Quellen

Abbe, Ernst	Der Ministerialfonds für wissenschaftliche Zwecke 1886, Ders., S. 7 ff. (*Abbe,* Ministerialfonds)

Abbe, Ernst	Die Denkschrift vom 4. Dezember 1887, Werden und Wesen der Carl-Zeiss-Stiftung an der Hand von Briefen und Dokumenten aus der Gründungszeit (1886–1896), 2. Auflage, Stuttgart 1955, S. 18 ff. (*Abbe*, Denkschrift 1887)
Abbe, Ernst	Die Stiftungsurkunde vom 19. Mai 1889 und der Erbeinsetzungsvertrag vom 23./28. Mai 1889, Ders., S. 78 ff. (*Abbe*, Stiftungsurkunde 1889)
Abbe, Ernst	Die Verfassung der Carl Zeiss-Stiftung. Erläuterungen zu Titel I und II des Stiftungsstatuts (1900), Ders., S. 388 ff. (*Abbe*, Verfassung der Carl Zeiss-Stiftung)
Abbe, Ernst	Die volkswirtschaftliche Bedeutung der Verkürzung des industriellen Arbeitstages (1901), Ders., S. 203 ff. (*Abbe*, Verkürzung des Arbeitstages)
Abbe, Ernst	Gedächtnisrede zur Feier des 50 jährigen Bestehens der Optischen Werkstätte (1896), Ders., S. 60 ff. (*Abbe*, Gedächtnisrede)
Abbe, Ernst	Motive und Erläuterungen zum Entwurf eines Statuts der Carl Zeiss-Stiftung (1895), Ders., S. 330 ff. (*Abbe*, Motive und Erläuterungen)
Abbe, Ernst	Statut der Carl Zeiss-Stiftung zu Jena (Text der Neuredaktion von 1906 mit den Varianten der Ausgabe von 1896) nebst Ergänzungsstatut (1900), Ders., S. 262 ff.
Abbe, Ernst	Über die Grundlagen der Lohnregelung in der Optischen Werkstätte (1897), Ders., S. 119 ff. (*Abbe*, Grundlagen der Lohnregelung)
Abbe, Ernst	Über Gewinnbeteiligung der Arbeiter in der Großindustrie (1897), Ders., S. 102 ff. (*Abbe*, Über Gewinnbeteiligung)

Abbe, Ernst	Welche sozialen Forderungen soll die Freisinnige Volkspartei in ihr Programm aufnehmen? (1894), Gesammelte Abhandlungen III, Vorträge, Reden und Schriften sozialpolitischen und verwandten Inhalts, Jena 1906, S. 1 ff. (*Abbe,* Welche sozialen Forderungen)
Carl-Zeiss-Stiftung	Statut der Carl-Zeiss-Stiftung in der Fassung vom 14. Oktober 2009, Heidenheim an der Brenz und Jena 2021 (*Carl-Zeiss-Stiftung*, Statut)
Deutscher Bundestag; Bundesarchiv (Hrsg.)	Der Parlamentarische Rat 1948 1949, Akten und Protokolle, Band 5/II, Ausschuss für Grundsatzfragen, Boppard am Rhein 1993 (*Deutscher Bundestag/Bundesarchiv*, B. 5/II)
Deutscher Bundestag; Bundesarchiv (Hrsg.)	Der Parlamentarische Rat 1948 1949, Akten und Protokolle, Band 7, Entwürfe zum Grundgesetz, Boppard am Rhein 1995 (*Deutscher Bundestag/Bundesarchiv*, B. 7)
Göckel, Ferdinand von	Sammlung Großherzogl. S. Weimar-Eisenacher Gesetze, Verordnungen und Circularbefehle in chronologischer Ordnung, Vierter Theil oder Fünfter Band, Eisenach 1835 (*Göckel,* Großherzogl. S. Weimar-Eisenacher Gesetze)
Goeckel, Ferdinand von	Sammlung Großherzogl. S. Weimar-Eisenacher Gesetze, Verordnungen und Circularbefehle vom Jahr 1860 bis einschließlich 1862 in chronologischer Ordnung, Fünfzehnten Bandes, zweite Abtheilung, Jena 1863 (*Goeckel,* Sammlung Großherzogl. S. Weimar-Eisenacher Gesetze)
Ministerium für Landwirtschaft, Erfassung und Forstwirtschaft und der Deutschen Akademie für Staats- und Rechtswissenschaft „Walter Ulbricht“	Das Recht der landwirtschaftlichen Produktionsgenossenschaften, Berlin 1960 (*Ministerium für Landwirtschaft,* LPG-Recht)

Mugdan, Benno	Die gesamten Materialien zum Bürgerlichen Gesetzbuch für das Deutsche Reich, Band 1, Einführungsgesetz und Allgemeiner Teil, Berlin 1899 (*Mugdan*, Die gesamten Materialien zum Bürgerlichen Gesetzbuch)
Staatsverlag der Deutschen Demokratischen Republik	Rechtsvorschriften für die Gründung und Tätigkeit privater Unternehmen in der DDR, Berlin 1990 (*Staatsverlag DDR*, Rechtsvorschriften)

Archivquellen

ZEISS Archiv	615, Personalabteilung, Gewinnbeteiligung gemäß Stiftungsstatut (Lohn- und Gehaltsnachzahlung bei Firma Zeiss) (Arch. 615, Gewinnbeteiligung)
ZEISS Archiv	786, No. 035, Arbeitsvertrag der Optische Werkstaette von Carl Zeiss in Jena vom 15. Juli 1897, Allgemeine Druckschriften von 1870 – 1904 (Arch. 786, No. 035)
ZEISS Archiv	Abschrift aus dem alten Handelsregister, Band I Fol. 49 des Justiz-Amtes in Jena (ZEISS Archiv, Abschrift aus dem alten Handelsregister, Band I Fol. 49)
ZEISS Archiv	Arch. 30273 (VEB), Geschichte des Jenaer Zeisswerkes 1846-1946, ZEISS Archiv, Stuttgart 1952 (Arch. 30273 (VEB))
ZEISS Archiv	BASC 189, Niederschrift, S.1 (Arch. BASC 189, Niederschrift)
ZEISS Archiv	BASC 189, Zusammenstellung der Verwilligungen aus der Carl Zeiss-Stiftung seit dem 1. April 1886, S. 4 ff. (BASC 189, Verwilligungen)

Internetquellen

Beise, Marco	Verantwortungseigentum, Das Ende der Patriarchen, Süddeutsche Zeitung (SZ), 05.05.2021, abrufbar unter, zuletzt am 04.05.2023: https://www.sueddeutsche.de/wirtschaft/mittelstand-eigentum-gmbh-1.5284532?reduced=true
Bernau, Patrick	Der Purpose vor dem Sieg, Frankfurter Allgemeine Sonntagszeitung, 02.02.2021, abrufbar unter, zuletzt am 04.05.2023: https://www.faz.net/aktuell/wirtschaft/neue-unternehmensform-der-purpose-vor-dem-sieg-17318464.html
Beschorner, Thomas/Hajduk, Thomas	Vom Ehrbaren Kaufmann zur Unternehmensverantwortung, forum wirtschaftsethik 2012, S. 1 ff., abrufbar unter, zuletzt am 04.05.2023: https://www.researchgate.net/publication/258704886_Vom_ehrbaren_Kaufmann_zur_Unternehmensverantwortung
Bundesamt für Justiz (BMJV)	Durchschnittliches Bruttoarbeitseinkommen der vollzeitbeschäftigten Arbeitnehmer im Deutschen Kaiserreich in den Jahren 1891 bis 1918, Statista 2021, abrufbar unter, zuletzt am 10.05.2023: https://de.statista.com/statistik/daten/studie/1100185/umfrage/durchschnittseinkommen-im-deutschen-kaiserreich// (*BMJV/Statista,* Durchschnittliches Bruttoarbeitseinkommen)
Bundesverband mittelständische Wirtschaft (BVMW) e. V.	Positionspapier, Entwurf eines Gesetzes für die Gesellschaft mit gebundenem Vermögen (oder auch GmbH-GebV), 2021, abrufbar unter, zuletzt am 05.05.2023: https://www.bvmw.de/de/recht/downloads (*BVMW*, Positionspapier)
Bündnis 90/Die Grünen	Deutschland, Alles ist drin, Programmentwurf zur Bundestagswahl 2021, abrufbar unter, zuletzt am 05.05.2023: https://cms.gruene.de/uploads/documents/2021_Wahlprogrammentwurf.pdf (*Bündnis 90/Die Grünen*, Programmentwurf)

Carl-Zeiss-Stiftung	Stiftung, Transparenz, abrufbar unter, zuletzt am 10.05.2023: https://www.carl-zeiss-stiftung.de/stiftung/transparenz (*Carl-Zeiss-Stiftung*, Transparenz)
Deters, Jannik	Seltene Einigkeit: CDU, Grüne, FDP und SPD treten für neue Gesellschaftsform ein, WirtschaftsWoche, 05.05.2021, abrufbar unter, zuletzt am 04.05.2023: https://www.wiwo.de/my/politik/deutschland/gmbh-gebv-seltene-einigkeit-cdu-gruene-fdp-und-spd-treten-fuer-neue-gesellschaftsform-ein/27163234.html?ticket=ST-225741-2AR7exZ02JvRJLfmusLl-cas01.example.org
Deutscher Bundestag	Lobbyregister für die Interessenvertretung gegenüber dem Deutschen Bundestag und der Bundesregierung, Stiftung Verantwortungseigentum e.V., abrufbar unter, zuletzt am 10.05.2023: https://www.lobbyregister.bundestag.de/suche/R002891/933?backUrl=%2Fsuche%3Fq%3DVerantwortungseigentum%26page%3D1%26pageSize%3D10%26sort%3DREGISTRATION_DESC. (*Deutscher Bundestag*, Lobbyregister)
Feld, Lars/Frey, Bruno	„Verantwortungseigentum“: Wertvoll für die soziale Marktwirtschaft, WELT, 19.03.2021, abrufbar unter, zuletzt am 04.05.2023: https://www.welt.de/wirtschaft/article228655091/Verantwortungseigentum-Wertvoll-fuer-die-soziale-Marktwirtschaft.html
Funk, Albert/Rövekamp, Marie	Neue Rechtsform für Unternehmen, Machtverzicht oder Eigenverantwortung?, Der Tagesspiegel, 05.05.2021, abrufbar unter, zuletzt am 04.05.2023: https://www.tagesspiegel.de/wirtschaft/machtverzicht-oder-eigenverantwortung-4248445.html

Gelinsky, Katja	Warum Steinmeier fürs Verantwortungseigentum wirbt, Frankfurter Allgemeine Zeitung, 27.10.2023, abrufbar unter zuletzt am 27.10.2023: https://www.faz.net/aktuell/wirtschaft/warum-steinmeier-fuers-verantwortungseigentum-wirbt-19273626.html
Grundmann, Stefan	Das neue „Verantwortungseigentum“ geht auf Kant und Smith zurück, FAZ Einspruch, 26.02.2024, abrufbar unter, zuletzt am 26.02.2024: https://www.faz.net/einspruch/das-neue-verantwortungseigentum-geht-auf-kant-und-smith-zurueck-19547785.html
Habersack, Mathias/Horváth. Péter/Kirchdörfer, Rainer	Stiftungsunternehmen vereinen Eigentum und Verantwortung, Frankfurter Allgemeine Zeitung, 19.03.2021, abrufbar unter, zuletzt am 04.05.2023: https://www.faz.net/aktuell/wirtschaft/stiftungsunternehmen-vereinen-eigentum-und-verantwortung-17251896.html
Haspa Finanzholding	Geschichte der HASPA Finanzholding, abrufbar unter, zuletzt am 10.05.2023: https://haspafinanzholding.de/geschichte-haspa-finanzholding (*Haspa*, Geschichte)
Haspa Finanzholding	Übersicht Gruppenstruktur, abrufbar unter, zuletzt am 10.05.2023: https://haspafinanzholding.de/fileadmin/download/pdf/Haspa-Finanzholding-uebersicht-gruppenstruktur.pdf (*Haspa,* Gruppenstruktur)
Haspa Finanzholding	Hamburger Sparkasse, Webseite, abrufbar unter, zuletzt am 10.05.2023: https://haspafinanzholding.de/unternehmen (*Haspa*, Unternehmen)
Hattenhauer, Christian/Schäfer, Frank L.	Materialien zum Bürgerlichen Gesetzbuch für das Königreich Sachsen, abrufbar unter, zuletzt am 04.05.2023: https://www.jura.uni-heidelberg.de/igr/germ/saechsisches-bgb.html (*Autor:in*, Materialien zum Bürgerlichen Gesetzbuch für das Königreich Sachsen)

Hüttemann, Rainer/ Rawert, Peter	Nein zum Verantwortungseigentum, FAZ Einspruch, 04.05.2022, abrufbar unter, zuletzt am 04.05.2023: https://www.faz.net/einspruch/ampelkoalition-arbeitet-an-rechtsreform-18005153.html
Hüttemann, Rainer/ Rawert, Peter/Weitemeyer, Birgit	Zauberwort „Verantwortungseigentum", Frankfurter Allgemeine Zeitung, 04.09.2020, abrufbar unter, zuletzt am 04.05.2023: https://www.faz.net/aktuell/wirtschaft/das-zauberwort-heisst-verantwortungseigentum-16936694.html
Kay, Rosemarie/Schlömer-Laufen, Nadine/Reiff, Annika	Denkpapier, Gesellschaft mit gebundenem Vermögen – eine kritische Betrachtung aus ökonomischer Sicht, IfM Bonn 2023, abrufbar unter, zuletzt am 07.07.2023: https://www.ifm-bonn.org/fileadmin/data/redaktion/publikationen/denkpapiere/dokumente/Denkpapier-GmbHgebV-2023.pdf *(Kay/Schlömer-Laufen/Reiff,* Denkpapier 2023)
Kempny, Simon	Falsche Argumente, Zu steuerrechtlichen Gesichtspunkten des politischen Streits um den Entwurf einer Gesellschaft mbH in Verantwortungseigentum, STEUERBOARD, Blog.Handelsblatt, 11.12.2020, abrufbar unter, zuletzt am 10.05.2023: https://blog.handelsblatt.com/steuerboard/2020/12/11/falsche-argumente-zu-steuerrechtlichen-gesichtspunkten-des-politischen-streits-um-den-entwurf-einer-gmbh-mit-gebundenem-vermoegen/
Kirchhof, Paul/Nestor, Christoph	70 Jahre Grundgesetz, Was "Eigentum verpflichtet" für bezahlbaren Wohnraum bedeutet, Streitgespräch zwischen Paul Kirchhof und Christoph Nestor - "Zu wenig Respekt vor dem Grundgesetz", Rhein-Neckar-Zeitung, 23.05.2019, abrufbar unter, zuletzt am 04.05.2023: https://www.rnz.de/region/heidelberg_artikel,-70-jahre-grundgesetz-was-eigentum-verpflichtet-fuer-bezahlbaren-wohnraum-bedeutet-_arid,441993.html

Koch, Hannes	Schutz vor Ausplünderung, Frankfurter Rundschau (FR), 05.05.2021, abrufbar unter, zuletzt am 04.05.2023: https://www.fr.de/wirtschaft/schutz-vor-auspluenderung-90496330.html
Landesarchiv Thüringen	Thüringen Legislativ & Exekutiv, Gedruckte Quellen zur Gesetzgebung, Regierung und Verwaltung des Landes Thüringen und seiner Vorgängerterritorien vom 16. bis 20. Jahrhundert, abrufbar unter, zuletzt am 10.05.22: thulex.de (*Landesarchiv Thüringen,* Thüringen Legislativ & Exekutiv)
Lomfeld, Bertram/Neitzel, Noah	Der Gesetzesentwurf zur GmbH mit gebundenem Vermögen, 13.05.2021, abrufbar unter, zuletzt am 04.05.2023: https://verfassungsblog.de/verantwortungseigentum/ (*Lomfeld/Neitzel*, Verfassungsblog)
Mester, Volker	Wem gehört die Haspa?, Hamburger Abendblatt, 13.06.2002, abrufbar unter, zuletzt am 04.05.2023: https://www.abendblatt.de/wirtschaft/article106912800/Wem-gehoert-die-Haspa.html
Meyer zu Heringdorf, Katja	Aktueller Begriff Verantwortungseigentum, Wissenschaftliche Dienste des Deutschen Bundestages, WD 7 - 3000 - 114/20, Nr. 02/21, 28. Januar 2021, abrufbar unter, zuletzt am 04.05.2023: https://www.bundestag.de/resource/blob/819536/84aa44b5f21640731d1c6116e4a075ec/Verantwortungseigentum-data.pdf
Meyer, Laurin	Diese Unternehmens-Idee soll die soziale Marktwirtschaft retten, Verantwortungseigentum: Initiative will neue Rechtsform für Firmen, WELT, Wirtschaft, 07.10.2020, abrufbar unter, zuletzt am 04.05.2023: https://www.welt.de/wirtschaft/article217303626/Verantwortungseigentum-Initiative-will-neue-Rechtsform-fuer-Firmen.html

Meyer, Laurin	Die „bessere GmbH“? Plötzlich wünscht sich die Elite eine neue Unternehmensform, WELT, Wirtschaft, 05.05.2021, abrufbar unter, zuletzt am 04.05.2023: https://www.welt.de/wirtschaft/article230903005/Die-bessere-GmbH-ploetzlich-wollen-alle-eine-neue-Unternehmensform.html
Möslein, Florian/Sanders, Anne	Eine neue Rechtsform für Gesellschaften mit gebundenem Vermögen ist europarechtskonform, FAZ Einspruch, 07.03.2023, abrufbar unter, zuletzt am 05.05.2023: https://www.faz.net/einspruch/niederlassungsfreiheit-vereinbarkeit-der-neuen-rechtsform-fuer-gesellschaften-mit-gebundenem-vermoegen-18730502.html
Müller, Anja	Scholz und Habeck sympathisieren mit der Idee einer neuen Rechtsform für Unternehmen, Handelsblatt, 05.05.2021, abrufbar unter, zuletzt am 04.05.2023: https://www.handelsblatt.com/politik/deutschland/gesellschaft-mit-gebundenem-vermoegen-scholz-und-habeck-sympathisieren-mit-der-idee-einer-neuen-rechtsform-fuer-unternehmen/27162336.html
Piper, Nikolaus	Sich selbst gehören, Süddeutsche Zeitung (SZ), 22. November 2018, abrufbar unter, zuletzt am 04.05.2023: https://www.sueddeutsche.de/wirtschaft/pipers-welt-sich-selbst-gehoeren-1.4222415
Posner, Eric	Milton Friedmann Was Wrong, The Atlantic, 22.08.2019, abrufbar unter, zuletzt am 04.05.2023: https://www.theatlantic.com/ideas/archive/2019/08/milton-friedman-shareholder-wrong/596545/
Purpose Stiftung gemeinnützige GmbH (Hrsg.)	Verantwortungseigentum, Unternehmenseigentum für das 21. Jahrhundert, Webseite, abrufbar unter, zuletzt am 04.05.2023: https://purpose-economy.org/content/uploads/purpose_de_book_sep2020.pdf (*Purpose,* Verantwortungseigentum)

Sanders, Anne/Dauner-Lieb, Barbara/Kempny, Simon et al.	Entwurf eines Gesetzes für die Gesellschaft mit beschränkter Haftung mit gebundenem Vermögen, Februar 2021, abrufbar unter, zuletzt am 04.05.2023: https://www.gesellschaft-mit-gebundenem-vermoegen.de/der-gesetzesentwurf/ (*Sanders u.a.*, GmbH-gebV Gesetzesentwurf)
Sanders, Anne/Dauner-Lieb, Barbara/Kempny, Simon et al.	Entwurf eines Gesetzes für die Gesellschaft mit beschränkter Haftung in Verantwortungseigentum, 12.06.2020, abrufbar unter, zuletzt am 10.05.2023: https://www.gesellschaft-mit-gebundenem-vermoegen.de/der-gesetzesentwurf/ (*Sanders u.a.*, Gesellschaft mit beschränkter Haftung in Verantwortungseigentum)
Sanders, Anne/Hoon, Christina	Eigentum trifft Verantwortung, FAZ Einspruch, 05.02.2020, abrufbar unter, zuletzt am 04.05.2023: https://www.faz.net/einspruch/einspruch-exklusiv-eigentum-trifft-verantwortung-16618406.html
Schott	Das Unternehmen, Webseite, abrufbar unter, zuletzt am 10.05.2023:https://www.schott.com/de-de/ueber-uns/unternehmen: https://www.schott.com/de-de/ueber-uns/unternehmen (*Schott*, Das Unternehmen)
Schwartz, Michael (Aut.)	Nachfolge-Monitoring Mittelstand: Entlastung bei Nachfolgen auch dank mehr Übernahmen – Externe Investoren gesucht, KfW Research, Nr. 274, 9. Dezember 2019, abrufbar unter, zuletzt am 04.05.2023: https://www.kfw.de/PDF/Download-Center/Konzernthemen/Research/PDF-Dokumente-Fokus-Volkswirtschaft/Fokus-2019/Fokus-Nr.-274-Dezember-2019-Nachfolge.pdf (*KfW Research*, Nachfolge-Monitoring Mittelstand)

Siefer, Philip/Zeiler, Waldemar/Behles, Gerhard (Aut.) et al.	Offener Brief an den Vorsitzenden der MIT Dr. Carsten Linnemann, An die Mitglieder der Kommission „Steuern/ Finanzen“, An die Mitglieder der Kommission „Wirtschaft/ Handwerk/ Handel/ Tourismus“, Berlin, 05.10.2020, abrufbar unter, zuletzt am 10.05.2023: https://stiftung-verantwortungseigentum.de/fileadmin/user_upload/brief_mit.pdf (*Siefer*, Offener Brief)
Siekmann, Helmut	Die Legende von der verfassungsrechtlichen Sonderstellung des “anonymen” Kapitaleigentums, IMFS Working Paper Series, No. 64, Frankfurt am Main 2012, abrufbar unter, zuletzt am 04.05.2023: https://publikationen.ub.uni-frankfurt.de/opus4/frontdoor/deliver/index/docId/27870/file/IMFS_WP_64.pdf (*Siekmann*, Kapitaleigentum)
Sozialdemokratische Partei Deutschlands (SPD)	Das Zukunftsprogramm, Wofür wir stehen, Was uns antreibt, Wonach wir streben, abrufbar unter, zuletzt am 04.05.2023: https://www.spd.de/fileadmin/Dokumente/Beschluesse/Programm/SPD-Zukunftsprogramm.pdf (*SPD*, Das Zukunftsprogramm)
SPD/Bündnis 90/Die Grünen/FDP	Mehr Fortschritt wagen, Bündnis für Freiheit, Gerechtigkeit und Nachhaltigkeit zwischen SPD, Bündnis 90/Die Grünen und FDP, 2021, abrufbar unter, zuletzt am 04.05.2023: https://www.spd.de/fileadmin/Dokumente/Koalitionsvertrag/Koalitionsvertrag_2021-2025.pdf (*SPD/Bündnis90/DieGrünen/FDP*, Koalitionsvertrag)

Steuernagel, Armin/ Wagner, Till/Böhm, Benjamin	Unternehmenseigentum im 21. Jahrhundert, Warum es eine neue Rechtsform für Unternehmen braucht, Policy Brief, abrufbar unter, zuletzt am 10.05.2023: https://docplayer.org/114381982-Unternehmenseigentum-im-21-jahrhundert-warum-es-eine-neue-rechtsform-fuer-unternehmen-braucht.html (*Steuernagel/Wagner/Böhm*, Unternehmenseigentum im 21. Jahrhundert)
Stiftung Verantwortungseigentum	Eckpunktepapier – Inhalt einer neuen Rechtsform für Gesellschaften mit gebundenem Vermögen (GmgV), Stand: 11.07.2023, abrufbar unter, zuletzt am 14.08.2023: https://stiftung-verantwortungseigentum.de/fileadmin/user_upload/12_sve_eckpunktepapier_gmgv_stand__11.07.2023.pdf (*Stiftung VE,* Eckpunktepapier GmgV)
Stiftung Verantwortungseigentum	Eine Eigentumsform für langfristig werteorientiertes Unternehmertum, Webseite der Stiftung Verantwortungseigentum, abrufbar unter, zuletzt am 10.05.2023: https://stiftung-verantwortungseigentum.de/verantwortungseigentum (*Stiftung Verantwortungseigentum*, Eine Eigentumsform)
Stiftung Verantwortungseigentum	Eine Rechtsform für Verantwortungseigentum, Bedarfssituation, Einschränkungen rechtlicher Optionen, Eine neue Rechtsform für Unternehmen in Verantwortungseigentum, Rechtsformen im Ausland, März 2020, abrufbar unter, zuletzt am 10.05.2023: https://verantwortungseigentum.com/dist/download/Policy_Brief_Gesetzentwurf.pdf

Stiftung Verantwortungseigentum | Policy Brief, Vergleich der steuerlichen Behandlung von Genossenschaft, privatnütziger Unternehmensstiftungen ohne private Destinatäre und GmbH-gebV über das Leben des Unternehmens, August 2021, abrufbar unter, zuletzt am 10.05.2023: https://stiftung-verantwortungseigentum.de/fileadmin/user_upload/policy_brief_steuer-wettbewerbsvorteile_2021.pdf
(*Stiftung Verantwortungseigentum*, Vergleich der steuerlichen Behandlung)

Stiftung Verantwortungseigentum | Potential/Bedarf hinsichtlich einer neuen Rechtsform für Verantwortungseigentum, Februar 2020, abrufbar unter, zuletzt am 10.05.2023: https://stiftung-verantwortungseigentum.de/fileadmin/user_upload/potential-_bedarfssituation_verantwortungseigentum.pdf
(*Stiftung VE*, Potential/Bedarf 2020)

Stiftung Verantwortungseigentum | Stellungnahme, Gesellschaft mit gebundenem Vermögen: Ein ordnungspolitisch sinnvoller Schritt, Reaktion auf die Stellungnahme des Wissenschaftlichen Beirates beim Bundesministerium der Finanzen hinsichtlich der Gesellschaft mit gebundenem Vermögen, 09. Dezember 2022
(*Stiftung Verantwortungseigentum*, Stellungnahme 2022)

Stiftung Verantwortungseigentum | Verantwortungseigentum, Eine Unternehmensform für das 21. Jahrhundert, Pressekit, 2021, abrufbar unter, zuletzt am 10.05.2023: https://stiftung-verantwortungseigentum.de/fileadmin/user_upload/sve_presskit_051020.pdf
(*Stiftung Verantwortungseigentum*, Verantwortungseigentum-Pressekit)

Teichmann, Christoph | Die VE-GmbH eine Rechtsform für Unternehmer, Audit Committee Quarterly 2020, S. 77 ff., abrufbar unter, zuletzt am 04.05.2023: https://audit-committee-institute.de/media/aci_quarterly_2020_4.pdf#page=77

Versammlung eines Ehrbaren Kaufmanns zu Hamburg e.V.	Leitbild des Ehrbaren Kaufmannes, Im Verständnis der Versammlung Eines Ehrbaren Kaufmanns zu Hamburg e.V., Hamburg 2014, abrufbar unter, zuletzt am 04.05.2023: http://www.der-ehrbare-kaufmann.de/fileadmin/Gemeinsame_Dateien/der-ehrbare-kaufmann.de/PDFs/Leitbild_2009_VEEK.pdf (*VEEK*, Leitbild des Ehrbaren Kaufmannes)
Wissenschaftliche Dienste des Deutschen Bundestages	Gesellschaft mit beschränkter Haftung in „Verantwortungseigentum“, Gesellschaftsrechtliche Implikationen des Reformvorstoßes, Sachstand, WD 7 - 3000 - 114/20, 29.10.2020, abrufbar unter, zuletzt am 04.05.2023: https://www.bundestag.de/resource/blob/811324/19232666e9af9e2319a6846a891c158d/WD-7-114-20-pdf-data.pdf
Wissenschaftliche Dienste des Deutschen Bundestages	Unternehmen in „Verantwortungseigentum“, Gesellschaftsrechtliche Implikationen des Entwurfs eines Gesetzes zur Gesellschaft mit beschränkter Haftung in Verantwortungseigentum, WD 7 - 3000 - 120/20, abrufbar unter, zuletzt am 04.05.2023: https://www.bundestag.de/resource/blob/811326/7ffc8b4a3a5899866b765791b02e64f6/WD-7-120-20-pdf-data.pdf
Wissenschaftlicher Beirat beim Bundesministerium der Finanzen (Red.)/ Bundesministerium der Finanzen (Hrsg.)	Zum Vorschlag für eine GmbH mit gebundenem Vermögen, Gutachten 04/2022, 28. September 2022, abrufbar unter, zuletzt am 04.05.2023: https://www.bundesfinanzministerium.de/Content/DE/Downloads/Ministerium/Wissenschaftlicher-Beirat/Gutachten/gmbh-mit-gebundenem-vermoegen.pdf?__blob=publicationFile&v=2 (*Wissenschaftlicher Beirat BMF*, Gutachten 04/22)
Zeiss	Geschichte der Verteidigungssysteme, abrufbar unter, zuletzt am 10.05.2023: https://www.zeiss.de/corporate/ueber-zeiss/geschichte/technische-meilensteine/verteidigungssysteme.html
Zeiss	Zeiss Geschichte, abrufbar unter, zuletzt am 10.05.2023: https://www.zeiss.de/corporate/ueber-zeiss/geschichte.html

Zeiss Über Zeiss, abrufbar unter, zuletzt am 10.05.2023: https://www.zeiss.de/corporate/ueber-zeiss.html
(*Zeiss*, Über Uns)